cursodeespañol 2

esespañol2
nivelintermedio

libro del alumno

esespañol**2**
**nivelintermedio**

# libro del alumno

DIRECCIÓN LINGÜÍSTICA
Santiago Alcoba
de la Universidad Autónoma de Barcelona

ASESORÍA LINGÜÍSTICA Y METODOLÓGICA
José Gómez Asencio y Julio Borrego Nieto
de la Universidad de Salamanca

espasa

DIRECCIÓN GENERAL DE ES ESPASA
Víctor Marsá

DIRECCIÓN EDITORIAL DE MATERIALES EDUCATIVOS
Marisol Palés

COORDINACIÓN EDITORIAL
Alegría Gallardo

EDICIÓN
Jeaninne Bello

ASESORÍA LINGÜÍSTICA Y METODOLÓGICA
José Gómez Asencio y Julio Borrego Nieto
*Universidad de Salamanca*

CONSULTORÍA DIDÁCTICA Y CURRICULAR
Rafael Sánchez Sarmiento

DESARROLLO DE PROYECTO: MIZAR MULTIMEDIA, S. L.
DIRECCIÓN EJECUTIVA
José Manuel Pérez Tornero
*Universidad Autónoma de Barcelona*

DIRECTORA DE PLANIFICACIÓN Y COORDINACIÓN
Claudia Guzmán Uribe

DIRECCIÓN LINGÜÍSTICA Y DIDÁCTICA
Santiago Alcoba
*Universidad Autónoma de Barcelona*

EDITOR LINGÜÍSTICO
Agustín Iruela

COORDINACIÓN LINGÜÍSTICA
Nuria Soriano Cos

EQUIPO LINGÜÍSTICO
Carmen Carbó, Marta Inglés
y Ana Irene García

COLABORADORES
María Cabot Cardoso,
Marta Conesa Buscallà,
Carmen Gómez Aragón,
Mónica Martos Subirana,
Helena Recasens Fontanet
y Gemma Ricós Carné

DIRECCIÓN DE CONTENIDOS
José M.ª Perceval

EDICIÓN DE CONTENIDOS
Diego Blasco y Jan Costa Knufinke

MAQUETACIÓN
Borja Ruiz de la Torre

AYUDANTE DE MAQUETACIÓN
Lidia Bria

ILUSTRACIONES
Gumersindo Reina Lara
y Valentín Ramón Menéndez

PAGINACIÓN
Tallers Gràfics Alemany

PRODUCCIÓN AUDIOS
Estudis Iguana

INVESTIGACIÓN Y CONTROL DE CALIDAD
Juan Manuel Matos López

DISEÑO INTERIOR Y DE CUBIERTA
Tasmanias, S.A.

**Instituto Cervantes**

La marca del Instituto Cervantes y su logotipo son propiedad exclusiva del Instituto Cervantes

Este método se ha realizado de acuerdo con el Plan Curricular del Instituto Cervantes,
en virtud del Convenio suscrito el 25 de abril de 2001

Impreso en España / Printed in Spain
Impresión: Fernández Ciudad, S. L.

EDITORIAL ESPASA CALPE, S. A.
Carretera de Irún, km. 12,200
28049 Madrid

# ÍNDICE

# Bienvenido al mundo del español

**Con este nuevo libro vas a continuar tu aprendizaje de español. Solo o con ayuda de tu profesor, pero siempre de forma amena y divertida. Otra vez vamos a aprender juntos. ¡Bienvenido al nivel Intermedio!**

En este libro se pone a tu alcance todo el material necesario para ampliar tus conocimientos de español y consolidar todo lo que has aprendido hasta el momento. Nuevas actividades, lecturas, audios y suficientes recursos léxicos y gramaticales están a tu disposición para progresar en el aprendizaje del español, para consolidar la comunicación con los demás en un contexto cotidiano y para comunicar tus sensaciones y opiniones.

El libro se compone de **12 lecciones** divididas en **cuatro bloques**, con la misma estructura en secciones que en el nivel Inicial. En cada sección encontrarás agrupados los ejercicios según el objetivo de cada una de ellas. A diferencia del nivel Inicial, verás que la mayoría de las actividades, además de estar ubicadas claramente en una sección, poseen uno o varios iconos que las relacionan con distintas secciones. Estos iconos te servirán para advertir que también se trabajan contenidos gramaticales, funcionales o culturales. A continuación, describimos las secciones del libro.

**En portada**. Es la sección que presenta el tema y enumera los objetivos de la lección, que encontrarás relacionados en el apartado *En esta lección vas a aprender*. Es aconsejable que lo consultes antes de empezar a estudiar.

**Escenas**. Esta sección está diseñada para practicar las funciones comunicativas. Normalmente, son actividades basadas en la comprensión oral; van acompañadas de un icono que te indica cuando tienes que escuchar el audio. Si lo consideras necesario puedes consultar el *Apéndice de transcripciones* y leer el texto correspondiente, antes o después de escuchar la audición.

**Primer plano**. En esta sección encontrarás y podrás practicar el vocabulario y la gramática relacionados con el apartado anterior.

**Recursos**. Esta sección recoge los principales temas gramaticales y funcionales que aparecen en la lección. Podrás acceder a ella cuantas veces creas conveniente: antes de empezar una lección, o una actividad, o como recordatorio, al final de todo. El símbolo (§), que aparece en varios puntos de esta sección, te conduce al *Apéndice gramatical* donde aparecen desarrollados de un modo más extenso y explicativo los puntos que necesites consultar.

**La lengua es un juego**. Aquí repasarás algunos contenidos de vocabulario y de gramática de la lección, de una forma lúdica y divertida.

**La lengua es un mundo** te ofrece la oportunidad de conocer la realidad cultural del mundo hispano, comparándola así con la cultura que tienes más cerca.

**Encontrarás actividades, lecturas, audios y suficientes recursos para avanzar en tu aprendizaje de español.**

La sección **Evaluación,** que encontrarás al final de cada lección, te ayudará a controlar tus progresos en el aprendizaje del español. Si quieres realizar una evaluación más completa, puedes acceder a la **Evaluación de Bloque,** que aparece cada tres lecciones. En esta misma sección se encuentran dos apartados, *Así puedes aprender* y *Reflexión*, que te ayudarán a mejorar tu forma de aprender español.

### Redes de palabras

Te presenta mapas en los que se incluyen palabras relacionadas bien por su significado o bien por compartir la misma raíz. Esta herramienta te será útil para la memorización del vocabulario.

### Apéndice gramatical

Pone a tu disposición todos los recursos necesarios para realizar las actividades, explicados con detalle y de una manera comprensible.

## Iconos

Acompañando a las actividades encontrarás una serie de iconos que te ofrecen indicaciones útiles:

Indica que el ejercicio va acompañado de un audio.

Te recuerda que puedes hacer uso del diccionario.

Te remite a actividades complementarias del *Cuaderno de recursos y ejercicios*.

## Metodología

### Si estudias en grupo y con profesor

Sigue las recomendaciones del profesor y el orden de actividades que establezca para el conjunto de la clase.

### Si estudias autónomamente

El libro te brinda la posibilidad de relacionar tus vivencias e inquietudes personales con los temas y situaciones que en él aparecen.

Además, gracias a su gran flexibilidad, podrás establecer tu propio itinerario de aprendizaje en función del tiempo de que dispongas y de tus preferencias. Para conseguir un avance progresivo, sigue el orden de las lecciones, empieza por las actividades que te resulten más cómodas y fáciles y continúa por aquellas que te exijan un mayor esfuerzo. Repasa estas actividades cuando consideres oportuno

**Crea tu propio itinerario de aprendizaje, en función de tu tiempo y tus preferencias, o déjate conducir por tu profesor.**

recurriendo a los apoyos que te brinda el libro: las transcripciones de los audios, los contenidos de la sección *Recursos*, el *Apéndice gramatical*, etc. Busca la solución de las actividades en el *Apéndice de Soluciones*. Resulta más productivo que intentes resolver el ejercicio antes de consultar las soluciones. No tengas miedo a equivocarte: la corrección de los errores ayuda a consolidar un idioma.

Como complemento a este libro, puedes disponer del **Cuaderno de recursos y ejercicios** si necesitas hacer más actividades.

Nuestra propuesta consiste en que tú mismo organices tu aprendizaje según tus condiciones y tu contexto. Para ello, no dudes en ir de una sección a otra en el orden que estimes conveniente. Por ejemplo, puedes leer la sección *Recursos* –y el *Apéndice gramatical*– antes de realizar las actividades de una lección, o bien conforme las vas realizando o, incluso, después de haberlas realizado. Todos los estilos de aprendizaje son posibles y válidos. No dudes que el método que ponemos en tus manos tiene el suficiente orden interno y te ofrece las suficientes posibilidades como para que seas tú mismo quien organice tu propia forma de aprender.

## Para aprender más y más rápido

Bien, éste es tu libro y en él encontrarás una herramienta suficiente para continuar con tu aprendizaje del español. Pero **Es español** te ofrece más soportes para avanzar rápida y fácilmente.

**2 cintas de vídeo** que incluyen 13 capítulos relacionados con las lecciones del libro. En ellos encontrarás una divertida serie, reportajes de la vida cotidiana y actividades de refuerzo.

**2 CD-ROM** completamente interactivos, con nuevas actividades, gramática, ejercicios de pronunciación, léxico, juegos, etc.

**Materiales complementarios**
Dos colecciones para completar tu aprendizaje: *Es para leer* (lecturas graduadas) y *El español es fácil* (ejercicios sobre recursos lingüísticos tematizados).

**Diccionarios**
Una completa colección de diccionarios multilingües o español-español.

**Un sitio en la red (www.esespasa.com)**
Para practicar, establecer contactos y amistades, conocer la realidad y la actualidad del mundo hispánico y para divertirte, jugar y hacer progresar tu español.

*Es español* te acompañará en tu aprendizaje para avanzar más rápido y con más facilidad.

# Bloque uno 1

# En relación con los otros

## Lección 1

| TEMAS Y SITUACIONES | FUNCIONES COMUNICATIVAS | GRAMÁTICA | VOCABULARIO |
|---|---|---|---|
| Describir a las personas | • Expresar si sabes algo o si conoces a alguien.<br>• Expresar certeza y desconocimiento.<br>• Hablar de los demás: el físico, el carácter y los gustos. | • La sistematización del *presente* de *indicativo*.<br>• La sistematización de los interrogativos.<br>• La sistematización de los posesivos.<br>• Las oraciones interrogativas indirectas.<br>• Las concordancias entre los elementos del grupo nominal. | • La ropa, el físico, el carácter y los gustos. |

## Lección 2

| TEMAS Y SITUACIONES | FUNCIONES COMUNICATIVAS | GRAMÁTICA | VOCABULARIO |
|---|---|---|---|
| Viajes y turismo | • Prevenir y advertir.<br>• Dar instrucciones.<br>• Expresar posibilidad e imposibilidad. | • Las frases de agente indefinido.<br>• La sistematización del imperativo, imperativo negativo.<br>• La sistematización de los pronombres personales y su colocación.<br>• La colocación del adjetivo. | • Ubicación geográfica<br>• Medios de transporte<br>• Accidentes geográficos. |

## Lección 3

| TEMAS Y SITUACIONES | FUNCIONES COMUNICATIVAS | GRAMÁTICA | VOCABULARIO |
|---|---|---|---|
| Cómo aprender una lengua | • Pedir y dar consejos.<br>• Orientarte sobre cómo aprender una lengua. | • Las oraciones dubitativas.<br>• Las expresiones de frecuencia temporal. | • Los centros de enseñanza y los materiales de trabajo. |

## EVALUACIÓN DEL BLOQUE 1

## Lección 4

| FUNCIONES COMUNICATIVAS | GRAMÁTICA | VOCABULARIO | TEMAS Y SITUACIONES |
|---|---|---|---|
| • Relacionar la información de causa y de consecuencia.<br>• Llamar la atención hacia algo.<br>• Pedir y dar opinión. | • Los adverbios y las locuciones adverbiales frecuentes.<br>• Los casos especiales de concordancia de sustantivos. | • Los espectáculos, el ocio y el arte. | Tiempo libre |

## Lección 5

| FUNCIONES COMUNICATIVAS | GRAMÁTICA | VOCABULARIO | TEMAS Y SITUACIONES |
|---|---|---|---|
| • Hablar del pasado.<br>• Controlar la comunicación.<br>• Decir algo con otras palabras y sacar conclusiones. | • La sistematización del *pretérito perfecto*, del *pretérito indefinido* y del *pretérito imperfecto*.<br>• El *pretérito pluscuamperfecto*.<br>• La relación de los diferentes momentos del pasado. | • Cuentos.<br>• Historias pasadas. | Relatos y épocas pasadas |

## Lección 6

| FUNCIONES COMUNICATIVAS | GRAMÁTICA | VOCABULARIO | TEMAS Y SITUACIONES |
|---|---|---|---|
| • Encuentros sociales informales y formales.<br>• Invitar a reuniones sociales.<br>• Aceptar o rechazar una invitación.<br>• Entregar o recibir un regalo.<br>• Elogiar y recibir un elogio.<br>• Concertar una cita.<br>• Despedirse formulando buenos deseos.<br>• Preguntar por la forma de tratamiento.<br>• Conversaciones telefónicas. | • El *presente de subjuntivo*.<br>• Las oraciones desiderativas.<br>• Las oraciones exhortativas. | • Las celebraciones, las invitaciones y las fiestas. | Reuniones sociales |

## EVALUACIÓN DEL BLOQUE 2

# En relación con el mundo

## Lección 7

| TEMAS Y SITUACIONES | FUNCIONES COMUNICATIVAS | GRAMÁTICA | VOCABULARIO |
|---|---|---|---|
| Fiestas populares | • Expresar probabilidad y formular hipótesis.<br>• Hablar de planes de futuro.<br>• Hacer predicciones. | • El futuro imperfecto.<br>• La sistematización de los indicadores de localización espacial.<br>• Las formas reducidas de algunos adjetivos.<br>• Los demostrativos neutros. | • Las tradiciones.<br>• San Fermín.<br>• Semana Santa.<br>• La Feria de Abril.<br>• La verbena de San Juan.<br>• San Isidro. |

## Lección 8

| TEMAS Y SITUACIONES | FUNCIONES COMUNICATIVAS | GRAMÁTICA | VOCABULARIO |
|---|---|---|---|
| La salud y el cuerpo humano | • Hablar del estado de salud.<br>• Expresar temor.<br>• Expresar preocupación.<br>• Expresar finalidad. | • Las oraciones temporales en indicativo y subjuntivo.<br>• La sistematización de indefinidos y cuantitativos más frecuentes. | • Centros de salud.<br>• Partes del cuerpo.<br>• Enfermedades. |

## Lección 9

| TEMAS Y SITUACIONES | FUNCIONES COMUNICATIVAS | GRAMÁTICA | VOCABULARIO |
|---|---|---|---|
| Medios de comunicación | • Transmitir las palabras de otros.<br>• Expresar alegría.<br>• Expresar sorpresa.<br>• Expresar pena. | • La correlación de tiempos en estilo indirecto.<br>• La estructura: **Lo que + [verbo]**<br>• Las reglas generales de presencia / ausencia de artículo. | • Programas de radio y de televisión.<br>• Internet.<br>• Prensa. |

## EVALUACIÓN DEL BLOQUE 3

# En relación con tu vida

## Lección 10

| FUNCIONES COMUNICATIVAS | GRAMÁTICA | VOCABULARIO | TEMAS Y SITUACIONES |
|---|---|---|---|
| • Introducir un tema u opinión.<br>• Poner ejemplos.<br>• Organizar partes del discurso.<br>• Destacar ideas.<br>• Finalizar una intervención.<br>• Expresar acuerdo y desacuerdo. | • Las oraciones en indicativo y subjuntivo para expresar opiniones.<br>• La sistematización de números cardinales y partitivos más frecuentes.<br>• La sistematización de oraciones coordinadas. | • Edificios públicos.<br>• Parques. | La ciudad y los barrios |

## Lección 11

| FUNCIONES COMUNICATIVAS | GRAMÁTICA | VOCABULARIO | TEMAS Y SITUACIONES |
|---|---|---|---|
| • Redactar cartas habituales.<br>• Expresar condición.<br>• Expresar decepción.<br>• Disculparse por algo que uno ha hecho y reaccionar ante una disculpa. | • La sistematización de indicadores temporales de uso frecuente.<br>• Los pronombres personales con verbos recíprocos.<br>• Las perífrasis verbales frecuentes.<br>• Las oraciones subordinadas adjetivas con verbos en indicativo.<br>• Las abreviaturas más frecuentes.<br>• Los signos de puntuación. | • Las comidas y las bebidas.<br>• Recetas.<br>• Pesos y medidas. | La alimentación |

## Lección 12

| FUNCIONES COMUNICATIVAS | GRAMÁTICA | VOCABULARIO | TEMAS Y SITUACIONES |
|---|---|---|---|
| • Expresar juicios y valores.<br>• Expresar sentimientos y preferencias.<br>• Mostrarse a favor o en contra de una idea.<br>• Justificar y argumentar una opinión.<br>• Corregir lo que uno mismo ha dicho.<br>• Mantener activa la comunicación en caso de dudas.<br>• Asegurarse de que se ha entendido lo que ha dicho otro. | • El superlativo de superioridad e inferioridad relativa.<br>• Las locuciones prepositivas.<br>• Las formas para indicar duración.<br>• Las perífrasis verbales frecuentes. | • Empleo. | Las profesiones y el mundo laboral |

## EVALUACIÓN DEL BLOQUE 4

# bloque**uno**1

lección 1
lección 2
lección 3

# Índice

# 1

## lecciónuno 1

## ¡Cada uno es como es!

# En portada

¿Quieres conocer a los amigos de Begoña, Julián, Lola y Andrew? En esta lección vas a conocer más detalles sobre su carácter, sus gustos y su estilo de ropa. Si tú también quieres explicarnos cómo son tus amigos, toma buena nota.

# ¡Cada uno es como es!

## En esta lección vas a aprender:

• A expresar si sabes algo, o si conoces a alguien
• Formas de expresar certeza y desconocimiento
• A hablar de los demás: el físico, el carácter y los gustos

**1** ¿Conoces bien a nuestros amigos Andrew, Toni, Begoña, Julián y Lola? Mira bien la foto de la página anterior y relaciona las preguntas y las respuestas.

11, 12, 13, 14

1 ¿A que no sabes quién está enfadada?

2 ¿Sabes quién está nervioso?

3 ¿A que no sabes cómo están Lola y Andrew?

4 ¿Sabes quién está tranquilo?

5 ¿Sabes que Antonio es el director de una escuela de teatro?

a Estoy seguro de que es Antonio.

b Sí, sí lo sé. Están muy contentos.

c Sí, sí lo sé. Es Begoña.

d ¿Ah, sí? Yo creía que era estudiante de teatro.

e Sí, es Julián.

**2** Aquí están de nuevo nuestros amigos Lola, Begoña, Julián, Andrew y Toni. Mira otra vez la foto. ¿Te atreves a responder estas preguntas sobre ellos?

11, 12, 13, 14

1 ¿Qué ropa lleva Begoña?
Begoña lleva una ___chaqueta___ negra estampada, una ___camiseta___ azul y un ___pantalón___ blanco.

2 ¿Y Lola?
Lola lleva un _____ estampado, una _____ lila y unas _____ verdes.

3 ¿Cómo va vestido Toni?
Toni lleva una _____ blanca, un _____ beige y un _____ negro.

4 ¿Y Julián?
Julián lleva una _____ a rayas blancas, rojas y azules.

5 ¿Y Andrew?
Andrew lleva una _____ negra.

**3a** Le han robado la cartera a Andrew. Ha ido a una comisaría y ahora está hablando con un policía. ¿Quieres leer la conversación y completarla con las palabras del cuadro?

> canoso • mejilla • medía • cómo • qué • unos
> afeitar • ~~treinta y cinco~~ • seguro • finos

POLICÍA: ¿Sabe cómo era el ladrón? ¿Puede describirlo?
ANDREW: Sí, sí, por supuesto. Lo vi muy bien. Era un chico joven, tenía entre veinticinco
    y **1** _treinta y cinco_ años.
POLICÍA: ¿Recuerda cómo era físicamente?
ANDREW: Era alto, **2**_____ sobre un metro ochenta y pesaba
    **3**_____ 70 kilos. Tenía el pelo corto y un poco **4**_____.
    La cara era larga, la piel morena, iba sin **5**_____ y tenía ojeras.
POLICÍA: ¿Sabe si tenía alguna marca o cicatriz?
ANDREW: Sí, estoy **6**_____ de que tenía una cicatriz en medio
    de la **7**_____ derecha.
POLICÍA: ¿Sabe cómo era su boca o su nariz?
ANDREW: Sus labios eran **8**_____ y la nariz chata.
POLICÍA: ¿Sabe de **9**_____ color eran sus ojos?
ANDREW: Sí, eran verdes.
POLICÍA: ¿Sabe **10**_____ iba vestido?
ANDREW: Con vaqueros y una camiseta.
POLICÍA: ¿Algún dato más?
ANDREW: No, ninguno.

**b** Ahora fíjate en cómo pregunta el policía lo que Andrew sabe y recuerda. Escribe las diferentes estructuras que usa.

1 _¿Sabe cómo era el ladrón?_
2 _____
3 _____
4 _____
5 _____
6 _____
7 _____
8 _____

## 4 a Begoña va a salir con un chico, pero todavía no lo conoce muy bien. Escucha atentamente y completa la información.

Físico: _guapísimo_

Edad: _____

Carácter: _____

Residencia: _____

Procedencia: _____

Aficiones: _____

Profesión: _____

Coche: _____

11, 12, 13, 14

### b Ahora clasifica la información.

| Begoña sabe | Begoña no está segura | Begoña no sabe |
|---|---|---|
| _físico_ | _profesión_ | _procedencia_ |
| _____ | _____ | _____ |
| | _____ | _____ |

## 5 a Lola habla con Chema y luego, con Julián. Aquí tienes algunas de las frases que dicen. Escucha atentamente y numéralas según el orden en que aparecen.

1, 2, 3

☐ Segura.

☐ Sí, ya me acuerdo, está en clase.

☐ ¿Estás segura?

[1] No lo sé. No sé dónde está.

☐ ¿Sabes si está Ana?

☐ Ah, ¿sí? No lo sabía.

### b Responde a las preguntas.

1 Chema pregunta a Lola si sabe dónde está Begoña. ¿Lo sabe Lola? ¿Con qué frase lo dice?

_No lo sé. No sé donde está._

2 Chema dice a Lola algo inesperado que ella no sabe. ¿Con qué frase responde Lola?

_____

3 Julián le pregunta a Lola si está segura de que se va a la tele. ¿Cómo responde Lola?

_____

### c Responde a la pregunta.

¿Qué dice Julián del carácter de Lola?

_____

_____

_____

*Hola Chema... sí, soy Lola.*

# Primer plano

**6a** Begoña, Julián y Andrew han ordenado sus habitaciones y han encontrado ropa que no es de ellos. Están intentando descubrir de quién es esa ropa. Completa el diálogo con ayuda del cuadro.

> mías • vuestras • tuyos • mío • suyas • mía • nuestras
> ~~tuya~~ • su • mi • tuyas • míos

BEGOÑA: Julián, ¿esta camiseta es **1** _____*tuya*_____ ?
JULIÁN: No, no es **2**_____. Creo que es de Andrew.
ANDREW: Sí, esa es **3**_____ camiseta.
BEGOÑA: ¿Y de quién son estos zapatos?
ANDREW: **4**_____ no. ¿Son **5**_____, Julián?
JULIÁN: Sí, son míos.
ANDREW: ¿Y este vestido? ¿Es tuyo, Begoña?
BEGOÑA: No, no es **6**_____. Debe de ser de Lola.
JULIÁN: Sí, es de Lola. Es **7**_____ vestido preferido.
ANDREW: ¿Y estas sandalias son **8**_____, Begoña?
BEGOÑA: Sí, son **9**_____.Y estas chaquetas, ¿son **10**_____, chicos?
JULIÁN: No, no son **11**_____.
BEGOÑA: Entonces, ¿de quién son?
ANDREW: Creo que son de los amigos de Lola. Aquellos chicos que estuvieron ayer aquí.
JULIÁN: Si, son **12**_____.

**b** Ahora busca en el diálogo cinco palabras relacionadas con la ropa y el calzado.

1 _*camiseta*_          2 _____          3 _____
          4 _____          5 _____

**7** ¿Qué cosas crees que son necesarias para…? Subraya la respuesta correcta.

1 Para ser presidente de un país hay que ser inteligente / imbécil.

2 Para estudiar un idioma hay que ser vago / constante.

3 Para ser escritor hay que ser creativo / antipático.

4 Para ser feliz hay que ser optimista / pesimista.

5 Para viajar solo por el mundo hay que ser aventurero / pobre.

## 8 Una amiga de Begoña se casa y le ha enviado la invitación de boda, pero le faltan algunas palabras. Léela y completa el texto con las preguntas del cuadro.

✎ 4,5

¿Por qué? • ¿Cómo? • ¿Dónde? • ¿Cuándo? • ¿Para qué?

Después de muchas aventuras y desventuras… de largos kilómetros y de un sinfín de excusas, ahora sí, nos hemos decidido, ¡NOS CASAMOS!

1 ___¿Cuándo?___ El día 3 de junio de 2000 a las 7 de la tarde.

2 _____ En la Parroquia de San Pedro.

3 _____ Con un SÍ QUIERO.

4 _____ Para que seáis testigos de nuestro gran amor.

5 _____ Porque queremos invitaros y celebrarlo en el restaurante *Las Palmeras*.

## 9 Andrew está escribiendo una carta a una amiga, pero tiene dudas con algunas palabras. ¿Quieres ayudarle a completar la carta? Elige una opción de las que aparecen al final para cada espacio.

✎ 7, 8, 9

¡Hola Carmen!

¿Qué tal estás? Yo estoy muy bien. Mi impresión de España es muy **1** ___buena___. Todos los días paseo por la ciudad y, cuando vuelvo a casa, siempre estoy cansado y me **2** _____ los pies. Descanso un **3** _____ y después salgo con mis nuevos amigos. He conocido a **4** _____ gente y tengo muchos amigos. Como muy bien. En general, me gusta mucho la comida de aquí, pero no **5** _____ los platos, hay **6** _____ que odio.

El tiempo también me **7** _____ mucho. **8** _____ encuentro muy cálido. Normalmente hace buen tiempo y puedo realizar muchas actividades. Ayer, por ejemplo, hizo un día espléndido y me fui con mis amigos Lola, Begoña y Julián a la playa. Nos lo pasamos muy bien. Después fuimos a tomar el aperitivo. Pedimos tapas y cerveza. **9** _____ tapas me gustaron mucho, pero no **10** _____. Algunas las encuentro muy **11** _____. El día era fantástico hasta que me di cuenta de que no tenía la cartera. Sí, Carmen, ayer me robaron. No me **12** _____ los ladrones. Tuve que ir a la comisaría. Allí le expliqué a un policía cómo era el ladrón.

Ahora me tengo que despedir porque me voy a cenar. Ya sabes que si te apetece venir a visitarme, sólo tienes que decírmelo.

Un beso,
Andrew

| | | | |
|---|---|---|---|
| 1 ~~bueno~~ / buena | 4 mucho / mucha | 7 gusta / gustan | 10 toda / todas |
| 2 duele / duelen | 5 toda / todos | 8 Lo / Los | 11 fuerte / fuertes |
| 3 poco / pocos | 6 alguno / algunos | 9 Algunos / Algunas | 12 gusta / gustan |

**10**a Aquí tienes cuatro billetes de algunos de los países en los que ha estado Julián. ¿Sabes qué billete corresponde a cada país? Escribe el número al lado del nombre del país.

11, 12, 13, 14

1

2

3

4

Venezuela: _3_     Nicaragua: ____     Colombia: ____     Perú: ____

b Ahora, ¿quieres escribir la descripción física de los hombres que aparecen en los billetes?

**Billete de Venezuela.** El **1** _señor_ de la izquierda tiene la **2** _cara_ alargada y delgada, la **3** _nariz_ larga y unas largas **4** _patillas_ . El de la derecha no lleva **5** _barba_ ni **6** _bigote_ .

**Billete de Nicaragua.** Tiene el **7**_____ rizado y las **8**_____ grandes. Lleva **9**_____ pero no lleva barba.

**Billete de Colombia.** Tiene la **10**_____ larga, la **11**_____ pequeña, y los **12**_____ grandes. No lleva **13**_____ ni bigote.

**Billete de Perú.** Tiene el **14**_____ liso, lleva **15**_____, perilla y largas **16**_____. Tiene la nariz pequeña y las **17**_____ finas.

**11** ¿Recuerdas cómo describió Andrew al ladrón ante la policía? Escribe una descripción de un hombre con estas características. Observa que en una descripción en pasado se usa el *pretérito imperfecto*.

11, 12, 13, 14,

**Edad:** 20-30.
**Ropa:** jersey amarillo, pantalones rojos, zapatos negros.
**Peso:** 70 kgs.
**Estatura:** 1,60 m.
**Cuerpo:** bajito, gordito.
**Color de pelo:** rubio.
**Forma y tipo del pelo:** largo, liso, con bigote y barba.
**Forma de la cara:** redonda.
**Color de piel:** pálido.
**Señales en la cara:** pecas y cicatriz en la nariz.
**Boca:** pequeña.
**Nariz:** ancha.
**Ojos:** azules.
**Cejas:** muy gruesas.

*El ladrón tenía...* _____
_____
_____
_____
_____
_____
_____
_____
_____
_____
_____
_____
_____
_____

**12a** Lola y Begoña están hablando de tres amigos: Juan, Paco y José. ¿Quieres conocerlos? Escucha la conversación y escribe debajo de cada foto el nombre de la persona.

11, 12, 13, 14

Nombre: *José*      Nombre: _____      Nombre: _____

**b** Ahora escucha de nuevo y escribe cómo son Paco, Juan y José. Usa las palabras que describen el carácter de cada persona.

Juan es *tímido...* _____.

Paco es _____.

José es _____.

# Recursos

## PREGUNTAR SI SE SABE ALGO O SI SE CONOCE A ALGUIEN

¿A que no sabes con quién sale Marta?

Ni idea.

- No falta información:

| ¿Sabe/s que + [oración]? | ¿**Sabes que** a José le encanta bailar?<br>¿**Sabes que** Juan ha venido? |

| ¿Te has<br>¿Se ha<br>¿Os habéis<br>¿Se han } + enterado + de que + [oración]? | ¿**Te has enterado de que** a José le encanta bailar?<br>¿**Te has enterado de que** Juan ha venido? |

- Se produce intriga en el oyente antes de darle una información:

¿**A que no** + { sabe<br>sabes<br>saben<br>sabéis } + { **quién** ha venido?<br>**con quién** sale Marta?<br>**dónde** ha estado Pedro?<br>… }

- Falta un elemento de la información:

¿**Sabe**<br>¿**Sabes**<br>¿**Saben**<br>¿**Sabéis** } + { **si** a Pepe le gusta el cine?<br>**dónde** vive María?<br>**cuándo** viene Juan?<br>**cómo** es el novio de Ángela?<br>**cuál** es el vestido de Andrea?<br>**en qué** ciudad vive Santiago? }

## EXPRESAR SI SE SABE ALGO O SI SE CONOCE A ALGUIEN

- Respuestas afirmativas:
  *Sí, sí lo sé.*
  *Sí, ya lo sabía.*

- Mostrar desconocimiento:
  *No, no lo sé.*
  *Ni idea.*

- Al enterarse de algo inesperado:
  *¿Ah, sí? No lo sabía.*

  Yo creía que + [oración]
  *Yo creía que María no tenía novio.*

- Expresiones para mostrar certeza:
  Estar seguro + de que + [oración]
  Seguro que + [oración]

  *Estoy seguro de que Juan trabaja en el campo.*
  *Seguro que Pedro trabaja en la televisión.*

## VERBOS IRREGULARES COMO CONOCER §18-§23

Yo cono**zco**
Tú conoces
Él conoce
Nosotros conocemos
Vosotros conocéis
Ellos conocen

Otros verbos con la misma irregularidad:

*conducir:*
  condu**zco**, conduces,…
*traducir:*
  tradu**zco**, traduces,…
*agradecer:*
  agrade**zco**, agradeces,…
*parecer:*
  pare**zco**, pareces,…

## CONCORDANCIAS §32

- Gustar, encantar, interesar:

| | | | | |
|---|---|---|---|---|
| (A mí) | me | | encanta | |
| (A ti) | te | | gusta | + [infinitivo] |
| (A usted/ él/ ella) | le | + | interesa | [nombre singular] |
| (A nosotros) | nos | | encantan | |
| (A vosotros) | os | | gustan | + [nombre plural] |
| (A ustedes/ ellos/ ellas) | les | | interesan | |

*Me gusta salir.*
*Le encanta la paella.*
*Nos interesa el cine.*

*Me encantan las patatas.*
*¿Te gustan los caramelos?*
*Les interesan los problemas sociales.*

- Encontrar:

*(Este jersey) Lo encuentro caro.*
*(Estos pantalones) Los encontramos caros.*

*(Esta falda) ¿La encuentras cara?*
*(Estas gafas) Las encuentran caras.*

- Parecer:

*Este cuadro me parece caro.*
*Estos cuadros le parecen caros.*

*¿Esta falda te parece cara?*
*Estas faldas le parecen caras.*

## PRONOMBRES INTERROGATIVOS

| | |
|---|---|
| ¿Con quién | vas a salir? |
| ¿De quién | estáis hablando? |
| ¿De qué | habláis? |
| ¿Quiénes | + son esos chicos? |
| ¿A quién | llamas? |
| ¿Desde dónde | te escribe? |
| ¿Cuál | es el tuyo? |

## ADJETIVOS Y PRONOMBRES POSESIVOS

Éste es **mi** libro.

No, éste es **mío**. El **tuyo** es ése.

## ORACIONES INTERROGATIVAS INDIRECTAS

| | | | |
|---|---|---|---|
| | si | | le gusta bailar. |
| | quién | | va a la fiesta. |
| No sé + | dónde | + | vive Juan. |
| | cómo | | está Pedro. |
| | qué | | hace Pablo. |

| | | | | | |
|---|---|---|---|---|---|
| Me | | | dónde | | vive María. |
| Te | | | qué | | hace Ana. |
| Le | + parece interesante saber + | | con quién | + | sale Pilar. |
| Nos | | | cómo | | está Lola. |
| Os | | | por qué | | trabaja. |
| Les | | | ... | | |

*No sé a quién escribir.*

A 11, 12, 13, 14

**13** A veces, para calificar a alguien utilizamos frases hechas. A continuación te ofrecemos algunas de estas frases, ¿sabes que significan? Escribe debajo de cada ilustración la expresión correspondiente. La expresión que escribas tiene que significar lo mismo que la que ya aparece.

> estar de buen año • ~~estar en paños menores~~
> ir de punta en blanco • estar hasta el moño

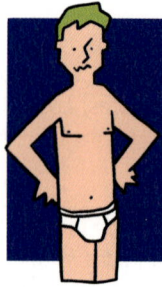

estar desnudo
*estar en paños menores*

ir muy bien vestido
_____

estar en el límite de la paciencia
_____

estar algo gordo
_____

**14** ¿Cuál de las siguientes frases hechas significa *parecerse mucho o ser idénticos* y cuál significa *no parecerse o ser diferentes*?

*Ser como dos gotas de agua* significa _____
_____.

*Parecerse como un huevo a una castaña* significa _____
_____.

**15** ¿Puedes completar el siguiente poema de Pablo Neruda? Al final te damos algunas definiciones que te pueden ayudar.

**1** *Puedo* escribir los versos más **2**_____ esta noche.
*Escribir, por ejemplo: "la noche está estrellada,
y tiritan, 3*_____*, los astros a lo lejos". [...]*

*En las noches como ésta, la tuve entre mis 4*_____.
*La 5*_____ *tantas veces bajo el cielo infinito.*

*Ella me quiso, a veces yo también la 6*_____.
**7**_____ *no haber amado sus grandes 8*_____ *fijos. [...]*

*Como para acercarla mi 9*_____ *la busca.
Mi 10*_____ *la busca, y ella no está conmigo. [...]*

*Ya no la quiero, es cierto, pero cuánto la quise.
Mi 11*_____ *buscaba el viento para tocar su 12*_____.

*De otro será. Será de otro. Como antes de mis besos.
Su voz, su 13*_____ **14**_____. *Sus ojos infinitos.*

*Ya no la 15*_____*, es cierto, pero tal vez la quiero.
Es tan 16*_____ *el amor, y es tan largo el olvido.*

*Porque en noches como ésta, la tuve entre mis brazos,
mi alma no se contenta con haberla perdido.*

*Aunque éste sea el último dolor que ella me causa,
y éstos sean los últimos versos que yo le escribo.*

Pablo Neruda nació en Chile en 1904. En 1971 recibió el premio Nobel de Literatura.
Este poema es el número 20 de su libro *Veinte poemas de amor y una canción desesperada*. Murió en el año 1973.

1 Presente del verbo *poder*, primera persona del singular.
2 Lo contrario de *alegre*. Fíjate en que la palabra se refiere a *versos* y por tanto va en masculino plural.
3 Nombre del color del cielo. Fíjate en que la palabra se refiere a *astros* y por lo tanto debe aparecer en masculino plural.
4 Parte del cuerpo humano que acaba en la *mano*. Fíjate en que el determinante posesivo que le precede *mis* está en plural.
5 Pasado (pretérito indefinido) de *besar*, primera persona del singular.
6 Pasado (pretérito imperfecto) del verbo *querer*, primera persona del singular.
7 Pronombre interrogativo que se utiliza para preguntar por el modo o la manera.
8 Órganos de la vista.
9 Acción y efecto de mirar.
10 Parte del cuerpo que simboliza el amor.
11 Conjunto de sonidos que se producen al hablar.
12 Parte del cuerpo que permite oír. Tiene cuatro letras.
13 Conjunto de las partes físicas que forman el hombre.
14 Lo contrario de *oscuro*, va en singular.
15 Presente del verbo *querer*, primera persona del singular.
16 Lo contrario de largo. Fíjate en que se refiere a *amor* que es masculino singular.

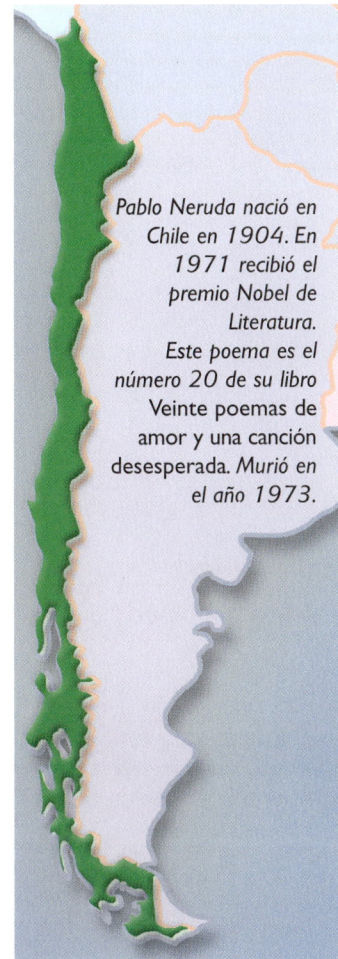

**Editorial Espasa Calpe:**
www.espasa.es

**Biblioteca electrónica:**
www.analitica.com/bitbiblioteca

**Libros electrónicos:**
www.veintinueve.com

# Evaluación

**1** Aquí tienes una serie de frases a las que les faltan unas palabras. Señala la respuesta correcta.

1 Martín, ¿_____ a la madre de Julián?
☐ conoce ☐ conoces ☐ conozco

2 ¿A vosotros os _____ este hotel?
☐ gustáis ☐ gustan ☐ gusta

3 Estoy _____ de que María trabaja en la TV.
☐ seguros ☐ seguro ☐ sabes

4 Todas mis faldas son _____.
☐ rojas ☐ rojos ☐ roja

5 A María y a mí nos encantan _____.
☐ la joya ☐ las joyas ☐ el reloj

6 Estoy muy contenta. Os _____ vuestra visita.
☐ agradece ☐ agradecéis ☐ agradezco

7 Señor, ¿esta cartera es _____?
☐ suya ☐ tuya ☐ suyas

8 ¿Te has _____ de que Juana tiene otro novio?
☐ conocido ☐ creía ☐ enterado

9 A María la encuentro muy _____.
☐ simpático ☐ simpáticas ☐ simpática

10 _____ los lápices son nuestros.
☐ Todos ☐ Todo ☐ Todas

11 ¿Sabes _____ viene a cenar esta noche?
☐ quién ☐ qué ☐ quien

12 ¿Esta camiseta te parece _____?
☐ bonitas ☐ bonito ☐ bonita

13 No sé _____ es María.
☐ cómo ☐ cuándo ☐ dónde

14 José, limpia tú _____ que yo limpio el mío.
☐ el tuyo ☐ tuyo ☐ el mío

15 No sé _____ le gusta la tortilla.
☐ quién ☐ si ☐ sabe

16 _____ ir a la playa cuando llueve.
☐ Me gusta ☐ Me parece ☐ Me gustan

**2** ¿Quieres conocer a la vecina de Begoña? Pues lee el texto y complétalo con las palabras del cuadro. ¡Atención! Los verbos están en infinitivo y hay que elegir la forma conveniente.

gustar • tímido • atractivos • su • tener • sociable
sus • cerrar • construir • encantar • todo • empezar

Ésta es la señora Cortés que viene de Córdoba y **1**_____ 53 años, pero desde los 15 vive en Madrid. De lunes a sábado trabaja en una carnicería. **2**_____ a las 8 de la mañana y **3**_____ a las 2 de la tarde. Llega cansada a su casa y lo primero que hace es sentarse en el sofá porque le duele **4**_____ el cuerpo. Los domingos, su día de fiesta, le **5**_____ mucho ir al cine y a pasear. En verano, durante las vacaciones, huye a la montaña. Es una señora muy **6**_____, le gusta estar rodeada de gente. **7**_____ marido, en cambio, es un señor un poco **8**_____ y prefiere estar solo en casa. Le **9**_____ las motos y **10**_____ maquetas de barcos en su tiempo libre. Entre **11**_____ aficiones, además de las motos, están los libros de viajes, que los encuentra muy **12**_____.

## Ahora puedo:

☐ Expresar si sé algo, o si conozco a alguien.
☐ Expresar certeza y desconocimiento.
☐ Hablar de los demás: el físico, el carácter y los gustos.

También he aprendido otras cosas:
_____
_____
_____
_____

# 2

**lección**dos2

¡Buen viaje!

# ¡Buen viaje!

Las vacaciones de verano ya están aquí. Nuestros amigos están preparando un viaje. Todavía no saben adónde van a ir. ¿Quieres ayudarles a decidir? Anímate, tu ayuda les será muy útil.

## En esta lección vas a aprender:

• A prevenir y advertir
• Formas de expresar posibilidad e imposibilidad
• A dar instrucciones

**1a** **Fíjate bien en la fotografía. ¿Qué crees que pueden estar haciendo nuestros amigos?**

☐ Están organizando una fiesta.

☐ Están preparando un viaje.

☐ Están ensayando la última obra de teatro.

**b** **Hay muchas maneras de informarse sobre un país. ¿Sabes cómo lo hace cada uno de nuestros amigos? Escribe sus nombres en el lugar correspondiente.**

1 _____Lola_____ consulta una revista de viajes.

2 _____ habla con un amigo que conoce el país.

3 _____ busca en Internet.

4 _____ se prepara para ir a una agencia de viajes.

1, 2

**2a** **¿Qué te parece ir de vacaciones a Grecia? Julián habla con un amigo griego para informarse sobre su país. Lee el texto e indica si las siguientes frases son verdaderas (V) o falsas (F).**

NIKO: Así que te vas de vacaciones a Grecia, ¿no? Y, ¿con quién? ¿Con alguien de la escuela de teatro?

JULIÁN: Bueno, aún no hay nada seguro. De momento los compañeros de piso, Begoña, Lola, Andrew y yo estamos buscando información. No sabemos adónde ir. Yo pensé en Grecia y por eso quería hablar contigo.

NIKO: Estupendo, Grecia es un país fantástico, con muchos lugares interesantes para visitar. ¿Qué quieres saber exactamente?

JULIÁN: Pues no lo sé, tú que eres griego, ¿qué nos puedes decir?

NIKO: Podéis hacer un crucero por las islas griegas o coger *ferrys* en cada isla, pero **¡ojo! los cruceros son muy caros y van a las islas más turísticas. Si tenéis poco dinero, podéis coger un *ferry* en cada isla**. Es más económico y tenéis más libertad para viajar.

JULIÁN: Oye, Niko y ¿qué isla visitamos? ¿Todas?

NIKO: Todas las islas tienen su encanto. Si no habéis estado nunca allí, todas son interesantes. Podéis ir a Santorini o a Mikonos, pero **si vais a Mikonos, cuidado, porque ¡está llena de turistas! Y si buscáis paz y tranquilidad, allí no las vais a encontrar.**

JULIÁN: ¿Y la comida? ¿Qué tal?

NIKO: Buenísima. En Grecia, se come muy bien. Pero, **¡ojo con la cantidad! En los bares y restaurantes, son muy atentos y sirven mucha cantidad; si coméis demasiado, os podéis poner enfermos**. Probad el *soublaki*, que son unos pinchos de carne muy buenos.

JULIÁN: Y en Atenas, ¿qué podemos visitar?

NIKO: Id a ver el Partenón. No os perdáis el anfiteatro, allí podéis ver obras de teatro clásico.

JULIÁN: ¡Qué buena idea! A los chicos seguro que les encanta ir a ver una obra de teatro clásico griego.

NIKO: ¡Ah! y **¡cuidado con los taxis! Algunos conductores sólo hablan griego y tenéis que dar las direcciones muy claras**. Llevad las direcciones escritas.

|   |   | V | F |
|---|---|---|---|
| 1 | Julián, Begoña, Lola y Andrew todavía no saben adónde ir de vacaciones. | ✓ | ☐ |
| 2 | Según Niko, Grecia es un país fantástico. | ☐ | ☐ |
| 3 | Si no tienen mucho dinero, es mejor hacer un crucero. | ☐ | ☐ |
| 4 | Mikonos es una isla tranquila y sin turistas. | ☐ | ☐ |
| 5 | Según Niko, en los bares y restaurantes sirven mucha comida. | ☐ | ☐ |
| 6 | A mis compañeros no les gusta el teatro clásico griego –dice Julián. | ☐ | ☐ |

**b** **Ahora fíjate en las intervenciones de Niko que están destacadas. En todas ellas le hace una advertencia a Julián. ¿Puedes completar las siguientes frases?**

a   Niko advierte a Julián que los **1** ___cruceros___ son muy caros y van a las **2** _____ más **3** _____. También dice que si tienen poco **4** _____, pueden **5** _____ un ferry en cada isla.

b   También le advierte de que Mikonos está **1** _____ de **2** _____ y de que si buscan **3** _____ y tranquilidad, allí no las van a **4** _____.

c   Respecto la comida, le advierte de la **1** _____ y de que si comen demasiado, **2** _____ ponerse **3** _____.

d   Por último, le advierte que **1** _____ conductores sólo hablan **2** _____.

a **Escucha atentamente y completa el diálogo con ayuda del cuadro. Fíjate en que todas estas frases son de agente indefinido.**

6, 7

> y si uno quiere divertirse • no se puede hablar • se pueden organizan muchas actividades • cuando eres joven y no tienes • ~~dicen que~~

BEGOÑA: Chicos, ¿conocéis Portugal?

JULIÁN: Yo no lo conozco, pero **1** _____dicen que_____ es muy bonito.

ANDREW: Yo, de Portugal, sólo conozco el vino, ¡qué bueno es!

LOLA: Sí, lo más famoso son el vino y los fados, también en Oporto
**2** _____ culturales: ópera, danza, teatro,…

BEGOÑA: Sí. Y además Portugal es muy barato. **3** _____ mucho dinero, es un buen lugar para ir de vacaciones.

LOLA: Es verdad. **4** _____, en Oporto y Lisboa hay muchos bares y discotecas para disfrutar de las *noites longas*.

ANDREW: ¿Las qué?

BEGOÑA: Las *noites longas*, que en español significa las *noches largas*. No se sabe a qué hora vas a acabar de bailar.

ANDREW: ¡Qué bien! Yo quiero ir de vacaciones a Portugal.

JULIÁN: ¿Y qué os parece si nos vamos de vacaciones en septiembre?
**5** _____ encontrar mejores ofertas porque la mayoría de la gente viaja en agosto. ¿Qué os parece? Podemos viajar más tranquilos, sin prisa.

LOLA: Yo, en septiembre, trabajo, no puedo viajar.

JULIÁN: Vaya. ¿Y tú, Begoña? ¿Puedes viajar en septiembre?

BEGOÑA: Sí, claro. En agosto voy a ver a mi familia, pero en septiembre ya estoy aquí.

JULIÁN: Andrew, ¿tú puedes venir o no?

ANDREW: Claro que puedo.

JULIÁN: Estupendo. Lola, ¿estás segura de que no puedes pedir una semana de vacaciones? Es sólo una semana.

LOLA: No lo sé, tengo que hablar con mi jefe. Pero últimamente **6** _____ de este tema porque hay mucho trabajo.

*En agosto voy a ir al País Vasco.*

b **Ahora vuelve a escuchar el diálogo y contesta las preguntas. Fíjate en que todas ellas indican posibilidad o imposibilidad.**

3

1 ¿En qué mes se pueden encontrar mejores ofertas para viajar, en agosto o en septiembre? ¿Por qué? En ___septiembre___. Porque la mayoría de la ___gente___ viaja en agosto.

2 Lola no puede viajar en septiembre, ¿por qué? Porque _____.

3 ¿Y Begoña? ¿Pueden contar con ella? Sí, _____ contar con ella.

4 ¿Puede Andrew ir de vacaciones o no? _____, puede _____ de vacaciones.

5 ¿Puede Lola pedir una semana de vacaciones? No lo _____, tiene que _____ con su _____.

# Primer plano

4, 5

**4a** **Ana ha desaparecido. Escucha la conversación entre Lázaro y los chicos. ¿Han avisado a la policía?**

_____, _____ han avisado a la policía.

*Yo llevo la dirección.*

**b** **Ahora vuelve a escuchar la conversación, fíjate en esta intervención de Lázaro. ¿Qué hace?**

*Yo llevo la dirección. Vosotros organizaos por parejas. Llamad a los hospitales y después acercaos a todas las estaciones y observad.*

☐ Organiza una fiesta para Ana.
☐ Da instrucciones para buscar a Ana.
☐ Avisa a la policía.

6, 7

**5a** **Aquí tienes una lista de consejos para viajar. ¿Puedes completarlos con el cuadro siguiente? El ejemplo te puede ayudar.**

> hace falta ir • no se puede conducir • hace falta consultar
> no se puede salir • ~~hace falta llegar~~ • no se puede hacer

1 _Hace falta llegar_ pronto al aeropuerto, como mínimo una hora antes de la salida del vuelo, para tener tiempo de recoger la tarjeta de embarque y facturar las maletas.

2 _____ la maleta el último día porque con las prisas podemos olvidar algo importante en casa.

3 _____ de casa sin pasaporte y sin la documentación que piden en muchos países, visados, permisos, certificados médicos…

4 Si viaja a algún país exótico, _____ al médico antes para vacunarse.

5 _____ muchas horas seguidas sin descansar. Si mientras conduce se siente cansado o tiene sueño, pare en el área de servicio más cercana.

6 _____ el estado de las carreteras y autopistas antes de hacer un viaje largo. También es aconsejable revisar el coche.

3

**b** **Ahora, observa con atención las frases que aparecen en el ejercicio. ¿Cuál de estas formas verbales crees que completa la regla?**

Infinitivo (*cantar*)

Gerundio (*cantando*)

Participio (*cantado*)

> Hace falta
> No se puede + _____

## 6

Julián va a la agencia *Viajes Granada*. Éstas son las notas que toma de la información que le dan. Están incompletas. ¿Podrías completarlas con la ayuda del cuadro?

> hace mucho calor • llevar ropa muy fresca • está todo incluido en el precio
> es mejor el hotel *Caribean* • ~~reservar pronto los billetes~~ • tener visado
> el servicio de habitaciones es excelente

1 Hace falta ___*reservar pronto los billetes*___, o nos quedaremos sin plaza.

2 Para viajar a Punta Cana no hace falta _____. Con el pasaporte español podemos entrar sin problemas.

3 Dicen que _____ que el hotel *Tropical*.

4 Se supone que _____. Luego, no tienes que pagar nada allá.

5 Dicen que _____. Pero no importa, las habitaciones tienen aire acondicionado.

6 Hace falta _____, muchos pantalones cortos y ropa de algodón o de lino.

7 Se dice que _____. Las habitaciones siempre están limpias.

## 7

Estos son los anuncios de agencias de viaje que aparecen en la revista de Lola. ¿Puedes completar los anuncios como en el ejemplo?

a

(Viaja, usted) **1** _Viaje_ ahora. Por sólo 660 euros. (Disfrutar, usted) **2** _____ de unas magníficas vacaciones en Punta Cana, República Dominicana. (Llamar, usted) **3** _____ ya al 93 429 36 56. No (perderse, usted) **4** _____ nuestras fantásticas ofertas. *Viajalejos.*

b

(Conocer, tú) **1** _____ las mejores ofertas en viajes nacionales e internacionales. (Bañarse, tú) **2** _____ en las playas del Caribe en un viaje inolvidable. No (esperar, tú) **3** _____ más y (venir, tú) **4** _____ a vernos a la calle Guatemala, n.º 25. *Viajaexótico.*

c

No (ir, usted) **1** _____ al mismo sitio de siempre. Cancún está a su alcance. (Conocer, usted) **2** _____ nuestras ofertas, es la mayor garantía de éxito. (Viajar, usted) **3** _____ con nuestra compañía y no se arrepentirá. (Disfrutar, usted) **4** _____ de playas salvajes, (comer, usted) **5** _____ en los mejores restaurantes, (bailar, usted) **6** _____ toda la noche… (Llamar, usted) **7** _____ al 93 379 49 52. *Viajacómodo.*

# Primer plano

**8,9**

**8** Una chica se va de viaje. Su madre, muy preocupada, la llama por teléfono. ¿Quieres saber qué le dice? Escucha la conversación y completa el diálogo con las palabras del cuadro.

> no olvides • recuerda • diviértete • no descuides • recuerda
> no olvides • agradece • vigila • cuídate • llama • ni lleves

HIJA: ¿Diga?
MADRE: ¡Hola! Soy mamá. ¿Cómo va todo?
HIJA: Bien, preparando las vacaciones.
MADRE: ¿Y qué tal?
HIJA: Muy bien mamá. Estoy haciendo las maletas.
MADRE: **1** _No olvides_ llevar un bronceador, **2** _____ que allí el sol es muy fuerte.
HIJA: Sí, mamá… ya lo he metido. Me tratas como a una niña.
MADRE: Sólo me preocupo por ti, nada más. ¡Ah! **3** _____ la cartera,
  **4** _____ mucho dinero en ella.
HIJA: Sí, mamá. Recuerda que ya he viajado antes y **5** _____ que tengo diecisiete años.
MADRE: **6** _____ que tienes una madre que se preocupa por ti.
  **7** _____ también lo que comes, porque te puedes poner enferma.
HIJA: ¡Ay, mamá! Me parece que estás exagerando.
MADRE: Bueno, bueno. Está bien. Ya no digo más. Sólo **8** _____ que tus padres te
  quieren, **9** _____ mucho, **10** _____ por teléfono de vez en cuando y
  **11** _____ con tus amigos.
HIJA: Muchas gracias mamá. Si puedo, llamo, pero no te aseguro nada. ¡Adiós!
MADRE: ¡Adiós, hija! ¡Buen viaje!

**10, 11**

**9** ¿Qué le dirías a alguien que está en alguna de estas situaciones? Primero, transforma el verbo y luego, sustituye la palabra destacada por alguno de los pronombres del cuadro. Mira el ejemplo, te va a ayudar.

> lo • la • los • las

**1** Mañana se va de viaje y todavía no ha hecho la maleta. (*Hacer*) **la maleta.**
  **a** _Haz la maleta. / Haga la maleta._      **b** _Hazla. / Hágala._

**2** Está en su casa y necesita un taxi para ir al aeropuerto. (*Pedir*) **el taxi** ya.
  **a** _____      **b** _____

**3** Quiere hacer un viaje con el coche pero últimamente ha tenido algunos problemas mecánicos. (*Llevar*) **el coche** al taller.
  **a** _____      **b** _____

**4** Quiere mandar muchas postales a sus amigos pero no tiene todas las direcciones. (*Buscar*) **las direcciones.**
  **a** _____      **b** _____

**5** Quiere comprar una guía de Venezuela para preparar las próximas vacaciones. (*Comprar*) **la guía de Venezuela.**
  **a** _____      **b** _____

**6** Todavía no ha entregado los trabajos. (*Entregar*) **los trabajos** lo antes posible.
  **a** _____      **b** _____

## 10 ¿Puedes completar estos diálogos con los pronombres que aparecen en los cuadros? Hay frases en que sólo necesitas un pronombre y otras en las que tienes que combinar dos, uno de cada cuadro. Observa los ejemplos:

10, 11

| lo • la • los • las | me • te • se(le) • nos • os • se(les) |

1 🗨 ¿Cuándo van a venir a revisar el ascensor?
  🗨 A finales de septiembre. Tengo que hablar con **los chicos de la compañía**.
  🗨 Sí, sí, lláma*los* para quedar un día.

2 🗨 Chicos, ¿queréis que **os** lea **este artículo** sobre Portugal?
  🗨 Sí claro, lée*noslo*.

## Ahora tú:

3 🗨 ¿Qué tal **las facturas**?
  🗨 Estoy repasándo_____. Hay un vecino que no me ha entregado la copia del mes pasado.
  *o bien*
  🗨 _____ estoy repasando. Hay un vecino que no me ha entregado la copia del mes pasado.

4 🗨 ¿Recuerdas que **me** ibas a dejar **la maleta**?
  🗨 No te preocupes, _____ _____ traigo mañana por la mañana.

5 🗨 ¿Qué pasa con las luces del comedor?
  🗨 Nada grave, tienen algún problema con **la instalación eléctrica** y por eso estoy revisándo_____.
  *o bien*
  🗨 Nada grave, tienen algún problema con la instalación eléctrica y por eso _____ estoy revisando.

6 🗨 ¿Julián ya le ha contado **a Begoña el problema de su amigo Niko**?
  🗨 No, está contándo_____ ahora.
  *o bien*
  🗨 No, _____ _____ está contando ahora.

7 🗨 Ana, en septiembre, ¿va a haber algún piso vacío?
  🗨 Sí, los del segundo segunda se cambian de piso. Creo que voy a poner un anuncio en la escalera.
  🗨 Llama **al encargado de la agencia inmobiliaria**, es más rápido.
  🗨 Es verdad, llamar_____ es lo mejor.

8 🗨 Mirad, chicos, en Internet he encontrado mucha información sobre Madagascar.
  🗨 ¿Por qué no **nos la** cuentas? Sí, sí, explica_____.

9 🗨 Este verano tengo que pintar **la escalera**.
  🗨 Pues pínta_____ pronto porque si no, después empiezan a llegar los vecinos de vacaciones y se acabó la tranquilidad.

10 🗨 Lázaro, quédate un momento aquí que yo voy a regar **las plantas** de los vecinos.
  🗨 ¿Cada cuánto las riegas?
  🗨 Dicen que regar_____ una vez a la semana ya es suficiente.

*¿Cuándo van a venir a revisar el ascensor?*

# Recursos

## CÓMO PREVENIR Y ADVERTIR

*¡Cuidado que eso está muy alto!*

| | |
|---|---|
| Si + [verbo en presente] + poder [en presente] + [infinitivo] | *Si él come tanto puede enfermar.* |
| ¡Ojo! / ¡Cuidado! + [oración] | *¡Ojo! / ¡Cuidado! el suelo está mojado.* |
| ¡Ojo con / ¡Cuidado con + [objeto] ! | *¡Ojo con / Cuidado con las tormentas tropicales!* |
| Tener cuidado con + [objeto] | *Ten cuidado con las calles poco iluminadas.* |
| Imperativo (afirmativo o negativo) | *Id a ver el Partenón, no lo os perdáis.* |

## PARA DAR INSTRUCCIONES

| | |
|---|---|
| No + hace falta + [infinitivo] | *No hace falta correr. Tenemos tiempo.* |
| No + tener + que + [infinitivo] | *No tienes que estar nerviosa. Estamos de vacaciones.* |
| Imperativo (afirmativo o negativo) | *Relájate Lola, no corras tanto.* |

## EXPRESAR POSIBILIDAD E IMPOSIBILIDAD

- Para preguntar si algo es o no posible:

¿Poder + [infinitivo]?
*¿Puedo coger tu chaqueta?*

¿Se + puede(n) + [infinitivo]?
*¿Se puede ir en tren hasta allí?*

- Responder afirmativamente:

Sí, + [imperativo]
*Sí, cógela, cógela.*

Claro, + [imperativo]
*Claro, cógela.*

- Responder negativamente:

No, + [imperativo negativo]
*No, no la cojas.*

(No) se + puede + [infinitivo]
*(No) se puede ir en tren.*

(No) + poder + [infinitivo]
*(No) podéis quedaros aquí.*

## EL ADJETIVO §5-§6

Normalmente, el adjetivo aparece detrás del nombre. No obstante, en algunos casos, puede colocarse delante del nombre como recurso de estilo.

> *Las blancas arenas* en lugar de *las arenas blancas*

A veces la posición del adjetivo delante o detrás del nombre cambia el significado y no sólo es por cuestiones de estilo.

> *Pobre hombre / Hombre pobre*

## IMPERATIVO §27

- Para dar permiso:

> *¿Puedo ir a la fiesta?*
> *Claro, ve.*

- Para dar instrucciones:

> *Suba a la segunda planta*

- Para contestar al teléfono:

> *¿Diga?*
> *Eléctrica control, díga*me.

- Para ofrecer algo:

> *Sírve*te más tortilla de patata.

- Para llamar la atención: Mira / Oye / Oiga / Perdone

> *Perdone, ¿la calle Angustias dónde está?*

## PRONOMBRES PERSONALES

| | |
|---|---|
| yo | **me** |
| tú | **te** |
| él, ella, usted | **lo, la / le** |
| nosotros, nosotras | **nos** |
| vosotros, vosotras | **os** |
| ellos, ellas, ustedes | **los, las / les** |

me + lo, la, los, las = **me lo, me la, me los, me las.**
te + lo, la, los, las = **te lo, te la, te los, te las.**
nos + lo, la, los, las = **nos lo, nos la, nos los, nos las.**
os + lo, la, los, las = **os lo, os la, os los, os las.**

Pero **ATENCIÓN**:

**le** + lo, la, los, las = **Se** lo, **Se** la, **Se** los, **Se** las.
**les** + lo, la, los, las = **Se** lo, **Se** la, **Se** los, **Se** las.

## FRASES DE AGENTE INDEFINIDO §44

- Sirven para presentar información sin mencionar el agente o mencionándolo pero sin relacionar directamente la información con él. En ocasiones no se conoce el agente, en otras ocasiones se conoce, pero no se quiere decir quién es.
(Ver apéndice gramatical).

*¿Quién te regaló la chaqueta estampada?*

*Me la regaló Julián.*

# La lengua es un juego

**A** 🖐 **13**

**11** **¿Te atreves a buscar las palabras que corresponden a estas definiciones?**
**Fíjate que todas contienen alguna letra de la palabra estación.**

```
1   A E ROPUERTO
2   _ S _ _ _
3   _ T _ _ _
4   _ A _ _ _
5   _ C _ _ _
6   _ I _ _ _
7   _ O _ _ _
8   _ N _ _ _
```

**1** Lugar desde el que despegan y aterrizan los aviones.
**2** Punto cardinal opuesto al Oeste.
**3** Medio de transporte que circula por vías.
**4** Medio de transporte marítimo.
**5** Parte de la calle por la que andan las personas.
**6** Medio de transporte aéreo.
**7** Palabra sinónima de automóvil.
**8** Punto cardinal opuesto al Sur.

🖐 **12**

**12** **Julián lee un folleto turístico de las islas griegas. ¿Quieres leerlo con él?**
**¿Por qué no completas los espacios en blanco con los adjetivos del cuadro?**

> pequeñas • tranquilas • magníficas • antiguos • primera
> ideal • buena • amable • ~~grande~~

Creta es la isla más **1** *grande* de Grecia y la quinta del Mediterráneo. Allí apareció
la **2** _____ civilización mediterránea. Tiene unos restos arqueológicos muy
**3** _____. Frente a la ciudad Elounda, hay dos **4** _____ islas con **5** _____
playas, a las que sólo se puede llegar mediante barcas que salen del puerto.
Creta es un destino **6** _____ para todos los que quieren unas vacaciones
**7** _____ pero también interesantes. Hay monumentos, **8** _____ comida y
gente muy **9** _____ con los turistas.

**13** **¿Sabes quién dijo los siguientes enunciados? Para ayudarte en el cuadro**
**te ofrecemos los nombres de los personajes y debajo de cada enunciado**
**te damos una pista.**

> Benjamín Disraeli • ~~Francis Bacon~~ • George W. Curtis
> Miguel de Cervantes • René Descartes

**1** "Los viajes en la juventud, son una parte de la educación, y en la vejez, una parte de
la experiencia". Filósofo y político francés: *Francis Bacon*

**2** "El andar en tierras y comunicar con diversas gentes hace a los hombres discretos".
Escritor español, autor de *El Quijote*: _____

**3** "Cuando uno emplea demasiado tiempo en viajar llega a ser finalmente extranjero
en su propio país". Filósofo y científico francés: _____

**4** "La imaginación sirve para viajar y cuesta menos". Escritor estadounidense: _____

**5** "Los viajes enseñan la tolerancia" Político inglés: _____

# La lengua es un mundo

**14a** ¿Ya tienes plan para las vacaciones del verano? Si necesitas algún consejo, 〔✎〕 13 〔ᴀA〕
puedes leer este artículo. Hay seis medios de transporte y seis lugares
donde alojarse. Subráyalos.

## Millones de españoles preparan las vacaciones de verano

Decidir cuál es el mejor medio de transporte para viajar provoca algunas discusiones familiares. Si coge el _coche_, ¡cuidado con el tráfico! Hay miles de personas como usted conduciendo por las carreteras y autopistas del país: solos, con la familia, con los amigos... Por eso durante estos días puede ser muy pesado conducir, pero siempre puede coger el tren o el autocar. El tren es un poco más caro, pero va más rápido y es más cómodo. El autocar es más barato pero, como el coche, puede tener problemas con el tráfico. Dicen que el avión es el medio de transporte más seguro, pero nunca se sabe.

Si viaja en familia siempre puede alquilar una caravana. Puede ser muy divertido viajar con la casa a cuestas. Ahora bien, si usted no es animal ni de tierra ni de aire y prefiere el agua, coja un barco para hacer un crucero por el Mediterráneo.

Una vez decidido cómo viajar surge el segundo problema: ¿dónde alojarse? Para los que no tienen problemas de dinero los paradores nacionales siempre son una buena elección. Después están los hoteles de estrellas, para todos los gustos. Para los que quieren ahorrar existen las pensiones y los cámpings, siempre muy económicos. Y para los más jóvenes, los albergues, donde es necesario presentar el carné de alberguista.

En España, últimamente, se han puesto de moda las casas de turismo rural. Se puede ir con la familia o un grupo de amigos. No hace falta llevar nada porque se puede utilizar todo lo que hay en la casa. Normalmente, uno está muy tranquilo y puede disfrutar de la naturaleza.

**b** Ahora, ¿por qué no completas las frases con los nombres de transporte y los lugares donde alojarse, que has encontrado en el texto?

1 Las carreteras y las autopistas estos días están llenas de _coches_ .
2 Si no le apetece coger el coche, puede ir de vacaciones en _____ o en _____.
3 Dicen que el medio de transporte más seguro es el _____.
4 Si viaja con la familia y quiere divertirse, puede alquilar una _____.
5 Si usted prefiere el agua coja un _____.
6 Los que no tienen problemas con el dinero, pueden ir a los _____.
7 Después de los paradores, están los _____ como opción más barata.
8 Las _____ y los _____ son para los que no quieren o no pueden gastar mucho dinero.
9 Los más jóvenes pueden ir a los _____.
10 Si quiere estar a la moda, visite este año alguna de las _____ que hay en nuestro país.

Trenes de España:
**www.renfe.es**

Aerolíneas Argentinas:
**www.aerolineas.com.ar**

LAN Chile:
**www.lanchile.cl**

# Evaluación

**1** Después de los ejercicios de la lección, lee las frases que tienes a continuación. ¿Puedes elegir la respuesta correcta?

**1** _____ Estos días de vacaciones las carreteras están llenas de coches.
- [ ] ¡Cuidado con el tráfico!
- [ ] ¡Ojo con la comida!
- [ ] Tened cuidado con el avión.

**2** Sobre todo acuérdate. _____ el pasaporte en casa.
- [ ] No te olvidas
- [ ] No te olvides
- [ ] No te olvidar

**3** 🗨 ¿Le has contado a Carlos mi problema?
   🗨 Sí, ya _____.
- [ ] lo se he contado
- [ ] le se he contado
- [ ] se lo he contado

**4** Julián, ¿sabes a qué hora tenemos que estar en el aeropuerto?
- [ ] Eso no se dice.
- [ ] Hace falta llegar antes de las cinco.
- [ ] No hagas eso.

**5** No se _____ usar aparatos eléctricos dentro del avión.
- [ ] puede
- [ ] puedes
- [ ] puedo

**6** 🗨 Por favor, ¿la puerta de embarque del vuelo B1266?
   🗨 _____ al primer piso y _____ en Información.
- [ ] Suba / pregunte
- [ ] Subir / preguntar
- [ ] Corres / pregunte

**7** Cuando viajas, hay que estar preparado para todo. ____ nunca sabe lo que puede pasar.
- [ ] Ella
- [ ] Unos
- [ ] Uno

**8** 🗨 Chicos, ¿os apetece ir a Grecia?
   🗨 No sé, ¿qué _____ nosotros en Grecia?
- [ ] podemos hacer
- [ ] pueden hacer
- [ ] se puede hacer

**9** 🗨 Lola, todavía no he hecho la maleta.
   🗨 Pues _____ esta tarde porque mañana nos vamos muy temprano.
- [ ] hazlos
- [ ] hazla
- [ ] hazlo

**2** Julián sueña con un viaje a Madagascar. Mira la información que ha encontrado navegando por Internet. ¿Puedes completar el artículo con las palabras del cuadro?

> exótico • información • moneda • transporte • visado • vacuna permisos • coches de alquiler • parques • enfermedades

### MADAGASCAR INSÓLITO: LA GUÍA

El *taxi-brousse* es el **1** _____ por tierra más común. Tenga cuidado con los **2** _____ porque son muy caros.
La **3** _____ nacional es el franco malgache, pero es necesario llevar dólares americanos.
En Madagascar hay que extremar las precauciones contra el paludismo y la malaria. Puede consultar un centro especializado en **4** _____ tropicales. Además, la **5** _____ contra la fiebre amarilla es obligatoria y la del tétanos, recomendable.
Para entrar en la República Malgache es necesario solicitar un **6** _____. Pídalo en el Consulado de Madagascar. Es conveniente viajar con seis fotos tipo carné, para autorizaciones especiales y **7** _____ de entrada en los 36 **8** _____ naturales.
Al visitar un país **9** _____ es aconsejable ir con una buena **10** _____ previa. Se pueden consultar los libros *Guía a Madagascar*, y *Madagascar & Comores*.

**Ahora puedo:**
- [ ] Prevenir y advertir.
- [ ] Expresar posibilidad e imposibilidad.
- [ ] Dar instrucciones.

**También he aprendido otras cosas:**
_____
_____
_____
_____
_____

# 3

## leccióntres3

## ¡Aprender una lengua!

# En portada

Andrew ya ha aprendido mucho español. En esta lección, Begoña quiere aprender inglés. ¿Quieres saber algunos consejos para aprender una lengua?

# ¡Aprender una lengua!

## En esta lección vas a aprender:

- A pedir y dar consejos
- Orientaciones sobre cómo aprender una lengua
- A expresar frecuencia temporal

**1a** Como ya has podido comprobar, se puede aprender y practicar una lengua de muchas formas. Observa en la foto que Lola y Begoña quieren enseñar a Andrew más español. Después lee estas frases. ¿Cuáles se pueden relacionar con la foto?

✎ **7, 10**

**Formas de aprender una lengua:**
- Estudiar gramática. ☐
- Ir a una escuela de idiomas. ☐
- Tener un profesor particular. ☐
- Escuchar y cantar canciones, como en un *karaoke*. ☐
- Tomar notas en una libreta. ☐
- Ver películas en versión original. ☐
- Estudiar en casa. ☐
- Tener amigos que hablan el idioma que quieres aprender. ☐
- Hacer un curso por Internet. ☐
- Hacer ejercicios. ☐

**b** Ahora dinos, ¿todas estas formas de aprender y practicar una lengua son para ti igual de importantes? Haz una lista ordenándolas de mayor a menor importancia.

1 _____

2 _____

3 _____

4 _____

5 _____

6 _____

7 _____

8 _____

9 _____

10 _____

A 🖐 7,10

**2** **¿Qué problemas tienen nuestros amigos cuando aprenden una nueva lengua? Lee los diálogos y completa el cuadro.**

**1**

ANDREW: ¿Qué haces, Begoña?
BEGOÑA: Mis deberes de inglés.
ANDREW: ¿Necesitas ayuda?
BEGOÑA: No, gracias, son ejercicios de gramática. Son fáciles.
ANDREW: Pues, ¿por qué dices siempre que el inglés es tan difícil?
BEGOÑA: No me refiero a la gramática. Es fácil, ¡lo difícil es hablar! Mira chico, sé mucha teoría, pero en la práctica…
ANDREW: ¡Paciencia mujer! ¡A mí también me cuesta mucho hablar! La pronunciación española es muy difícil, con las eRRRRes y las elles.
BEGOÑA: ¿Ah sí? Pues yo pensaba que para ti lo más difícil eran los verbos.
ANDREW: ¡Uy, sí! ¡Los verbos españoles son terribles! Para mí, lo más fácil es el vocabulario.

**2**

LOLA: Lo que yo no entiendo es cómo sin abrir nunca un libro, puedes hablar tantos idiomas diferentes.
JULIÁN: Es que hablar es fácil, en cualquier idioma. Sólo tienes que aprender a entenderte con los demás.
LOLA: Pero si no sabes la gramática, ¿cómo hablas?
JULIÁN: Pues con la mirada, los gestos, la entonación, con palabras…
LOLA: ¿Sí? ¡Pues mis amigos alemanes no me entienden ni con mímica! Si no estudio un poco de gramática… ¡y es tan difícil! Para mí, lo único fácil de la lengua alemana es la pronunciación, pero la gramática es dificilísima, imposible de dominar al cien por cien.
JULIÁN: ¡Bah, tonterías! Para hablar no es necesario dominar una lengua. Ahora bien, escribir… ¡Escribir sí que es difícil!

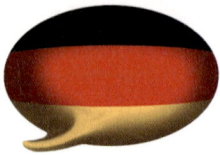

| ¿Quién habla? | ¿De qué lengua habla? | Es fácil | Es difícil |
|---|---|---|---|
| Begoña | *De la inglesa.* | | |
| Andrew | | | |
| Julián | | | |
| Lola | | | |

**3a** Begoña sigue obsesionada con aprender lenguas. Escucha la conversación entre Begoña y Julián e indica si estas frases son verdaderas (V) o falsas (F).

|  | V | F |
|---|---|---|
| 1 Begoña está contenta porque sabe ruso. |  | ✓ |
| 2 Begoña tiene un profesor particular de inglés. |  |  |
| 3 Julián cree que todo el mundo tiene facilidad para las lenguas. |  |  |
| 4 Begoña pide consejo a Julián. |  |  |
| 5 Begoña va a practicar inglés por Internet. |  |  |

10

*Estoy contenta porque...*

**b** Vuelve a escuchar la conversación y ordena estas frases según el orden en que las dicen.

5

☐ Intenta no obsesionarte.

1 No sé si es la solución.

☐ Procura divertirte.

☐ ¿Tú qué crees?

☐ ¿Por qué no intentas ir a Gran Bretaña?

☐ Ten paciencia.

☐ ¿Tú qué me recomiendas?

☐ Disfruta aprendiendo.

**c** Ahora clasifica las frases anteriores en estos tres grupos.

1, 2, 3, 4, 6, 8

| Indica una duda | Pide consejo | Ofrece consejo |
|---|---|---|
| _____ | ¿Tú qué crees? _____ | _____ _____ _____ _____ _____ |

**4a** Ana ha desaparecido y nuestros amigos hablan de ella. Escucha y relaciona la primera parte con la segunda.

1, 2, 3, 4, 6, 8

No hace falta             decirlo ahora.

No conviene               precipitarse.

No hace falta             hay que actuar rápido.

Cuando se tiene un problema       precipitarse.

1, 2, 3, 4, 6, 8

**b** Escucha de nuevo el diálogo y fíjate en como, al final del diálogo, Lola pide a Lázaro un consejo. Escribe la frase.

_____

**5a** Begoña quiere aprender inglés y escribe una carta a Cati, una amiga suya. Lee la carta y responde a las preguntas.

Hola Cati:

¿Qué tal? Mira, te escribo porque estoy un poco deprimida. Necesito hablar en inglés y no hay manera. Hace tres años que estudio este idioma. Voy a una escuela dos veces por semana, pero cuando tengo que hablar con alguien, no sé cómo empezar.

A veces practico con Andrew, pero ya sabes que habla muy deprisa. Tengo que decirle cincuenta veces "¿qué?" y, claro, el pobre se cansa. Además cuando hablo yo, él no me entiende. ¿Qué hago?

Tú, que eres traductora, seguro que me puedes dar algún consejo. Seguro que sí, ¡eres increíble!

Escríbeme cuanto antes, ¡estoy desesperada!

Muchos besos,

Begoña

1 ¿Por qué está deprimida Begoña?
   *Porque necesita hablar en inglés.*

2 ¿Cuánto tiempo hace que Begoña estudia inglés?
   _____

3 ¿Cuántas veces va a la escuela de inglés?
   _____

4 ¿Cómo practica la conversación en inglés?
   _____

5 ¿Cuál es la profesión de Cati?
   _____

5 Imagina que eres Cati y explicas a Begoña cuál es la mejor manera de aprender inglés. ¿Podrías escribir frases con las palabras de las tres columnas? Fíjate en el ejemplo.

1, 2, 3, 4, 6, 8

| Intenta Procura | escribir leer ver hablar viajar ~~participar~~ | con gente de habla inglesa. en *chats* en inglés. libros adaptados a tu nivel de inglés. a países de habla inglesa. películas en versión original. correos en inglés. |
|---|---|---|

*Intenta ver películas en versión original.*

1  *Intenta / Procura participar en chats en inglés.* _____

2  _____

3  _____

4  _____

5  _____

6  _____

6 Lola empieza a trabajar hoy en una empresa. Imagina que tú también trabajas en la misma empresa. ¿Qué consejos le das? Forma frases como la del ejemplo, utilizando *Yo que tú / Yo en tu lugar* y con el verbo en *pretérito imperfecto*.

1, 2, 3, 4, 6, 8

1  *Yo que tú / Yo en tu lugar* (escuchar) *escuchaba* los consejos de los veteranos.

2  _____ (preguntar) _____ todo lo que no sabes.

3  _____ no (tomar) _____ café de la máquina, ¡está malísimo!

4  _____ (llegar) _____ puntual.

5  _____ (apuntar) _____ todo lo que no sabes.

6  _____ no (estar) _____ nerviosa. Todos sabemos que eres nueva.

# Primer plano

7, 10

**7a Begoña tiene estas opiniones sobre aprender una lengua en casa. Léelas y marca las opiniones de Begoña que coinciden con las tuyas.**

Cuando estudias en casa…

1 Si no estás seguro de algo, lo adivinas. ☐

2 Escuchas mucho y hablas poco. ☐

3 Estudias las reglas gramaticales. ☐

4 Si no entiendes algo, preguntas a tu tutor. ☐

5 Lees mucho. ☐

6 Escribes mucho. ☐

7 Hablas tanto como puedes. ☐

8 Intentas hablar aunque no lo haces correctamente. ☐

9 Procuras no hacer errores. ☐

10 Intentas identificar tus errores e inventas sistemas para no hacerlos. ☐

**b Ahora puedes consultar una forma de interpretar tus opiniones anteriores.**

1 Aunque no es agradable cometer errores, es útil para hacer suposiciones sobre lo que sabes de español. También es útil comprobar si lo que has dicho está bien o mal.

2 Es muy importante escuchar y fijarte en cómo hablan las otras personas. Poco a poco hablarás. La mejor manera de aprender a hablar es hablando.

3 Si piensas mucho las reglas antes de hablar pierdes espontaneidad; busca la palabra más correcta que puedas y ¡prueba suerte! Di que corrijan tus errores.

4 Confía en la ayuda de tu tutor. Si no le entiendes, cuando te explica algo, pídele que te lo repita. Verás cómo te lo dice de una forma más fácil.

5 Lee todo tipo de textos: periódicos, publicidad, cómics, etc. Te ayudará a ampliar tu vocabulario.

6 Toma notas de todo lo que lees. Crea tu libreta de aprendizaje.

7 Intenta hablar correctamente pero no tengas miedo a equivocarte. Pensar antes de hablar no es suficiente. Tienes que practicar sin miedo.

8 Mira 1 y 7.

9 Mira 7.

10 Intenta identificar tus problemas con el español y usa las técnicas que te ayuden a mejorar tu aprendizaje.

**8** La gente tiene pequeños problemas en su vida cotidiana. Aquí tienes algunos consejos, ¿por qué no los relacionas con los problemas?

1, 2, 3, 4, 6, 8

1 ¡Estoy demasiado débil!
2 ¡Mis amigos ven demasiado la tele!
3 ¡Mi nivel de inglés es horrible!
4 ¡No tengo dinero!
5 ¡Ya tengo cinco multas por exceso de velocidad!

a Practica más.
b ¡No gastes tanto!
c ¡Haz deporte!
d ¡No corras tanto!
e ¡Regálales algún libro!

**9** A continuación, tienes una encuesta sobre un curso de autoaprendizaje de español. ¿Te apetece responder al cuestionario?
Luego mira en las soluciones cuántos puntos has conseguido, súmalos y descubre qué tipo de estudiante eres.

7, 10

1 Para ti, ¿qué es lo más importante de un curso de español?
   a Hablar mucho.
   b La gramática.
   c No cometer errores.

2 Tu mejor curso de español es:
   a un curso intensivo.
   b un profesor particular.
   c tus amigos hispanohablantes.

3 Cuando viajas a países de habla hispana, ¿lees algún periódico?
   a Sí, en español.
   b Sí, en mi lengua materna.
   c No, porque me mareo.

4 Prefieres las películas de cine hispanoamericanas:
   a en versión original.
   b dobladas a tu lengua.
   c nunca ves películas.

5 Además del curso de español, en tu tiempo libre...
   a ves programas españoles de televisión.
   b escuchas música española.
   c no haces nada más.

6 Lees libros en español...
   a de vez en cuando.
   b casi nunca.
   c a menudo.

7 Si viajas a un país donde hablan español...
   a intentas hablar en español.
   b hablas en inglés.
   c hablas en tu lengua materna (diferente al inglés).

8 ¿Para qué quieres aprender español?
   a Para tus estudios.
   b Para tu trabajo.
   c Para hacer turismo.

**10** ¿Cómo aprendió Andrew a hablar en español? Escucha la conversación entre Begoña y Andrew y después responde a las preguntas.

12

1 ¿Cuándo estudia Andrew español?
   ☐ Algunos días.   ✔ Todos los días.   ☐ Casi nunca.

2 ¿Cuándo escucha Andrew música española?
   ☐ Siempre.   ☐ A menudo.   ☐ Nunca.

3 Andrew se ha comprado un *karaoke* y _____ canta.
   ☐ nunca   ☐ casi nunca   ☐ a veces

4 ¿Cuándo va al cine Andrew a ver películas españolas?
   ☐ De vez en cuando.   ☐ Muy a menudo.   ☐ Frecuentemente.

5 Begoña _____ entiende a su profesor de inglés.
   ☐ a veces   ☐ regularmente   ☐ casi siempre

# Recursos

## ORACIONES DUBITATIVAS §41

- Sirven para expresar duda o ignorancia:

*¿Cuál creéis que me queda mejor?*

$$\text{No sé} + \begin{cases} \text{si} \\ \text{cuándo} \\ \text{dónde} \\ \text{cómo} \\ \dots \end{cases} + \begin{array}{l} \textit{va a la fiesta.} \\ \textit{ha salido.} \\ \textit{está.} \\ \textit{puedes estar tranquilo.} \end{array}$$

- Para expresar indecisión ante dos opciones o posibilidades:

$$\text{No sé si} + \begin{cases} \text{[verbo] + [nombre]} \\ \text{[verbo]} \end{cases} + \text{o} + \begin{array}{l} \text{[nombre]} \\ \text{[verbo]} \end{array}$$

**No sé si** *ha ido a casa de Juan* **o** *de Enrique.*

## FRECUENCIA

Más frecuencia

Siempre
Todos los días
Casi siempre
Frecuentemente
Con frecuencia
A menudo
Regularmente
De vez en cuando
A veces
Casi nunca
Nunca

Menos frecuencia

*Siempre intenta practicar su español.*
*Casi nunca hago ejercicios de gramática.*
*Todos los días practica un poco de español.*
*De vez en cuando hace ejercicios.*
*Casi nunca voy a la playa.*
*¡Nunca me escuchas cuando te hablo!*

## PEDIR CONSEJO §40

*¿Usted / tú qué cree(s) que es mejor? ¿Ir en tren o en avión?*

*¿Qué me recomienda(s)?*

## DAR CONSEJO

**¿Por qué no + [presente de indicativo]?**

*¿**Por qué no estudias** un poco más?*

*Intenta*
*Procura* + [infinitivo]

***Intenta / Procura** + estudiar más.*

Si [contexto],  + [imperativo] / (no) debes  + [infinitivo]

*Si estás muy cansado, **descansa**.*
*Si tienes colesterol, **no comas** huevos fritos.*
*Si estás muy cansado, **no debes trabajar** más.*

Cuando [contexto],  (no) es conveniente / (no) hay que / (no) conviene  + [infinitivo]

***Cuando** se tiene colesterol, **no es conveniente comer** huevos.*
***Cuando** se tiene colesterol, **hay que comer** verdura.*
***Cuando** se tiene colesterol, **no conviene comer** muchas grasas.*

**Es + [adjetivo] + [infinitivo]**

| | | |
|---|---|---|
| *Es bueno* | *Es recomendable* | |
| *Es necesario* | *Es conveniente* | *trabajar en grupo.* |
| *Es interesante* | *Es aconsejable* | |
| *Es importante* | *…* | |

**Te aconsejo + [infinitivo]**

*Te **aconsejo tener** un poco de paciencia.*

Yo que tú / vosotros
Yo en tu lugar / vuestro lugar  + [imperfecto]

*Yo **que tú, hacía** más deporte.*

*Procura tener cuidado.*

# La lengua es un juego

13, 14

**11** Lee las definiciones e intenta resolver el crucigrama. ¡Suerte!

**Horizontales**

🌀 Cuando una persona aprende un idioma pasa por un proceso de…

🌀 ¿Qué acción haces cuando lees hasta aprender?

🌀 ¿Cómo se llama la persona que enseña a los alumnos?

**Verticales**

🌀 Para demostrar que has aprendido tienes que hacer un…

🌀 Cuando tienes dudas sobre cómo construir una oración, consultas la…

🌀 Libro en el que buscas una palabra cuando no la conoces.

🌀 Interpretar un texto escrito.

13, 14

**12** Andrew está aprendiendo español como tú. Se ha hecho una lista con algunos verbos que indican acciones importantes en el proceso de aprendizaje pero se le han desordenado las letras de las palabras, ¿le ayudas a ordenarlas? Para ayudarte te damos la última sílaba.

1 e e l r : *leer*

2 a d e i r s t u : _____diar

3 a c c e h r s u : _____char

4 e e i p r r t : _____tir

5 a a b h l r : _____blar

6 b c e i i r r s : _____bir

7 a e i m m o r r z : _____zar

8 a a c c i p r r t : _____diar

# La lengua es un mundo

13, 14

## 13a Relaciona cada palabra con su definición.

| | |
|---|---|
| 1 aula | a Ciencia que se ocupa de la enseñanza. |
| 2 educación | b Colegio. |
| 3 escuela | c Conjunto de profesores. |
| 4 pedagogía | d Proceso de aprendizaje. |
| 5 profesorado | e Sala en la que se enseña. |

b ¿Qué palabras de las que aparecen en el ejercicio anterior significan lo mismo que centros escolares?

_____

c Lee el siguiente texto y luego contesta a las preguntas.

1 ¿Cómo se ha metido la Red en la educación? (párrafo 1)
*Por la multitud de información a la que tienen acceso los alumnos.*

2 Según el texto, ¿Internet cambiará la educación? (párrafo 2)
_____ .

3 ¿Cuáles son las herramientas que cambiarán el papel del profesor y del alumno? (párrafo 3)
_____ .

### La Red entra en la educación

*Los profesionales reclaman programas para introducir Internet en el aula y para formar al profesorado.*

La preocupación por introducir las nuevas tecnologías con fines pedagógicos en los centros escolares es prácticamente unánime entre el profesorado. La prisa por encontrar una respuesta sobre cómo se puede llevar a cabo se debe a que la Red se ha metido en la educación por la multitud de información a la que tienen acceso los alumnos.[...]

Internet puede no cambiar nada la educación si sólo se traslada la forma de enseñar actual y no se ponen las nuevas tecnologías al servicio de una pedagogía adaptada a la nueva situación. Así ocurrió con otras tecnologías que se han acercado a ella como el ordenador, la televisión o la videoconferencia.

El diseño de la nueva pedagogía se debe hacer desde la práctica educativa. La información de Internet, la conexión entre aulas de diferentes escuelas en tiempo real y el uso de videoconferencias en las propias pantallas del ordenador son algunas de las herramientas que cambiarán el papel del profesor y del alumno, su relación y el tipo de clase que se puede impartir. [...]

Adaptado de *El País*, Madrid (22-01-01)

d Aquí tienes diferentes expresiones verbales que han aparecido en el texto. ¿Conoces su significado? Escribe al lado de cada definición la expresión que corresponda.

Llevar a cabo • ~~Dar tiempo~~ • Impartir

*Dar tiempo* : conceder a alguien el tiempo necesario para que haga algo.

_____ : hacer, realizar, ejecutar.

_____ : dar una clase.

**Nuestra web:**
**www.esespasa.com**

**Ministerio de Educación de España:**
**www.mec.es**

**Instituto Cervantes:**
**www.cervantes.es**

# Evaluación

## 1 Completa las frases con la opción correcta.

1 Begoña _____ inglés en una escuela.
- [ ] *va*
- [ ] *aprende*
- [ ] *practica con*

2 Si no te gusta el café, _____ té.
- [ ] *toma*
- [ ] *beber*
- [ ] *comerás*

3 ¡No _____ tanto! ¡La velocidad máxima es de 80 km por hora!
- [ ] *conducir*
- [ ] *iba*
- [ ] *corras*

4 _____ textos es más difícil que escribir.
- [ ] *Leer*
- [ ] *Leyendo*
- [ ] *Leído*

5 _____ importante cuidar nuestra dieta.
- [ ] *Está*
- [ ] *Es*
- [ ] *Ser*

6 Soy vegetariana. _____ como carne.
- [ ] *Siempre*
- [ ] *A menudo*
- [ ] *Nunca*

7 Yo en _____ lugar, iba de vacaciones a Mallorca.
- [ ] *ti*
- [ ] *tu*
- [ ] *que*

8 Si quieres hablar con fluidez, _____ practicar mucho.
- [ ] *tienes*
- [ ] *deben*
- [ ] *intenta*

9 Los alumnos no saben _____ el examen será el lunes o el martes.
- [ ] *si*
- [ ] *cuando*
- [ ] *cuantos*

10 Marta no sabe _____ su madre ha hecho un pastel o un flan.
- [ ] *si*
- [ ] *por qué*
- [ ] *cuándo*

## 2 Rellena los diez huecos de este artículo periodístico con las palabras del cuadro de abajo.

> lenguas • idioma • camarero • sabía • significados • conocer • significa
> hablar • explica • decir

### EL LENGUAJE DE LOS GESTOS

Los europeos se diferencian por aspectos que van más allá de la geografía, las razas y las **1** _____: sus gestos expresivos.

El verano pasado, en un café parisino fui testigo de una escena que **2** _____ perfectamente la intención de este artículo. Un caballero inglés, después de probar con mucho gusto su café, al no dominar el **3** _____ del país, hizo un gesto aprobatorio al **4** _____: juntó el dedo índice y el pulgar indicando *okay*. Inmediatamente, se hizo un silencio en toda la cafetería; lo que el caballero inglés no **5** _____ es que en Francia ese gesto **6** _____ cero y sin valor.

En Malta equivale a acusar a un hombre de homosexual y en Grecia y Cerdeña se utiliza para insultar a alguien. El mismo gesto, pues, tiene cuatro **7** _____ diferentes.

El viajero, si lo es de verdad, no sólo tiene que poder **8** _____ un poco el idioma del país, sino también **9** _____ el lenguaje gestual. Y es que los gestos son una cuestión peligrosa. Porque al movernos, aunque no queremos **10** _____ nada, ya decimos algo.

\*Texto adaptado de *El País*, *Babelia*, 11 de enero de 1992.

---

**Ahora puedo:**
- [ ] Pedir y dar consejos.
- [ ] Expresar frecuencia temporal.
- [ ] Dar instrucciones.

**También he aprendido otras cosas:**

*he reflexionado sobre cómo se aprende una lengua.*

_____
_____
_____
_____

**1** Lola visita a su médico de cabecera porque no puede dormir. ¿Puedes escribir las palabras que faltan en su diálogo?

> innecesario • dicen • recomienda • cree • puedo • procure
> cuidado • bueno • intenta • lugar • recomendaciones

LOLA: Últimamente estoy muy nerviosa y no puedo dormir. ¿Qué me **1** _____?

DOCTOR: ¿Por qué no **2** _____ hacer algo de gimnasia antes de acostarse?

LOLA: ¿**3** _____ usted que es bueno hacer eso? **4** _____ que hacer deporte antes de dormir es malo.

DOCTOR: Bueno, eso depende de cada persona. Si no le apetece hacer ejercicio o cree que va a ponerse más nerviosa, **5** _____ relajarse y cenar algo ligero. La lechuga y la leche ayudan a dormir.

LOLA: De acuerdo, ¿puedo hacer algo más?

DOCTOR: Intente no pensar en temas que le preocupen. También es **6** _____ escuchar música clásica o leer algo agradable antes de dormir.

LOLA: ¿**7** _____ tomar somníferos?

DOCTOR: Creo que es **8** _____ tomar cualquier tipo de medicamentos por ahora. Yo en su **9** _____, primero probaba por la vía natural. Las pastillas son el último recurso. Si uno no tiene **10** _____, acaba acostumbrándose a ellas.

LOLA: De acuerdo, doctor. Gracias por sus **11** _____.

DOCTOR: De nada. Espero que se mejore.

**2** ¿Por qué no completas estas frases?

1 🗨 El otro día, te portaste muy mal.
🗨 ¿_____ hablas?
- [ ] *De quien*
- [ ] *De qué*
- [ ] *Con qué*

2 _____ voy en autocar. Normalmente voy en tren.
- [ ] *Casi nunca*
- [ ] *Casi siempre*
- [ ] *Casi frecuentemente*

3 Eso no _____. No hace falta ser desagradable.
- [ ] *se dices*  [ ] *dice*  [ ] *se dice*

4 Yo que tú _____ en avión, es más rápido.
- [ ] *voy*  [ ] *vas*  [ ] *iba*

5 ¡Ojo! ¡ _____ con el escalón, señora!
- [ ] *Intente cuidado*
- [ ] *Procure cuidado*
- [ ] *Tenga cuidado*

6 ¿_____ a preparar tu viaje?
- [ ] *Puedo ayudarte*
- [ ] *Puédote ayudar*
- [ ] *Puedo te ayudar*

7 ¿Qué me _____ para aprender español?
- [ ] *recomendas*
- [ ] *recomiendas*
- [ ] *andas*

8 ¿Te _____ los dedos del pie?
- [ ] *duelen*  [ ] *duele*  [ ] *dueles*

9 No _____ tanto chorizo. Es malo para el colesterol.
- [ ] *tienes comer*
- [ ] *debes comer*
- [ ] *es necesario*

10 ¿Qué regalo prefieres?
- [ ] *La roja bolsa grande.*
- [ ] *La bolsa roja grande.*
- [ ] *La grande bolsa roja.*

## Diario de aprendizaje

Pienso que sí ☐ / no ☐ he cumplido mis objetivos.

He necesitado leer ___ veces los textos para comprenderlos.

Lo que más me ha gustado de este bloque es _____ _____.

Pero algunas cosas me han gustado menos y son éstas:
_____
_____
_____

En este bloque he aprendido _____ cosas, pero quiero recordar especialmente estas frases
_____
_____
_____
y estas palabras _____
_____
_____
_____ y
_____.

---

**3** ¿Puedes señalar la opción correcta?

**1** ¿Te has enterado de que quieren abrir un parador nacional al lado de tu pueblo?
☐ Estoy seguro de que mi pueblo no es un parador.
☐ No, no me había enterado de que querías trabajar en un parador nacional.
☐ No, no lo sabía. ¿Sabes si lo van a construir pronto?

**2** ¿Sabes con quién cené ayer?
☐ ¡Cuidado! La cena está envenenada.
☐ Si comes tanto, puedes enfermar.
☐ No lo sé. Ni idea. ¿Con José Sacristán?

**3** Los paradores nacionales son parecidos a los hoteles.
☐ ¿Ah, sí? Yo creía que eran una especie de parques.
☐ Si vas a Cuenca, alójate en el parador nacional.
☐ Este parador se construyó el año pasado.

**4** No sé dónde está la agencia de viajes que me recomendaste.
☐ Si los turistas no tienen cuidado, les abren el coche y les roban todo lo que llevan dentro.
☐ ¿Qué dices? Habla más alto, que no te oigo.
☐ No corras tanto, que pueden atropellarte.

**5** Quiero invitar a Begoña a mi piscina, pero no sé si le gusta nadar.
☐ Estoy segura de que le gusta. Le encantan todos los deportes.
☐ No sé dónde vive.
☐ Hace falta llegar pronto, si no se llena de gente y el agua se calienta demasiado.

**6** ¿Puedo bañarme después de comer?
☐ Después de comer, es mejor no bañarte.
☐ Después de comer, es mejor no bañarse.
☐ Después de comer, es mejor no bañarme.

## Así puedes aprender

Para aprender mejor la lengua española, es importante tener conciencia de tus características personales como estudiante, del ambiente que te rodea y de los recursos que tienes.

¿**Qué clase de estudiante de español eres?** Eres… organizado, desorganizado, reflexivo, impulsivo, analítico, constante, curioso, independiente…

¿**Tienes un buen lugar** para estudiar solo? Si es así, ¿es cómodo, silencioso, iluminado, acogedor, espacioso…?

¿**Tienes cerca** una gramática, un diccionario para consultar? ¿Y una libreta para tomar notas?

Intenta completar una lista como ésta:

**Cosas que me ayudan a aprender:**
Soy _____
Tengo _____

**Cosas que tengo que mejorar:**
Soy _____
No tengo _____

# bloquedos2

lección4
lección5
lección6

# Índice

# 4

# lección cuatro 4

# Ya llega el fin de semana

# Ya llega el fin de semana

Mira qué bien
se lo pasan
nuestros amigos
en su tiempo
libre.
Prepárate para
acompañarles
al cine, al teatro,
de excursión...
¡Empieza
la diversión!

## En esta lección vas a aprender:

- A relacionar la información de causa y consecuencia
- Cómo llamar la atención hacia algo
- Formas de opinar

**1a** Observa la foto y lee las frases. ¿Quién crees que dice cada frase? Recuerda que los nombres de nuestros amigos, de izquierda a derecha en la foto son: Begoña, Lázaro, Julián, Ana, Andrew y Lola. Escribe el nombre al lado de cada frase.

5

1 _Ana_ : ¡Eh, muchachos! ¿Habéis visto el importe de esta factura?

2 _____ : Oye, mira aquí detrás, por favor, que me molestan los pantalones.

3 _____ : ¿Has visto que están rotos?

4 _____ : Fíjate en cómo cambio la bombilla.

5 _____ : Mira cuánto polvo hay. ¿Nadie limpia aquí?

**b** ¿Has visto que cada uno está llamando la atención sobre cosas diferentes? ¿De qué habla cada persona?

1 _Andrew_ habla de su espalda.

2 _____ habla de la lámpara.

3 _____ habla de la factura de teléfono.

4 _____ habla de los pantalones.

5 _____ dice que la habitación está sucia.

**A** 📝 6

## 2a Lola, Begoña y Julián están opinando sobre una película. Lee el diálogo y responde a las preguntas.

LOLA: ¿Habéis visto la última película de Almodóvar?
BEGOÑA: Sí.
JULIÁN: La vimos el otro día. ¿Y tú? ¿La has visto?
LOLA: No, todavía no.
JULIÁN: Pues tienes que verla.
LOLA: ¿Sí? ¿Por qué? ¿Qué os ha parecido?
JULIÁN: Genial. ¡Es fantástica!
BEGOÑA: ¿Fantástica? ¡Pues para mí es malísima! No me gustó nada.
LOLA: ¡Pero si todo el mundo dice que es muy buena!
BEGOÑA: ¡Que no! ¡Me pareció horrible!
JULIÁN: Yo creo que es la mejor película que he visto en mucho tiempo. Almodóvar me parece un genio.
LOLA: Sí, a mí también me gusta mucho.
BEGOÑA: Pero, ¿cómo puedes decir que es un genio, si siempre hace lo mismo?
LOLA: ¡Qué va! Todas sus películas son diferentes y los actores que trabajan con él son maravillosos.
JULIÁN: A mí también me gustan mucho.
BEGOÑA: Pues a mí, no. A este director lo encuentro aburrido.

1 ¿Quién de los tres ha visto la última película de Almodóvar?
*Julián y Begoña.*

2 ¿Qué piensa Julián sobre la película?
*Julián piensa que* _____

3 ¿Y Begoña?
_____

4 Según Lola, ¿qué dice todo el mundo de la película?
_____

5 ¿Qué piensa Begoña de Almodóvar?
_____

6 ¿Qué opina Lola sobre los actores?
_____

## b Estas frases sirven para expresar opiniones. Búscalas en el diálogo e indica a qué se refieren.

1 ¿Qué os ha parecido?   *A la película.*
2 ¡Es fantástica! _____
3 ¡Es muy buena! _____
4 ¡Me pareció horrible! _____
5 Son maravillosos. _____
6 Lo encuentro aburrido. _____

3a Lola, Julián y Begoña están planificando su próximo fin de semana.
Escucha y completa las frases.

1 ¿Cómo es que *no quieres venir*?
2 Es que _____.
3 ¡Venga, Lola! Dinos la verdad. ¿**Por qué** _____?
4 Es que no tengo bici, **por eso** _____.
5 Eso no es problema. Yo conozco una tienda donde alquilan bicicletas, **de manera
   que** _____ para no venir con nosotros.
6 **Como** _____, lo más importante son los bocadillos y las bebidas.
7 También necesitamos sacos de dormir y una linterna, **porque** _____.

b Escucha otra vez el diálogo sobre sus planes e indica si las siguientes
frases son verdaderas (V) o falsas (F).

|  | V | F |
|---|---|---|
| 1 Lola no tiene bici, **por eso** dice que no puede ir a la excursión. | ✓ | |
| 2 Julián le deja su bicicleta a Lola. | | |
| 3 En la montaña no pueden comprar ni comida ni bebida, **por lo tanto** tienen que llevarla con ellos. | | |
| 4 **Como** pasarán la noche en una casa, no necesitan una tienda de campaña. | | |
| 5 Por la noche no se ve nada, **de manera que** tienen que llevar una linterna. | | |
| 6 Julián no va a hacer ningún reportaje sobre la excursión, **así que** deja su cámara en casa. | | |

c Observa que en *3a* y *3b* hay frases con palabras destacadas.
¿Sabes para qué sirven estas palabras?

☐ Para prevenir y advertir sobre algo a alguien.
☐ Para aconsejar y reaccionar ante un consejo.
☐ Para preguntar y hablar sobre la causa y la consecuencia de algo.

4a Ahora vas a escuchar cuatro diálogos en los que las personas llaman
la atención hacia algo. ¿Puedes relacionar cada diálogo con un dibujo?

5

b Selecciona la opción más correcta según los diálogos.

1 Mira…          ✓ cuántas personas    ☐ cuánto ruido
2 El edificio es…  ☐ horrible            ☐ precioso
3 El cuadro es…    ☐ raro               ☐ maravilloso
4 El libro es…     ☐ fascinante         ☐ aburrido

# Primer plano

9, 10, 11

## 5 ¿Quieres leer la cartelera de un diario de Buenos Aires? Descubre si estas afirmaciones son verdaderas (V) o falsas (F).

| Teatros |
|---|
| **Babilonia**. Guardia Vieja 3360. Tel.: 4862-0683 *La mano en el frasco, en la caja, en el tren*, de Pedro Sedinsky. Con Diego Peretti, Roberto Castro y Mariana Arias. Dir.: Roberto Castro. Domingo: 20.30 h. Ent.: $12 |
| **Del centro**. Sarmiento 1249. Tel.: 4978-7097. *El espermatozoide alienado*. Con Pablo Misatancano. Para reírse de todo. Miércoles y jueves: 21.30 h., viernes: 22.30 h. y 0.30 h., sábado: 21.00 h., 23.00 h. y trasn. 1.00 h., domingo: 21.00 h. Entradas numeradas: $5 (Miércoles y jueves: $3,50, sábado: $7 y $5). |

| Cines |
|---|
| **Cines del paseo**. Diag Pueyrredón y Rivadavia. 4961100. 13.00 h., 15.40 h., 17.50 h., 20.00 h., 22.10 h. Pl.: $7. Lunes a miércoles 50% descuento. *El ocaso del amor*. Miércoles y sábado trasn. 0.40 h. |
| **Village Avellaneda**. Autopista La Plata Km. 6 (alt. Mitre 3300- Parque/ Com. Auchan). Tel.: 4353-0133 Pl.: $7 (Miércoles todo el día y lunes a domingo 1.ª Función: $ 3,50). Menores: $4 *Stuart little (Un ratón en la familia)*: 13.00 h., 14.50 h. y 16.40 h. (En castellano). S/R |

|  | V | F |
|---|---|---|
| **1** La dirección del teatro *Babilonia* es Guardia Vieja 3360. | ✓ | |
| **2** El jueves cuesta $5 ver la obra del teatro *Del centro*. | | |
| **3** *El ocaso del amor* empieza a las siete de la tarde. | | |
| **4** Los menores tienen descuento para ver *Un ratón en la familia*. | | |

9, 10, 11

## 6a Aquí tienes un cuadro en el que aparecen palabras relacionadas con espectáculos y con el arte. ¿Sabrías clasificarlas? Algunas palabras pueden estar en más de un grupo.

el escenario • la pantalla • la película • la actuación musical • los subtítulos • la obra
el piano • la exposición • los musicales • los instrumentos • las palomitas • el coro
la orquesta • el cuadro • la butaca • la ópera • la taquilla • el decorado • la entrada

| Cine | Teatro | Concierto | Museo |
|---|---|---|---|
| *la pantalla* | | | |
| ___ | ___ | ___ | ___ |
| ___ | ___ | ___ | ___ |
| ___ | ___ | ___ | ___ |
| ___ | ___ | ___ | ___ |
| ___ | ___ | ___ | ___ |
| ___ | ___ | ___ | ___ |

## b Antes has clasificado las palabras en cuatro grupos. Escucha la conversación entre Andrew y Begoña y responde a las preguntas.

**1** ¿De qué grupos de los cuatro anteriores hablan? _____cine_____ y _____

**2** ¿Qué palabras del cuadro del apartado anterior aparecen en la conversación?
*coro* _____ _____ _____ _____ _____ _____
_____ _____

**7a** ¿Conoces estas palabras? ¿Puedes clasificarlas según expresen una opinión positiva o negativa?

6

extraordinaria • fatal • aburrida • una birria • genial • horrorosa • maravillosa estupendamente • porquería • buena • fabulosa

| Opinión positiva | Opinión negativa |
|---|---|
| extraordinaria | |
| | |
| | |
| | |
| | |
| | |

**b** Lee estos diálogos y conocerás las opiniones de nuestros amigos. ¿Podrías escribir qué palabras utilizan para manifestar su opinión?

1 ● ¿Qué tal la exposición sobre Lorca?
   ● Me ha parecido fabulosa, es extraordinaria.
2 ● ¿Qué te ha parecido la obra de teatro?
   ● La he encontrado aburrida. No es tan buena como creía.
3 ● ¿Qué tal el concierto?
   ● Una birria, una verdadera porquería.
4 ● ¿Cómo te ha ido la excursión?
   ● Fatal, ha sido horrorosa.
5 ● ¿Qué tal la película?
   ● Genial, me ha encantado. ¿Y a ti, te ha gustado?
   ● ¿Gustarme? ¡Me ha parecido maravillosa!

Las palabras que utilizan los personajes son:

fabulosa _____ _____ _____ _____

_____ _____ _____ _____ _____

**8a** ¿Sabes si estas expresiones tienen un significado afirmativo o negativo? Marca el cuadro que corresponda.

7

| | Afirmativo | Negativo |
|---|---|---|
| Cómo no | ✔ | |
| Por supuesto | ☐ | ☐ |
| Desde luego | ☐ | ☐ |
| De ninguna manera | ☐ | ☐ |
| Claro que sí | ☐ | ☐ |
| Sin duda | ☐ | ☐ |

A

9, 10, 11

♭ **Anímate a leer este diálogo y responde *sí* o *no* a las frases siguientes.**

JULIÁN: Oye, Lola, ¿tú has visitado alguna vez el Museo del Prado?
LOLA: ¡Cómo no! Varias veces.
JULIÁN: ¿Y tú, Begoña?
BEGOÑA: Por supuesto.
JULIÁN: ¿Y qué tal? Es que pienso ir a Madrid el mes que viene y no sé si visitarlo.
LOLA: A mí me pareció un museo fascinante. Es enorme y puedes ver muchísimos cuadros magníficos.
BEGOÑA: A mí me encantó. Y no sólo hay cuadros maravillosos; también puedes disfrutar de la escultura.
JULIÁN: ¿Sí? ¿También hay esculturas?
BEGOÑA: ¡Desde luego! Pero menos.
LOLA: Sí, hay muchas más pinturas.
JULIÁN: Todas las obras son de artistas españoles, ¿no?
BEGOÑA: De ninguna manera. También hay obras de pintores flamencos e italianos.
JULIÁN: ¿Así que pensáis que me va a gustar?
LOLA: ¡Claro que sí! Seguro.
BEGOÑA: Sin duda, te va a gustar muchísimo.

|  | Sí | No |
|---|---|---|
| 1 ¿Lola ha visitado el Museo del Prado? | ✓ |  |
| 2 ¿Y Begoña ha visitado el Museo del Prado? |  |  |
| 3 ¿Hay esculturas? |  |  |
| 4 ¿Todas las obras son de artistas españoles? |  |  |
| 5 ¿Le va a gustar el museo a Julián? |  |  |

8

9a **Lee estos datos sobre los hábitos que la gente tiene los fines de semana. ¿Te atreves a completar estas frases?**

1 Los domingos por la mañana mucha gente (pasear) **1** _pasea_ por el centro de la ciudad porque no hay tráfico.
2 La mayoría de los jóvenes (quedar) **2**_____ con sus amigos el sábado por la noche para ir de copas.
3 El domingo por la mañana, muchas personas (levantarse) **3**_____ tarde, ya que no (tener) **4**_____ que trabajar.
4 Casi todo el mundo (ir) **5**_____ al cine varias veces al año.
5 Como muchas personas no (trabajar) **6**_____ el fin de semana, (echar) **7**_____ la siesta después de comer.
6 El domingo por la tarde mucha gente (ir) **8**_____ al cine a ver una película.

♭ **Reflexiona ahora sobre el singular y el plural y completa la regla escribiendo las palabras *singular* o *plural*.**

Mucha gente
Todo el mundo     + verbo en _____.

Muchas personas     + verbo en _____.

## 10

Una forma de aprovechar el tiempo libre es ir de excursión. Begoña fue a una la semana pasada. ¿Quieres saber cómo le fue? Completa la carta colocando las frases del cuadro donde están los números. Como ya sabes, las palabras destacadas sirven para indicar causa y consecuencia.

1, 2, 3, 4

> **a causa de** los nervios y las prisas • **porque** ~~el autocar salía a las seis~~
> **como** sabía que no tenía mucho tiempo • y **por eso** salimos tan temprano
> **que** hice muchas fotos

Querida Ainhoa:

¿Qué tal estás? Te escribo para contarte que la semana pasada fui de excursión. ¡Menuda excursión! ¡Me lo pasé genial! Fui al Monasterio de Piedra, en Zaragoza. Me tuve que levantar a las cinco de la mañana **1** *porque el autocar salía a las seis*. Pensarás que es muy temprano, pero es que el viaje dura cinco horas **2**_____. Llegamos sobre las once.

No desayuné nada porque preferí preparar un bocadillo para comer en el autocar. Pero **3** _____ me lo olvidé en casa, así que no comí nada.

Pero te cuento. Visité el monasterio, que es fantástico, un lugar maravilloso. El paisaje es extraordinario. Hay una cascada llamada *Cola de Caballo* preciosa. Te metes por una cueva y sales al interior de la cascada. Me gustó muchísimo. ¡Es muy bonito!

Y eso no es todo. Hay una iglesia y una muralla. De manera que puedes disfrutar de un paisaje maravilloso y también de la historia. Me gustó tanto, **4** _____. Me dio tiempo a verlo todo.

**5** _____, aproveché el viaje al máximo.

¿Quieres verlo? Cuando quieras, ven a verlo.
Muchos besos.
Begoña

## 11

¿Te atreves a buscar las palabras que corresponden a estas definiciones? Fíjate en que todas contienen alguna letra de la palabra *entrada*.

| | |
|---|---|
| 1 | E *SCENARIO* |
| 2 | _ _N_ |
| 3 | _ _ _T_ _ _ _ _ _ |
| 4 | _ _ _ _R |
| 5 | A_ _ _ _ _ |
| 6 | D_ _ _ _ _ _ |
| 7 | _A_ _ _ _ _ |

1 Espacio dentro de un teatro en el que se desarrolla la obra.
2 Local en el que se proyectan películas.
3 Personaje principal en una obra de teatro o película.
4 Hombre que actúa en una obra de teatro o en una película.
5 Mujer que actúa en una obra de teatro o en una película.
6 Hombre que dirige una obra de teatro o una película.
7 Lugar en el que se compra la entrada.

## 12

¿Puedes completar la siguiente cita del autor del *Guernica*, Pablo R. Picasso?

"Un **1**_____ es un hombre que pinta lo que vende. Un **2**_____ en cambio, es un hombre que vende lo que pinta."

1 Persona que pinta cuadros.　　　　2 Persona que hace obras de arte.

setenta y uno **71**

# Recursos

## LLAMAR LA ATENCIÓN

- De alguien:

| Oye (tú) | Oye, ¿puedes cerrar la puerta? |
| Oiga (usted) | Oiga, ¿puede cerrar la puerta? |

*Oye, ¿puedes dejarme el móvil?*

- Pero, cuando pensamos que podemos molestar a alguna persona usamos:

| Perdona / Disculpa | Perdona / Disculpa, ¿tienes hora? |
| Perdone / Disculpe | Perdone / Disculpe, ¿tiene hora? |

- Hacia algo o alguien:

| ¡Fijarse en + cosa / persona! | ¡Fíjate en ese edificio / ese chico! |
| ¡Mira + [nombre]! | ¡Mira mi espalda! |
| ¡Qué + [nombre / [adjetivo]! | ¡Qué foto / grande! |

- Sobre una cantidad:

| ¡Mira + { cuánto / cuánta / cuántos / cuántas } + cosa / persona! | ¡Mira cuánto polvo! <br> ¡Mira cuánta gente! <br> ¡Mira cuántos libros! <br> ¡Mira cuántas personas! |

- Sobre una cualidad:

| ¿Has visto + qué + [nombre] + tan + [adjetivo]? | ¿Has visto qué cuadro tan raro? |

## PEDIR UNA OPINIÓN

| ¿Qué tal + [nombre]? | ¿Qué tal la exposición sobre Lorca? |

| ¿Qué + { te / le / os / les } + parecer (en 3.ª persona singular o plural)? | ¿Qué te ha parecido? <br> ¿Qué os parecieron? |

| ¿Cómo + { te / le / os / les } + ir (en 3.ª persona singular)? | ¿Cómo te ha ido el fin de semana? <br> ¿Cómo os fue? |

## DAR UNA OPINIÓN §42

| Es <br> Me parece <br> Pasarlo <br> Lo <br> La { encontrar <br> Los <br> Las } + [adjetivo] | Es preciosa / muy interesante / divertido. <br> Me parece / me pareció maravillosa. <br> Lo pasé / lo hemos pasado muy bien. <br> Lo encuentro aburrido / divertido. |

| No + [verbo] + tan + [adjetivo] + como creía / esperaba / pensaba. | No ha sido tan divertida como esperaba. |

## PREGUNTAR LA CAUSA  §51

¿Por qué
¿Cómo es qué  } + [consecuencia]?

¿Por qué no vienes al cine?
¿Cómo es que no quieres salir?

## EXPLICAR LA CAUSA Y HABLAR DE LA CONSECUENCIA  §52-§53

[consecuencia] + {
es que
porque
ya que
} + [causa]

No voy a la fiesta {
es que
porque
ya que
} estoy cansada.

Como
Debido a
A causa de
Ya que
} + [causa], [consecuencia]

Como me duele la cabeza, no voy a salir.
Debido a un apagón, no pude ver la película.
A causa de la lluvia, suspendieron la excursión.
Ya que has cobrado, invítame al cine.

💡 **Debido a**, **a causa de**, **ya que**, se usan en la lengua escrita o hablada de manera formal. Pueden ir al principio o en medio de la frase:

Suspendieron la excursión, **a causa de** la lluvia.

[causa] + {
de manera que
por lo tanto
así que
por eso
que
} + [consecuencia]

Hace mucho frío {
de manera que
por lo tanto
así que
por eso
} no voy.

Hace tanto frío **que** no voy.

Hace tanto frío que me quedo en casa.

## ALGUNAS LOCUCIONES ADVERBIALES  §13

• Para confirmar rotundamente una información previa destacando que es una respuesta evidente utilizamos alguna de estas expresiones:

Claro que sí / Cómo no / Desde luego / Por supuesto / Sin duda

💬 ¿Vendrás al teatro?  💬 *Claro que sí / Cómo no / Desde luego / Por supuesto / Sin duda.*

• Para negar rotundamente utilizamos la expresión:

De ninguna manera

💬 ¿Quedarás con Juan esta noche?
💬 *De ninguna manera.*

## CASOS DE CONCORDANCIA DE SUSTANTIVOS  §32

La gente
Todo el mundo  + [verbo] (en 3.ª persona del singular)
Mucha gente

Muchas personas + [verbo] (en 3.ª persona del plural)

Aquí **la gente cena** a las nueve.
**Todo el mundo se acuesta** tarde.
**Mucha gente pasa** el fin de semana fuera.
**Muchas personas disfrutan** de la playa en verano.

# La lengua es un juego

13 ¿Sabes quién es quién? Para ayudarte, te damos los nombres.

> Luis Buñuel • Fernando Trueba • José Luis Garci • Pedro Almodóvar

1 Director de cine español que obtuvo un Óscar a la mejor película de habla no inglesa por la película *Belle Epoque*: *Fernando Trueba*.

2 Director de cine español que obtuvo un Óscar a la mejor película de habla no inglesa por la película *Todo sobre mi madre*: _____.

3 Director de cine español que obtuvo un Óscar a la mejor película de habla no inglesa por la película *El discreto encanto de la burguesía*: _____.

4 Director de cine español que obtuvo un Óscar a la mejor película de habla no inglesa por la película *Volver a empezar*: _____.

**14** ¿Te apetece leer el siguiente texto sobre el actor español Javier Bardem? Después contesta a las preguntas que aparecen al final.

9, 10, 11

Javier Encinas Bardem nació el 1 de marzo de 1969 en Canarias. Creció en una familia de grandes actores, su madre es la actriz Pilar Bardem, y sus abuelos son los también actores Rafael Bardem y Matilde Muñoz Sampedro. Su tío es director de cine y sus hermanos también se dedican a la interpretación y a la dirección. Por eso, no es de extrañar que Javier ya desde pequeño se interesara por esta profesión. Cuando tenía seis años participó en la serie *El pícaro*, aunque no reaparece ante una cámara hasta 1985, cuando interviene en dos series televisivas.

Además de su pasión por la interpretación, estuvo muy interesado por el deporte y por el dibujo. Su gran afición por el rugby, le llevó a formar parte de la selección española con tan solo trece años. Posteriormente, estudió en la Escuela de Artes y Oficios y trabajó como dibujante publicitario hasta 1989.

Javier, además de trabajar como actor, también ha montado una productora con unos amigos.

Entre los premios que ha conseguido este actor, se encuentran algunos de los más prestigiosos tanto españoles como europeos. Así, ha obtenido entre otros, el Fotogramas de Plata al mejor actor en 1993 y 1995; el Goya al mejor actor en 1993 y en 1995, la Concha de Plata al mejor actor del Festival de Cine de San Sebastián en 1994 y el premio al mejor actor del Círculo de Escritores Cinematográficos en 1995.

Las películas *Segunda Piel* y *Antes que anochezca* le sirvieron para encarnar dos de los papeles más complicados de su carrera, en ambos se metía en la piel de un homosexual. *Antes que anochezca*, del norteamericano Julian Schnabel, lanzó su carrera internacional, en ella interpretaba el papel de Reinaldo Arenas poeta anticastrista. Por este papel Bardem entró por la puerta grande de Hollywood y fue candidato en 2001 al Óscar al mejor actor.

Adaptado de *Yahoo*, "Noticias España", Europa Press.
<http://es.celebrities.yahoo.com/fot/ftxt/javperfil0000000707.html>

1 ¿Qué edad tenía cuando trabajó por primera vez como actor? *Seis años.*
2 ¿Por qué deporte sintió un interés especial? _____
3 ¿Dónde estudió? _____
4 ¿De qué trabajó hasta 1989? _____
5 ¿Qué ha montado Javier Bardem con sus amigos? _____
6 ¿Qué premios ha recibido como actor? _____
7 ¿En qué película interpreta a un poeta anticastrista homosexual? _____
8 ¿Cómo se llama el personaje por cuya interpretación fue candidato al Óscar al mejor actor? _____

Revista de ocio y cultura:
**www.guiadelocio.com**

Museo de Arte Reina Sofía:
**museoreinasofia.mcu.es**

Museo de Arte Contemporáneo de Caracas:
**www.maccsi.org**

# Evaluación

## 1 ¿Quieres señalar la respuesta correcta? ¡Suerte!

**1** Fueron al cine _____ no quedaban entradas para el teatro.
☐ *como*      ☐ *porque*      ☐ *así que*

**2** _____ no quedaban entradas para el teatro, fueron al cine.
☐ *Como*      ☐ *Porque*      ☐ *Así que*

**3** Había mucha gente en la cola, _____ no entramos.
☐ *así que*      ☐ *porque*      ☐ *a causa de*

**4** _____ qué escultura tan buena.
☐ *Ve*      ☐ *Fija*      ☐ *Mira*

**5** El domingo mucha gente _____ el aperitivo.
☐ *toma*      ☐ *comen*      ☐ *toman*

**6** ¿Irás a la discoteca esta noche?
Por _____.
☐ *duda*      ☐ *supuesto*      ☐ *vez*

**7** _____ se iban de excursión, prepararon unos bocadillos.
☐ *Debido a*      ☐ *Cómo es que*      ☐ *Como*

**8** ¿Qué te ha parecido la exposición?
Me ha _____. Me ha parecido genial.
☐ *encantado*      ☐ *parecido*      ☐ *birria*

**9** En España la gente _____ mucho al cine.
☐ *van*      ☐ *vuelven*      ☐ *va*

**10** ¿Has _____ qué cartel tan raro?
☐ *fijado*      ☐ *visto*      ☐ *mirado*

## 2 ¿Ya tienes plan para el fin de semana? ¿Por qué no lees estas sugerencias? Coloca en cada hueco la palabra adecuada.

> butaca • excursión • actores • obra • pantalla • espectáculos
> teatro • actrices • escenario • película

**Propuestas para el fin de semana:**

Como todos los viernes, te vamos a recomendar diferentes actividades y **1** _____ para pasar un fin de semana fabuloso.

Si eres un apasionado del cine, no puedes perderte la nueva **2** _____ de Juan Carlos Tabío, *Lista de espera*. En ella intervienen grandes **3** _____, como Jorge Perugorría.

Si prefieres el **4** _____, tienes que ver la **5** _____ *La dama duende*, de Calderón de la Barca. Versión y dirección de José Luis Alonso. Entre las **6** _____ que actúan en la obra se encuentran Lola Baldrich, Cecilia Solaguren y Sonia Sánchez. Entre los actores, podemos ver a Enrique Simón, Antonio Castro y Alfonso Lara.

Pero si no te gusta sentarte en una cómoda **7** _____ en el cine o en el teatro y mirar hacia una **8** _____ o un **9** _____ durante dos doras; si prefieres salir y vivir el día, te proponemos una interesante **10** _____ a Codes (Soria), lugar en el que podrás disfrutar de un maravilloso paisaje.

---

### Ahora puedo:

☐ Relacionar la información de causa y consecuencia.
☐ Llamar la atención hacia algo.
☐ Utilizar estructuras para opinar.
☐ Usar vocabulario relacionado con espectáculos.

### He aprendido otras cosas:

_____
_____
_____
_____
_____

# 5

**lección**cinco**5**

Historias
del pasado

# Historias del pasado

¿Te ha pasado algo interesante este año? ¿Cómo fue tu infancia? En esta lección vamos a descubrir cómo eran nuestros amigos y algunas cosas que les han pasado.

## En esta lección vas a aprender:

- A hablar del pasado
- Cómo mostrar interés hacia lo que los demás dicen
- Palabras para relacionar momentos del pasado

**1a** Mira la fotografía de la página anterior. ¿Puedes seleccionar la respuesta adecuada para cada pregunta?

1 ¿Qué tienen en las manos Andrew y Lola?
- ☐ Comida.
- ☑ Fotos.
- ☐ Un ordenador.

2 ¿Qué te parece que hacen Andrew y Lola?
- ☐ Están discutiendo sobre política.
- ☐ Están mirando unas fotografías.
- ☐ Están preparando la cena.

3 ¿Cómo están?
- ☐ Contentos.
- ☐ Enfadados.
- ☐ Aburridos.

**b** Lola y Andrew están hablando y riendo. Estas son algunas de las expresiones que usan: *¿Ah, sí?, ¿De verdad?, ¿En serio?*

2, 3

1 ¿De qué te parece que están hablando?
- ☐ De la última película que han visto.
- ☐ De política.
- ☐ De cuando eran pequeños.

2 ¿Qué crees que están manifestando con las expresiones que utilizan?
- ☐ Aburrimiento.
- ☐ Sorpresa.
- ☐ Tristeza.

A  2, 3

**2a Begoña está explicando a Lola lo que le pasó el sábado. Lola, mientras escucha, también va hablando para demostrar que siente interés hacia lo que le están contando. Lee el diálogo y selecciona la respuesta correcta.**

BEGOÑA: ¿Quieres que te explique lo que me pasó el sábado en la discoteca?
LOLA: Sí, dime, dime.
BEGOÑA: Estaba tomando un cubalibre y vino un chico por detrás, me tocó la espalda y me dio un beso en la cara.
LOLA: ¡No me digas!
BEGOÑA: Sí, chica, sí. Fue increíble, me quedé parada.
LOLA: ¿Y qué pasó?
BEGOÑA: Pues que el chico, de repente, cambió de cara y se puso rojo como un tomate.
LOLA: ¿Y eso?
BEGOÑA: Al principio no sabía qué le pasaba, pero en seguida me pidió perdón y me dijo que estaba muy avergonzado y que… Pero bueno, ¡qué tarde es! Me tengo que ir. Te lo sigo explicando luego, ¿vale?
LOLA: ¡No, por favor! ¡Sigue, sigue!
BEGOÑA: Vale, pero rápido, que llego tarde. Resulta que me había confundido con otra persona, una amiga suya, o algo así. No sé, no me explicó toda la historia.
LOLA: ¡Vaya!

1 Begoña pregunta a Lola si quiere saber qué le pasó.
☑ Lola está interesada en saberlo.
☐ Lola no tiene interés en saberlo.

2 Un chico le dio un beso a Begoña.
☐ A Lola le parece normal.
☐ Lola se sorprende.

3 Para Begoña fue increíble, se sorprendió mucho.
☐ Lola quiere que le explique más cosas.
☐ Lola no quiere saber nada más.

4 El chico se puso rojo de vergüenza.
☐ Lola quiere saber por qué.
☐ Lola no está interesada en la historia.

5 Begoña quiere continuar la historia después.
☐ Lola no quiere saber nada más.
☐ Lola quiere saber más cosas.

**♭ Subraya en el texto las cinco oraciones de Lola que te han permitido responder a las cinco preguntas anteriores.**

A  🎧  2, 3

**3a Begoña y Lola están en casa y empiezan a recordar cosas de su pasado. Escucha la conversación e indica en qué orden dicen las siguientes frases.**

[1] ¿De verdad?   ☐ ¿Ah, sí?   ☐ ¿En serio?   ☐ ¡Vaya!   ☐ ¿En serio?

☐ Cuenta, cuenta.   ☐ Sí, dime, dime.   ☐ ¡No me digas!   ☐ ¿Y qué pasó?

**♭ Ahora escucha otra vez y contesta a estas preguntas.**

1 ¿Cómo era Begoña de pequeña?  *Era un poco traviesa.*
2 ¿Y cómo pensaba Lola que era Begoña de pequeña?_____
3 ¿Qué le pasó al padre de Begoña? _____
4 Los padres de Lola la castigaron, ¿cuál fue el castigo? _____
5 ¿Qué hicieron Lola y su amiga? _____
6 ¿Qué le pasó a la peluca de la vecina de Lola? _____

## 4a

En esta conversación, Inés y Laura hablan sobre Begoña y su novio. Escúchala y demuestra que has comprendido el diálogo indicando si estas oraciones son verdaderas (V) o falsas (F).

|  | V | F |
|---|---|---|
| 1 Begoña estaba discutiendo con su novio por teléfono. | ☐ | ☐ |
| 2 Inés cree que el novio de Begoña quiere casarse, pero que ella no quiere casarse ahora. | ☐ | ☐ |
| 3 Algunas personas han visto a Begoña con otro chico. | ☑ | ☐ |
| 4 Laura se lo puede explicar a su madre. | ☐ | ☐ |

*Algunas personas han visto a Begoña con otro chico.*

## b

Observa que las palabras destacadas sirven para decir algo con otras palabras. Ahora puedes usarlas relacionando una oración de la izquierda con una de la derecha.

1 Inés escuchó la conversación.
2 Lo más importante para Begoña es su carrera.
3 Begoña sale con otro chico.
4 Es mejor no explicar nada a nadie.

a **Es decir, que** no quiere a su novio.
b **O sea, que** no se lo puede explicar ni a su madre.
c **Vamos, que** no se quiere casar.
d **O sea, que** puso la oreja para escuchar.

## 5

Intenta completar los diálogos, construyendo oraciones con las palabras que aparecen desordenadas. Ten en cuenta que el verbo tiene que aparecer en la forma que se indica entre paréntesis.

1 🔊 Julia ha llamado y me ha explicado que está muy cansada, que tiene muchísimo sueño y que no sabe si ir a la fiesta.
🔊 *O sea, que no viene a la fiesta* .
O sea, que / a / no venir (ella, presente) / la / fiesta

2 🔊 ¿Me oyes? Mira, que en el centro de la ciudad hay muchísimo tráfico y voy a tardar un poco en llegar al concierto.
🔊 _____ .
Es decir, / al / que / ir a llegar (tú, presente) / tarde / concierto
🔊 Bueno, sí, pero no mucho, quizá unos diez minutos.

3 🔊 No te esfuerzas nada. Si quieres aprobar, tienes que estudiar más.
_____ .
Vamos, que / no estudiar (tú, presente) / si / más, / no ir a aprobar (tú, presente)

4 🔊 Sabes que no puedo decírtelo porque es un secreto. Yo nunca cuento los secretos, ni a ti, ni a nadie.
🔊 _____ .
(Vamos, que / me / no / ir a decir (tú, presente) / nada

5 🔊 Yo ya quiero devolverte el dinero, pero es que ahora es un mal momento. Si te esperas otro mes…
🔊 _____ .
O sea, que / no / ir a devolver (tú, presente) / dinero / me / el / el / que / mes / hasta / viene

# Primer plano

6a Escucha estos tres diálogos entre nuestros amigos y pon una marca en la columna que corresponda.

4, 5

| ¿En qué diálogo… | Primer diálogo | Segundo diálogo | Tercer diálogo |
|---|---|---|---|
| …el director está enfadado porque los chicos actúan muy mal? | | | ✓ |
| …alguien habla de cosas que hacía cuando era pequeña? | | | |
| …alguien ha buscado información? | | | |

b Ahora vuelve a escuchar los diálogos y completa las siguientes oraciones.

1 Mira, cuando **1** *era* **2**_____ cantaba en un coro. Mi padre me **3**_____ a cantar. Y yo _____, qué remedio. Y aprendí solfeo y canto. También **4**_____ el piano… ¿Y sabes una cosa? Lo aborrecí. Era un rollo.

2 He **1**_____ por los archivos de la tele, y luego he **2**_____ a la hemeroteca y he estado **3**_____ informaciones tenebrosas sobre desapariciones.

3 Pero ¿qué te pasa? Si ya **1**_____ conseguido el ritmo (…).
¡Lola, por favor! ¿Qué haces? Si casi te lo sabías, si ya lo **2**_____ casi **3**_____ (…).
No puedo creerlo. Julián, ¿no **4**_____ quedado ayer en otra cosa?

7a A Carolina Baena, una amiga de los chicos, le sucedió algo el mes pasado. Para conocer su historia, primero tienes que relacionar cada uno de los verbos del cuadro con el dibujo adecuado.

4, 5

> meter • entrar • abrir • coger • ~~salir~~ • detener • salir • sacar • ver un sobre

1 salir

2 _____

3 _____

4 _____

5 _____

6 _____

7 _____

8 _____

9 _____

b Ahora, primero lee las palabras del cuadro. Son circunstancias que amplían la información anterior y, a continuación, cuenta con toda la información que tienes, la historia de Carolina Baena. Escribe la información esencial en *pretérito indefinido* y las circunstancias en *pretérito imperfecto*.

4, 5

> estar muy nerviosa • no saber lo que estar pasando • estar nevando y hacer frío
> haber muchísimo dinero • estar muy cansada • no haber nadie a su alrededor

1 Carolina salió de su casa. Estaba nevando y hacía mucho frío. _____

2 _____

3 _____

4 _____

5 _____

6 _____

7 _____

8 _____

9 _____

6, 7

8a Aquí tienes una página del diario que Julián escribió hace tiempo.
¿Porqué no lo ordenas para saber qué le pasó? Ya sabes cómo empieza.

*25 de enero de 1989*

1 *Elena era una de las mejores amigas de mi hermano mayor. Cuando venía a casa, siempre decía que tenía que estar con ellos.*

*Lo peor fue saber que Javier había grabado la conversación en vídeo. Se la enseñó a todos nuestros amigos. Nunca he pasado tanta vergüenza. Fue horroroso.*

*Javier me dijo que no tenía que hacer eso porque iba a quedar en ridículo. Yo no le hice caso, porque ya lo había preparado todo. Era domingo. Fui a su casa y se lo expliqué.*

*Hablaba mucho conmigo. Yo estaba seguro de que se había enamorado locamente de mí, pero yo no estaba enamorado de ella. Se lo expliqué a Javier, mi mejor amigo, y él se rió de mí.*

*Sin embargo, yo estaba seguro de que ella me quería. Había decidido decirle a Elena una mentira: que se tenía que olvidar de mí porque yo había conocido a otra persona y me había enamorado.*

*Ese domingo fue el peor día de toda mi vida. Me dijo que ella no se había enamorado de mí y que lo sentía mucho, que yo era un niño para ella.*

b Subraya en la carta los verbos que aparecen en *pretérito pluscuamperfecto*.

c Ahora indica si estas afirmaciones son verdaderas (V) o falsas (F) según la información del texto.

| | V | F |
|---|---|---|
| 1 Julián no estaba seguro de si Elena se había enamorado de él. | | |
| 2 Julián le dijo a Elena que se había enamorado de otra persona. | | |
| 3 Elena le dijo a Julián que se había enamorado de él. | | |
| 4 Javier enseñó a sus amigos la cinta de vídeo que había grabado. | | |

6, 7

9 Julián estuvo solo en casa una semana. Ayer volvió Andrew de su viaje a Madrid y se encontró la casa hecha un desastre. Observa el dibujo y, con ayuda del cuadro, escribe qué cosas había hecho Julián y cuáles no cuando llegó Andrew. Recuerda que tienes que poner los verbos en la forma adecuada y que todas las oraciones se refieren a acciones anteriores a la llegada de Andrew.

fregar los platos • limpiar la mesa
vaciar los ceniceros
sacar las bolsas de basura
ordenar • barrer el suelo
tender la ropa • recoger

Cuando llegó Andrew, Julián…
1 *no había fregado los platos.*
2 _____
3 _____
4 _____
5 _____
6 _____
7 _____
8 _____

## 10 ¿Quieres escribir cada palabra en su lugar correspondiente? Sirven para referirse a momentos del pasado. Recuérdalas.

> ayer • hoy • semana • año • ~~época~~ • meses • día • trimestre

1 En aquella _época_ las mujeres todavía no tenían derecho al voto.
2 Los _____ anteriores a la boda son muy caóticos.
3 El otro _____ fui al supermercado y compré yogures.
4 Antes de _____ fui al cine y no quedaban entradas para ninguna sala.
5 Hace un _____, por estas fechas, fui al Parque Nacional de Tortuguero, en Costa Rica.
6 Después de _____, nada va a ser lo mismo.
7 El _____ pasado fue el más caluroso. Las temperaturas siempre son altas durante junio, julio y agosto.
8 A principios de _____ hago la lista de la compra del supermercado.

## 11a Begoña, Julián y Lola recuerdan algunos momentos de sus vidas. Lee el diálogo y completa las oraciones con las expresiones del cuadro. Sirven para situar las acciones en el pasado. ¡Cuidado porque sobran expresiones!

> desde que pasó eso • dos meses más tarde • al cabo de un mes • al cabo de dos días
> el año pasado • un año después • ~~hace varios meses~~ • al día siguiente • a la mañana siguiente

LOLA: ¿Te acuerdas de aquella vez que fuimos a casa de Luis y le estropeaste el ordenador?
BEGOÑA: Sí, pero ¿cuándo fue?
JULIÁN: ¡Uf! Hace varios meses. Recuerdo que te fuiste sin decirle nada y al día siguiente, cuando se dio cuenta, te llamó y te dijo que tenías que pagar la reparación.
BEGOÑA: Es verdad. Desde que pasó eso, nunca más me ha vuelto a invitar a su casa.
JULIÁN: ¿Y os acordáis de lo que pasó el año pasado, el día de mi cumpleaños?
BEGOÑA: No, ¿qué pasó?
LOLA: Sí, mujer, que bajaron los vecinos porque la música estaba muy alta.
BEGOÑA: ¡Ah, sí! Y, ese mismo año, dos meses más tarde, Andrew se perdió.
LOLA y JULIÁN: ¿Andrew?
BEGOÑA: Sí. ¿No os acordáis de que se fue sin decir nada y volvió a casa al cabo de dos días?
LOLA: Sí, pero... ¿dónde estuvo todo ese tiempo? Ya no me acuerdo.
JULIÁN: Yo sí. Era su primer día en la ciudad y se fue al centro a pasear. Le robaron la bolsa y no podía volver porque no recordaba la dirección, ni el teléfono y, además, no tenía dinero.
BEGOÑA: ¿Y qué hizo?
JULIÁN: Pues resulta que en la calle conoció a unos americanos y le invitaron a su casa. Dos días después me lo encontré por la calle y regresamos juntos a casa.
LOLA: ¡Vaya historia! ¡Parece de película!

1 Begoña le estropeó el ordenador a Luis _hace varios meses_.
2 Luis se dio cuenta de que su ordenador no funcionaba _____.
3 Luis nunca más le invitó a su casa _____.
4 _____, el día del cumpleaños de Julián, bajaron los vecinos porque la música estaba muy alta.
5 Ese mismo año, _____, Andrew desapareció en su primer día en la ciudad.
6 Andrew volvió a casa _____.

*¿Te acuerdas de aquella vez que fuimos a casa de Luis?*

### b ¿Cuáles son las tres expresiones que no aparecen en el diálogo?

_al cabo de un mes_, _____ y _____.

# Recursos

*¿Quieres que te lo explique?*

*Sí, dime, dime.*

## CONTROLAR LA COMUNICACIÓN

• Indicar interés hacia lo que dicen los demás:

**Sí, dime, dime.**

💬 *¿Quieres que te lo explique?*  💬 *Sí, dime, dime.*

**¿De qué se trata?**

💬 *Tengo que explicarte algo.*  💬 *¿De qué se trata?*

• Para manifestar sorpresa:

**¿Ah, sí?  Vaya, ¿en serio?**
**¡No me digas!  ¿De verdad?**

💬 *El otro día tuve un accidente de coche.*
💬 *¿De verdad? ¡No me digas!*

• Para animar a que alguien empiece el relato:

**A ver, cuéntame.**
**Cuenta, cuenta.**

💬 *¿Quieres saber qué me ha pasado?*
💬 *A ver, cuéntame / Cuenta, cuenta.*
💬 *Pues estaba esperando el autobús y…*

• Animar a alguien para que continúe:

**Sigue, sigue.**
**¿Y qué pasó?**
**¿Y entonces?**

💬 *Estaba en casa, sola. De repente se fue la luz.*
💬 *¿Y qué pasó?*
💬 *Nada. Telefoneé a la compañía.*

• Pedir que continúe porque no ha quedado clara la conclusión o la intención:

**¿Y…?**

💬 *Han dicho por televisión que mañana hay huelga de taxistas.*
💬 *¿Y…?*
💬 *Pues que van a cortar el tráfico de las calles principales.*

• Manifestando sorpresa:

**¿Y eso?**

💬 *Ayer me quedé sin comer.*
💬 *¿Y eso?*
💬 *Es que tenía trabajo y preferí terminarlo.*

## DECIR ALGO CON OTRAS PALABRAS Y SACAR CONCLUSIONES

• Para aclarar algo que se acaba de decir, expresándolo con otras palabras e indicando explícitamente las consecuencias:

**Es decir, que**

*Lola está cansada, **es decir, que** no va a venir a la fiesta.*

• Introduce una consecuencia evidente que se supone que ya se ha deducido:

**O sea, que**
**Vamos, que**

*Luis no ha llamado. **O sea, que** no creo que venga.*
*Es un secreto. **Vamos, que** no se lo puedo contar ni a mi madre.*

## HABLAR DEL PASADO

| Pretérito perfecto | Pretérito imperfecto | Pretérito indefinido |
|---|---|---|
| he estado | estaba | estuve |
| … | … | … |

## PRETÉRITO PLUSCUAMPERFECTO §25

| CANT**AR** | COM**ER** | SUB**IR** |
|---|---|---|
| había cantado | había comido | había subido |
| habías cantado | habías comido | habías subido |
| había cantado | había comido | había subido |
| habíamos cantado | habíamos comido | habíamos subido |
| habíais cantado | habíais comido | habíais subido |
| habían cantado | habían comido | habían subido |

*Hace tiempo que
me duele la muela.*

## SITUAR MOMENTOS EN EL PASADO

| | |
|---|---|
| Un día | *Un día* estaba limpiando el coche en la calle y vi un accidente. |
| Una tarde | *Una tarde,* saliendo del trabajo me encontré con Juan. |
| La otra mañana | *La otra mañana* fuimos al puerto a pasear. |
| El día de mi cumpleaños | ¿Recuerdas la película que vimos **el día de mi cumpleaños**? |
| [una fecha] | Yo nací **el 27 de octubre de 1967.** |
| Hace tiempo | *Hace tiempo* me dieron las llaves de este piso. |
| Hace varios años | *Hace varios años* que no veo a Francisco. |
| En aquella época | En 1975 yo tenía diez años. **En aquella época**, los niños no sabían qué era un ordenador. |
| A principios / mediados / finales de mes | **A finales de septiembre** se recoge la uva. |

## RELACIONAR UN MOMENTO DEL PASADO RESPECTO A OTRO MOMENTO

- Sitúan un momento o acción en el pasado respecto a otro momento en el pasado o en el presente:

| | |
|---|---|
| Antes de + [nombre] / [infinitivo] | *Antes de este curso* hablaba muy poco español. / Hablé con el señor González **antes de llamarte** por teléfono. |
| Después de + [nombre] / [infinitivo] | **Después de terminar** el curso se fue de viaje a Chile. |
| A los dos días | Me dijeron que la leche fresca podía estar unos cuatro días en el frigorífico, pero **a los dos días** ya estaba mala. |
| Dos meses más tarde | Se casaron en junio del año pasado. **Dos meses más tarde**, se separaron. |
| Al cabo de dos días | Envié mi curriculum vitae buscando trabajo y **al cabo de dos días** me llamaron por teléfono. |
| Desde + [fecha] | Vivo en Valencia **desde 1987**. |
| Al día siguiente | ¿Te acuerdas del día que hablamos con Pablo? Pues **al día siguiente** me lo encontré por la calle otra vez. |
| El día siguiente | Me tenía que dar una respuesta inmediatamente, pero no me contestó hasta **el día siguiente**. |
| Desde que El otro día | **Desde que** trabaja en esta empresa está más contento. / **El otro día** fui a casa de Lola y me perdí. |

A  📓 4, 5

**12** **¿Qué han hecho este verano Julián y Toni? Lee esta conversación entre ellos e indica después qué ha hecho cada uno y por qué lo ha hecho. Fíjate en que a veces se usan los verbos en *pretérito perfecto (estas vacaciones...)* y otras veces en *pretérito imperfecto (porque...)*.**

JULIÁN: ¡Hombre, Toni! ¿Cómo han ido las vacaciones? ¿Has hecho algo interesante este verano?
TONI: ¡Hola Julián! Pues sí, bastantes cosas.
JULIÁN: Cuenta, cuenta...
TONI: Pues, por ejemplo, he ido bastantes días a pasear por la playa de madrugada.
JULIÁN: ¿De verdad? ¿Por qué?
TONI: Porque durante el día había demasiada gente en todas partes y hacía un calor insoportable. En la playa se estaba muy bien por la noche.
    ¿Y tú? ¿Qué has hecho tú?
JULIÁN: Yo... bueno... tenía que estudiar, así que he estado casi todo el tiempo en casa. Como también necesitaba descansar, he ido a los museos de la ciudad que todavía no conocía.
TONI: Mira, al menos te ha servido de algo no irte de vacaciones.
JULIÁN: Sí, y la verdad es que también he visto algunas obras de teatro. Como por las noches no me apetecía quedarme en casa, iba al teatro y, a veces, al cine.
TONI: ¡Qué bien! Yo, además he estado dos semanas en un pueblo de montaña. Quería comer buen jamón y respirar un poco de aire puro. Es un sitio perfecto para relajarte.

**TONI**
1 *Ha paseado por la playa de madrugada porque durante el día había demasiada gente en todas partes y hacía un calor insoportable.*
2 Además _____ un pueblo de la montaña porque _____.

**JULIÁN**
1 _____ en casa porque _____.
2 _____ a los museos de la ciudad que todavía no conocía porque _____.
3 _____ porque _____.

**13a** **¿A qué personaje (Picasso, Severo Ochoa y A. Gaudí) se refiere cada una de las informaciones que te damos a continuación?**

1 En 1959 obtuvo el premio Nobel de Medicina: *Severo Ochoa*.
2 Para la Exposición Internacional de 1937, el gobierno de la República le encargó el Guernica: _____.
3 En 1883 recibió el encargo para construir la iglesia de la Sagrada Familia: _____.

b **Ahora, completa el siguiente texto. Escribe el nombre del personaje al que se refiere y conjuga el verbo que aparece entre paréntesis.**

Cuando **1** *Severo Ochoa* (recibir) **2** *recibió* el Premio Nobel de Medicina, **3** _____ ya (pintar) **4** _____ el Guernica y **5** _____ (morir) **6** _____ sin acabar la Sagrada Familia.

c **¿Puedes completar otra cita de Pablo R. Picasso? Fíjate en que te damos el verbo que falta en cada hueco, pero tienes que conjugarlo correctamente.**

"A los doce años (saber) **1** _____ dibujar como Rafael, pero (necesitar) **2** _____ toda una vida para aprender a pintar como un niño".

# La lengua es un mundo

**14** Inventos y descubrimientos. A estos enunciados les faltan los verbos del cuadro, ¿te atreves a ponérselos?

construir • descubrir • inventar • ensayar

1 Hacia 1860, Narciso Monturiol, inventor y político español, *construyó* el primer submarino.
2 Miguel Servet (1511-1553), médico y humanista español, _____ la circulación pulmonar de la sangre.
3 En 1986, Manuel Patarroyo, científico colombiano _____ la primera vacuna contra la malaria.
4 En 1994, Augusto Cicare, inventor autodidacto argentino _____ un simulador de vuelo, para pilotos de helicóptero.

**15** A esta biografía le falta algo, ¿serías capaz de colocarle los verbos? Acuérdate de que tienes que ponerlos en la forma correcta.

conseguir • construir • crear • estar • estudiar • imaginar • mover
observar • prometer • ser • ser • tener

### Narciso Monturiol y Estarriol
### (Figueras 1819 - Sant Martí dels Provençals 1885)

Inventor español. Aunque *1 estudió* la carrera de Derecho, no ejerció la profesión y se consagró a la política y a la ciencia. En 1849, mientras *2*_____ en Cadaqués, *3*_____ las dificultades de la pesca del coral e *4*_____ la idea de construir un buque submarino, lo que *5*_____ gracias a la ayuda económica de sus amigos. El *Ictíneo*, el primer submarino *6*_____ doble casco y se *7*_____ mediante la fuerza humana. Las pruebas tuvieron lugar en el puerto de Barcelona en 1859 y 1860, y en el de Alicante en 1861. El gobierno, al principio, se interesó en el proyecto y le *8*_____ los medios necesarios para la construcción de un nuevo buque, pero la promesa no *9*_____ cumplida y en 1864 Monturiol *10*_____ una compañía con capital popular. En 1866 *11*_____ el segundo Ictíneo que se movía mediante una hélice propulsada mediante una máquina de vapor. A pesar de sus trabajos sobre el Ictíneo, éste *12*_____ olvidado y el inventor se vio obligado a venderlo como chatarra para pagar sus deudas.

Adaptado de Manuel Alfonseca, *1000 grandes científicos*, Madrid, Espasa Calpe, **1996**.

**Biografías de personajes ilustres:**
**www.buscabiografia.com**

**Academia Nacional de la Historia de Venezuela:**
**www.acadnachistoria.org**

**Información sobre Gaudí:**
**www.gaudibarcelona.com**

## 1 Selecciona la opción adecuada.

**1** No he traído dinero, _____ tendrás que pagar tú.
- [ ] *no me digas*
- [ ] *o sea, que*
- [ ] *¿y…?*

**2** 🗨 Esta noche he conocido a Madonna en un bar. ¿Y sabes lo que me ha dicho?
🗨 No, _____.
- [ ] *¡qué interesante!*
- [ ] *¿en serio?*
- [ ] *cuenta, cuenta*

**3** Cuando la policía llegó, los ladrones ya _____ y no había nadie en la casa.
- [ ] *se habían marchado*
- [ ] *se marcharon*
- [ ] *se han marchado*

**4** Mientras José _____ por teléfono, alguien _____ en su casa.
- [ ] *habló / entró*
- [ ] *hablaba / entró*
- [ ] *habló / entraba*

**5** Juan tuvo un accidente, pero _____ ya estaba bastante bien.
- [ ] *hace tiempo*
- [ ] *desde que*
- [ ] *al día siguiente*

**6** El otro día conocí a dos chicos. Uno era alto y muy delgado y _____ era más bajito, pero también muy delgado.
- [ ] *un otro*
- [ ] *el otro*
- [ ] *ese otro*

**7** 🗨 Ayer salí por la noche y he llegado a casa a las nueve y media de la mañana. Mis padres me estaban esperando levantados.
🗨 _____ ¿Te han castigado?
- [ ] *¿Y qué ha pasado?*
- [ ] *¡Qué interesante!*
- [ ] *¿Y qué había pasado?*

**8** Me explicaron que el día anterior se _____ con unos chicos y que a uno lo _____ al hospital.
- [ ] *pelearon / llevaban*
- [ ] *habían peleado / habían llevado*
- [ ] *peleaban / llevaban*

**9** Jaime me dijo que mi problema era _____ mismo problema que tenían muchos jóvenes de mi edad.
- [ ] *el*
- [ ] *lo*
- [ ] *la*

**10** Para ir a ese trabajo hace falta viajar una hora y media en autobús. _____ que no vas a coger el trabajo porque está muy lejos. ¡Y luego te quejas de que estás en paro!
- [ ] *Sí, dime*
- [ ] *Es decir,*
- [ ] *Cuenta, cuenta.*

## 2 Completa los enunciados con una de las dos opciones.

**1** El otro día cuando _____ (fui / iba) a casa de mi prima, en el barrio viejo, me _____ (perdí / había perdido).

**2** 🗨 Creo que ayer por la noche vi un ovni desde la ventana de mi habitación.
🗨 _____ ( Sí, dime. / ¿De verdad?) ¿Y cómo era?

**3** Cuando conseguí mi primer trabajo, todavía no _____ (acabé / había acabado) la universidad.

**4** Julia _____ (era / estuvo) una persona muy amable, pero nadie _____ (había sabido / sabía) nada de ella.

**5** Esta tarde _____ (había ido / he ido) a comprar con mi madre pero no _____ (encontrábamos / hemos encontrado) nada.

**6** 🗨 Mi hermana me ha dicho que ha dejado a su novio.
🗨 _____ (Sigue, sigue / Vamos, que) no va a haber boda.

**7** _____ (El otro día / Desde ayer) estuvimos pescando.

**8** Fuimos de vacaciones a Tenerife, pero _____ (después de / al cabo de dos días) tuvimos que volver a casa.

**9** Cristina se comió toda la comida que su padre le _____ (ha preparado / había preparado).

**10** 🗨 ¿A que no sabes qué me pasó el otro día?
🗨 No, _____ (cuenta, cuenta. / ¿de verdad?)

---

### Ahora puedo:

- [ ] Hablar del pasado.
- [ ] Indicar interés hacia lo que los demás dicen.
- [ ] Usar palabras para relacionar momentos del pasado.

### He aprendido otras cosas:

_____
_____
_____
_____
_____

# 6

## lecciónseis6

## ¡Cuánto tiempo sin verte!

# En portada

En esta lección los chicos se van a encontrar con muchos amigos, se casan una prima y una amiga de Lola. ¿Quieres conocerlos a todos?

# ¡Cuánto tiempo sin verte!

## En esta lección vas a aprender:

- Cómo usar expresiones para las relaciones sociales
- Frases para invitar y para responder a la invitación
- A concertar citas
- A intervenir en conversaciones telefónicas

**1a** **Nuestros amigos tienen una vida social muy movida. Siempre tienen muchos planes. Mira la fotografía. ¿Sabes a cuál de nuestros amigos se refieren estas frases? Recuerda que sus nombres son, de izquierda a derecha, Julián, Begoña, Lola y Andrew.**

**1** Está hablando por teléfono con una amiga.
*Begoña.*

**2** Está muy ocupado con el ordenador terminando un trabajo para la escuela.
_____

**3** Está intentando escribir una carta.
_____

**4** Está aburrida y quiere ir a tomar algo.
_____

**b** **¿Qué pueden estar diciendo o pensando cada uno de nuestros amigos? Escribe el nombre de cada uno de ellos donde corresponda.**

1, 2, 3, 4

**1** "Gracias, Lola, pero acabo de tomar uno ahora mismo. Además no tengo tiempo. Tengo que terminar esto ahora mismo".
*Andrew.*

**2** "Agradezco mucho su invitación, pero siento comunicarle que me resulta imposible asistir a la inauguración de su nueva exposición".
_____

**3** "Claro que voy, contad conmigo. Quedamos el sábado a las siete en la plaza del Ayuntamiento".
_____

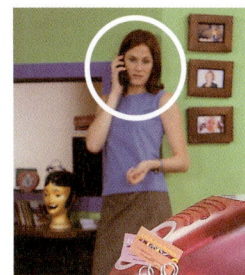

**4** "¿Te apetece tomar algo, Andrew? Te invito a un café".
_____

# Escenas

5, 6, 8

**2a** **Lola llama por teléfono a su amiga María. ¿Quieres leer el diálogo? Después de leerlo, señala qué frases de las que aparecen en el diálogo son usuales en las conversaciones telefónicas.**

SRA. LÓPEZ: Dígame.
LOLA: Hola, ¿puedo hablar con María, por favor?
SRA. LÓPEZ: Sí, un momento, ¿de parte de quién?
LOLA: De Lola, una amiga.
SRA. LÓPEZ: ¿Lola García?
LOLA: Sí, ¿me conoce?
SRA. LÓPEZ: Sí, soy Rosa, la madre de María.
LOLA: Perdone, no la había reconocido. ¿Cómo está?
SRA. LÓPEZ: Muy bien, pero Lola, por favor, trátame de tú.
LOLA: Bueno, ¿cómo estás?
SRA. LÓPEZ: Bien, pero un poco resfriada, ¿y tú?
LOLA: Muy bien, gracias.
SRA. LÓPEZ: ¿Te apetece venir a comer a casa un día?
LOLA: Vale, gracias.
SRA. LÓPEZ: Perfecto. Un momento, ahora se pone María.
LOLA: Gracias y que te mejores.
MARÍA: ¡Hola Lola!
LOLA: ¡Hola! ¿Qué haces?
MARÍA: Estaba a punto de irme a dormir, ¿y tú?
LOLA: Viendo la tele. Te llamo para ir a comprar el regalo de Carmen. ¿Te va bien el jueves?
MARÍA: Vale. ¿A qué hora quedamos?
LOLA. ¿A las cinco?
MARÍA: No, mejor un poco más tarde, a las seis.
LOLA: Vale, a las seis. Y... ¿dónde?
MARÍA: ¿Te va bien en la puerta de las galerías *La última moda*?
LOLA: Perfecto. Pues nos vemos allí. ¡Hasta mañana! ¡Que descanses!
MARÍA: Igualmente, adiós.

SRA. LÓPEZ: *Dígame.*
LOLA: _____
SRA. LÓPEZ: _____
LOLA: _____
SRA. LÓPEZ: _____

**b** **Ahora contesta a las siguientes preguntas.**

1 ¿Con qué frase pide la Sra. López que Lola cambie de un tratamiento formal a uno informal? _____
2 La Sra. López invita a Lola. ¿Con qué frase lo dice? _____
3 ¿Cómo dice Lola que acepta? _____

**c** **Lola llama a María para quedar con ella. ¿Cómo quedan?**

Día: _el jueves_   Hora: _____   Lugar: _____

**3a** Carmen, una amiga de Lola, se casa. Lola y sus amigas le han preparado una despedida de soltera. Aquí tienes algunas intervenciones del diálogo que vas a oír. Escúchalo y complétalas.

🎧 ✏ 1, 2, 3, 4

A

LOLA: Bien. ¡Cuánto tiempo sin verte!
CARMEN: Sí, es verdad, **1** *hace mucho que no nos vemos.*

CARMEN: Vale. ¡Qué casa tan bonita tienes!
LOLA: **2**_____

JUANA: Dejad de hablar y vamos a brindar.
LOLA: Sí. Carmen, toma tu copa.
MARÍA: A tu salud, Carmen. **3** _____

CARMEN: Gracias, chicas. Muchas gracias por esta sorpresa.
LOLA: Y **4**_____ ¡No teníais que haberos molestado!
CARMEN: ¡Qué amables sois!
MARÍA: ¡Ábrelo ya! A ver si te gusta.
CARMEN: ¡Oh! ¡Qué bonito! **5**_____ Gracias, chicas.
   Muchas gracias. **6**_____ De verdad, gracias.
   Sois…
LOLA: De nada, Carmen. **7**_____

**b** Ahora indica si estas frases son verdaderas (V) o falsas (F).

|  | V | F |
|---|---|---|
| 1 Carmen y Lola ahora se ven mucho. | ☐ | ✓ |
| 2 Carmen se sorprende porque las chicas la están esperando. | ☐ | ☐ |
| 3 Carmen va a despedir a una soltera al aeropuerto. | ☐ | ☐ |
| 4 Las amigas regalan un camisón a Carmen. | ☐ | ☐ |

**c** Escucha de nuevo el diálogo, fíjate en qué palabra dicen para brindar y escríbela a continuación. ¿En tu país se usa la misma palabra?

_____

**4a** Chema, el novio de Begoña, llama por teléfono a casa. Lola responde a la llamada. Escucha el diálogo y numera según el orden en que aparecen las siguientes intervenciones de Lola.

🎧 ✏ 7, 8

☐ Ah, vaya, lo siento.
☐ Ahora no está. Trabajando…
   en el teatro quiero decir. ¿Quieres
   que les deje algú recado?
☐ Se lo diré.
☐ Hola Chema.
☐ No hay de qué.

☐ Adiós. Que descanses.
☐ Qué pena. Qué pena. Vaya.
☐ Sí, sí. No te preocupes.
☐ Sí, ya se sabe, la Audiencia Nacional.
   En fin lo siento.
1 ¿Hola?

**b** Lee las frases y descubre con qué frase Lola desea algo bueno para Chema.

_____.

1, 2, 3, 4

**5** Lola acaba de recibir una invitación para la boda de su prima Silvia. Léela y contesta a las siguientes preguntas.

> *Silvia & Fernando*
>
> Tenemos el placer de invitarle a la celebración de nuestro enlace matrimonial el próximo 25 de mayo a las 11 horas, en la Catedral de Sevilla.

1 ¿Quién se casa? *Silvia y Fernando.*
2 ¿Qué día se casan? _____
3 ¿A qué hora se casan? _____
4 ¿Dónde se casan? _____

**6a** Lola está hablando con Julián sobre la boda de su prima Silvia. Para saber qué dicen, sólo tienes que leer el diálogo y completarlo con las palabras del cuadro. Si no conoces el significado de estas palabras, seguro que el contexto te ayudará a descubrirlo.

> bodas civiles • invitados • lista de boda • banquete • se casan • ~~novios~~

JULIÁN: ¿Quién se casa?
LOLA: Mi prima Silvia.
JULIÁN: ¿Con quién? ¿Con algún amigo tuyo?
LOLA: No, con Fernando, su novio de siempre. Se conocieron cuando tenían quince años y desde entonces son **1** *novios*. Llevan juntos diez años.
JULIÁN: ¡Dios mío! ¡Cuánto tiempo!
LOLA: Sí, mucho.
JULIÁN: ¿Y **2**_____ por la iglesia?
LOLA: Sí, a Silvia no le gustan las **3**_____, prefiere las religiosas. Se casa nada menos que en la Catedral de Sevilla.
JULIÁN: ¡Qué bien! Es preciosa. Vas a ir, ¿no?
LOLA: Pues... no sé. Me hace mucha ilusión, pero recuerda que esa semana tenemos el examen. Y además, un viaje tan largo… no sé, no sé.
JULIÁN: ¿Qué le vas a regalar?
LOLA: Todavía no lo sé. Han puesto **4**_____. Esta tarde voy a ir a la tienda donde la han puesto y les compraré algo.
JULIÁN: A mí lo que más me gusta de las bodas es el **5**_____.
LOLA: Hay muchos **6**_____. Seguro que es en un buen restaurante.

**b** La verdad es que Lola no tiene muchas ganas de ir. ¿Quieres ponerte en su lugar y escribir una carta contestando a la invitación de Silvia? Puedes dar esta información.

1, 2, 3, 4

- Agradeces la invitación.
- No puedes asistir.
- La semana siguiente tienes un examen muy importante.
- Rechazas de nuevo la invitación porque los estudios son muy importantes y el viaje es muy largo.
- Te despides con buenos deseos.

*Querida Silvia:*

*Muchas gracias por tu invitación* _____

_____

_____

_____

_____

_____

_____

**7** Lee las expresiones del cuadro y selecciona la más correcta para despedirte en cada uno de los diálogos.

7, 9, 10, 11

> que descanses • ~~que te mejores~~ • que seas muy feliz
> que aproveche • que tengas suerte • que os guste • que vaya bien

1. Me voy, que estoy un poco enferma.
   Adiós, Begoña, *que te mejores.*

2. Me voy, que tengo una reunión muy importante.
   Bueno, pues adiós y _____.

3. Adiós, me voy, que estoy agotado.
   Buenas noches, _____.

4. Me voy a comer.
   Adiós, _____.

5. Bueno ya me marcho. Nos veremos después de la boda.
   ¡Anda, es verdad, que te casas el sábado! No me acordaba. Bueno pues adiós y
   _____.

6. Adiós, _____ en tu nuevo trabajo.
   Gracias.

7. Hasta luego. Vamos al cine a ver una película japonesa.
   Adiós, espero _____.

# Primer plano

8 Begoña está leyendo la crónica de sociedad de un periódico. ¿Quieres saber qué pone? Pues lee el texto y después contesta a las preguntas.

## La boda del mes

Ayer, día 10 de julio, se celebró el enlace matrimonial entre el conde de Salazar y doña Elena Martínez de Villalba.

La ceremonia religiosa se celebró en la iglesia de San Miguel y la ofició el cura don Carlos Hernández. Los invitados, todos vestidos elegantemente, fueron los primeros en llegar. A continuación, llegó el novio acompañado de su madre. La última en aparecer fue la novia acompañada por su padre. El momento más emocionante de la boda fue el intercambio de anillos. La novia, muy nerviosa, tuvo problemas para colocar el anillo en el dedo de su futuro esposo.

Una vez terminada la ceremonia, los novios ya convertidos en marido y mujer, abandonaron la iglesia. Después de felicitar a los recién casados, los invitados se dirigieron al restaurante *El Castillo* donde se celebraba el banquete.

Cuando llegó la feliz pareja, empezó el banquete, que consistió en marisco, cochinillo y tarta nupcial. Después del banquete, se celebró un gran baile muy animado.

1 ¿Quién se casó ayer?
*El conde de Salazar y doña Elena Martínez de Villalba.*

2 ¿Qué tipo de boda fue: civil o religiosa?
_____

3 ¿Quiénes fueron los primeros en llegar a la iglesia?
_____

4 ¿Cuál fue el momento más emocionante de la boda?
_____

5 ¿Qué comieron los invitados?
_____

9 ¡Qué lío de frases! ¿Puedes ayudarnos a clasificarlas indicando si las dice
el que llama por teléfono o el que contesta?

8

¿De parte de quién? • Ya volveré a llamar. • Espere un momento. • ¿Está Juan?
Un momento, ahora se pone. • ¿A qué hora llegará? • Volverá más tarde.
¿Le puede decir que me llame? • Ahora no está. • Me parece que se equivoca.

**El que llama**
_____
_____
_____

**El que contesta**
*¿De parte de quién?*
_____
_____
_____
_____

10 ¿Podrías completar estos diálogos con una despedida que contenga un buen
deseo? Ten en cuenta que en algunos diálogos puede ir más de una opción.

7, 9, 10, 11

que te vaya bien • que tengas suerte • que tenga buen viaje
que te mejores• que te salga bien

1 BEGOÑA: ¡Ya son las cuatro y media!
JULIÁN: Es verdad. ¿Tienes algo que hacer?
BEGOÑA: Sí, dentro de media hora tengo mi primer examen de inglés.
JULIÁN: Pues nada, vete, vete.
BEGOÑA: Sí, hasta luego.
JULIÁN: Adiós. *Que te salga bien / Que te vaya bien* el examen.

2 LÁZARO: ¿Qué te pasa?
LOLA: Estoy nerviosa, tengo que ir al dentista. Hoy me saca una muela.
LÁZARO: No te preocupes, eso no es nada. Te dejo, Lola. _____ con
el dentista. Adiós.
LOLA: Gracias. Adiós.

3 ANDREW: Me voy a una entrevista de trabajo. ¡Hasta luego!
LOLA: ¡Hasta luego! _____.

4 ANTONIO: Antes de acabar la clase, tengo que decirles que el martes voy de viaje a
Granada y viene un sustituto. Así que el martes hay clase, pero yo no los veo
hasta el jueves. ¿Entendido? Muy bien, pues hasta el jueves.
ALUMNOS: ¡Hasta el jueves... y _____.

5 JULIÁN: ¿Qué te pasa?
BEGOÑA: Me duele un poco la cabeza.
JULIÁN: Bueno, seguro que no es nada.
BEGOÑA: Sí, ahora me tomo una aspirina.
JULIÁN: Bueno, pues yo me voy. Hasta luego... y _____.
BEGOÑA: Gracias. Hasta luego.

# Recursos

## ENCUENTROS SOCIALES INFORMALES Y FORMALES

• En los encuentros:

> Cuánto tiempo sin verte / verle / vernos.
> Tenía muchas ganas de conocerte / conocerle.
> Hace mucho que no nos vemos.
> He oído hablar mucho de ti.

• En las despedidas:

> Dale / Dales / Dele / Deles recuerdos de mi parte.
> Me alegro de hablar contigo / con usted.

*Tenía muchas ganas de hablar contigo.*

## INVITAR A REUNIONES SOCIALES

• Informal:

> ¿Te apetece venir a comer casa?
> ¿Queréis venir a cenar a casa?
> ¿Y si vamos al cine?
> ¿Por qué no vamos a pasear?

• Formal:

> Tenemos el gusto de invitarle.
> Nos complace invitarles.
> Es para nosotros un placer invitarles.

## ACEPTAR / RECHAZAR UNA INVITACIÓN

• Aceptar:

> Vale, gracias.
> Cuenta conmigo.
> Por supuesto que voy.
> Agradezco su invitación.
> Con mucho gusto.

• Rechazar:

> No, lo siento mucho, es que…
> Me encantaría, pero…
> No gracias, de verdad.
> Qué pena, pero es que…
> Muchas gracias por su invitación, pero…

## PREGUNTAR POR LA FORMA DE TRATAMIENTO

• Preguntar por la forma de tratamiento:

> 💬 ¿Cómo trato al señor Sánchez, de tú o de usted?
> 💬 Trátalo de usted.

• Proponer tuteo:

> Pero tutéame.
> Trátame de tú.
> Puedes tutearme.

## DESPEDIRSE EXPRESANDO BUENOS DESEOS

> *(Espero/Deseo)* Que vaya bien.
> *(Espero/Deseo)* Que te mejores.

> *(Espero/Deseo)* Que descanses.
> *(Espero/Deseo)* Que lo pases bien.

## PRESENTE DE SUBJUNTIVO §14 y §28

| PASAR | COMER | VIVIR |
| --- | --- | --- |
| pase | coma | viva |
| pases | comas | vivas |
| pase | coma | viva |
| pasemos | comamos | vivamos |
| paséis | comáis | viváis |
| pasen | coman | vivan |

## ENTREGAR Y RECIBIR UN REGALO

- Entregar:

Mira qué te he traído.
Aquí tienes.

- Recibir:

No tenías que haberte molestado.
¡Qué amable eres!

## ELOGIAR Y RECIBIR UN ELOGIO

- Elogiar:

Qué bien te veo, no has cambiado nada.
Cada día estás más…
¡Qué [adjetivo] estás!

- Recibir un elogio:

¿De veras?
¿Tú crees?
Tú sí que eres/estás [adjetivo]

Cuando uno recibe un elogio, debe restarle importancia o responder con otro elogio.

💬 *Gema, cada día estás más guapa.*
   💬 *¿Tú crees?*

## CONCERTAR UNA CITA

¿Cómo / Cuándo / Qué día quedamos?
¿Cuándo podemos vernos?
¿Te / Le va bien el [día] / a las [hora] / en [lugar]?

💬 *¿Cuándo quedamos?*
   💬 *¿Te va bien mañana a las cinco?*

*¿Te va bien mañana a las cinco?*

## AL TELÉFONO

- Informal:

¿Diga / Dígame?
Hola, ¿está [nombre]?
¿De parte de quién, por favor?
De / Soy [nombre].
Un momento, ahora se pone.
No está, ¿Quieres dejarle algún recado?

Sí, por favor. Dile que [recado].

- Formal:

¿Diga / Dígame?
¿Puedo hablar con [nombre] por favor?
¿De parte de quién, por favor?
De / Soy [nombre].
Un momento, ahora le paso.
En este momento no está. ¿Quiere dejarle algún recado?
Sí, por favor. Dígale que [recado].

La lengua es un juego

**11a** Escucha los diálogos e indica para qué actividad quieren concertar una cita y si pueden quedar.

5, 6

| Diálogo | Para qué actividad | ¿Pueden quedar? |
|---|---|---|
| 1 | *Comprar ropa* | *Sí* |
| 2 | ___ | ___ |
| 3 | ___ | ___ |
| 4 | ___ | ___ |
| 5 | ___ | ___ |

**b** Escucha de nuevo los diálogos y acaba de completar la siguiente información.

| Diálogo | Día de cita | Hora de la cita | Lugar de la cita |
|---|---|---|---|
| 1 | *Mañana* | ___ | ___ |
| 2 | ___ | ___ | ___ |
| 3 | ___ | ___ | ___ |
| 4 | ___ | ___ | ___ |
| 5 | ___ | ___ | ___ |

**12** ¿Te atreves a buscar las palabras que corresponden a estas definiciones? Fíjate en que todas contienen alguna letra de la palabra *ceremonia* y están relacionadas con el día de la boda.

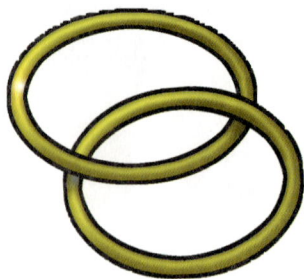

1 Acción de unirse legalmente dos personas.
2 Comida espléndida que se organiza para celebrar algo.
3 Hombre que presenta a la mujer que se casa en una boda religiosa.
4 Persona que declara que las personas que se casan son quienes son y que lo hacen libremente.
5 Mujer que presenta al novio en una boda religiosa.
6 Unión legal de dos personas.
7 Hombre que se casa.
8 Persona que asiste a una celebración.
9 Mujer que se casa.

C A S A R S E — E — R E M O N I A

# La lengua es un mundo

## 13 La leyenda de los Amantes de Teruel

Existe una antigua leyenda para explicar la historia de los Amantes de Teruel que posteriormente ha sido documentada. En los primeros años del siglo XIII vivían en Teruel, Juan Diego de Marcilla e Isabel de Segura, dos jóvenes que se enamoraron locamente.

La familia de Isabel rechazó a Diego por no tener bienes. Éste consiguió que le dieran un plazo de cinco años para hacerse rico, por lo que se fue a la guerra. Regresó a Teruel justo el día que se acababa el plazo cuando Isabel ya era esposa de otro hombre, del señor de Albarracín.

Diego consiguió entrevistarse con ella en su casa y le pidió un beso. Isabel se lo negó y dicen que el joven se murió de dolor. Al día siguiente, en los funerales de Diego, Isabel quiso darle un beso y al hacerlo también se murió.

En 1555, en la iglesia de San Cosme y San Damián se encontraron unas momias que, aparentemente, corresponden a Juan Diego de Marcilla e Isabel de Segura.

Adaptado de < http://platea.pntic.mec.es/~fmarti8/los_amantes.htm >

**1** ¿Qué pasó entre Juan Diego de Marcilla e Isabel de Segura?
*Que se enamoraron locamente.*

**2** ¿Dónde vivían Juan Diego de Marcilla e Isabel de Segura?
_____

**3** ¿Por qué la familia de Isabel no permitió que se casara con Diego?
_____

**4** ¿Qué pasó cuando Diego regresó de la guerra?
_____

**5** ¿De qué murió Diego?
_____

**6** ¿Cuándo quiso Isabel dar un beso a Diego?
_____

**7** ¿Dónde se encontraron las momias de Juan Diego de Marcilla e Isabel de Segura?
_____

**Museo de Teruel:**
www.dpteruel.es/museo.htm

**Revista** *on line* **de novias:**
novias.magazine.homeslead.com/
   matrimonio.html

**Diccionario de mitos y leyendas:**
www.antropologia.com.ar/
   diccionario

# Evaluación

## 1 ¿Podrías completar estas frases para que tengan sentido?

1 🗨 ¡Toma este regalo es para ti!
   🗨 ¿Para mí?, no _____ que haberte molestado.
   ☐ tenías  ☐ tienes  ☐ tengas

2 🗨 ¡Espero que _____ porque hace mucho tiempo que no llueve.
   ☐ llueve  ☐ llueva  ☐ lloverá

3 🗨 ¡Me voy de viaje!
   🗨 ¡Qué te lo _____ bien!
   ☐ pases  ☐ pasas  ☐ pasarás

4 🗨 ¿Quieres venir a casa el martes?
   🗨 Lo siento _____, pero es que tengo que estudiar. Mejor el viernes.
   ☐ muchas  ☐ poco  ☐ mucho

5 🗨 Gracias por venir.
   🗨 No hay _____.
   ☐ de nada.  ☐ de qué.  ☐ a ti.

6 🗨 Mañana me casó.
   🗨 ¡Oh! ¡Que _____ muy feliz!
   ☐ eres  ☐ siendo  ☐ seas

7 🗨 ¿Diga?
   🗨 ¿Está Eugenia?
   🗨 ¿De parte _____ quién?
   ☐ con  ☐ de  ☐ no está

8 🗨 ¿Está Carmen?
   🗨 En este momento no está. ¿Quieres _____ algún recado?
   ☐ poner  ☐ decirte  ☐ dejar

9 🗨 ¿Te _____ venir a cenar a casa?
   🗨 Vale, gracias.
   ☐ apeteces  ☐ quiere  ☐ apetece

10 🗨 ¡Qué casa tan bonita tienes!
   🗨 ¿Tú _____?
   ☐ crees  ☐ piensas  ☐ opinas

11 🗨 Me voy a casa. Estoy muy cansado.
   🗨 Adiós. Que _____.
   ☐ descansas  ☐ descansarás  ☐ descanses

12 🗨 ¿Te _____ bien a las doce?
   🗨 Es muy tarde. Mejor a las once.
   ☐ parezca  ☐ va  ☐ vaya

## 2 ¿Te gusta leer la sección de crónicas sociales de los periódicos? Lee este artículo e intenta completarlo con las palabras del cuadro.

> invitados • novios • boda civil • viaje de novios • ceremonia
> tarta nupcial • recién casados • banquete

El pasado sábado día 1 de agosto se celebró, en la localidad barcelonesa de Badalona, la **1** _____ de dos de las personalidades más conocidas de la ciudad, el arquitecto Javier Fernández y la doctora Ana García Domínguez.

El acto tuvo lugar en el Ayuntamiento de la ciudad. El alcalde, el señor Antonio Martín, fue el responsable de casar oficialmente a la pareja.

Tras la **2** _____, firmaron los documentos. El alcalde los felicitó y les dio la enhorabuena.

A la salida del edificio, los **3** _____, familiares cercanos y amigos muy íntimos, les tiraron arroz, como si se tratara de una ceremonia religiosa, y se oyeron algunos "Vivan los **4** _____". El fotógrafo inmortalizó el momento.

El **5** _____ tuvo lugar en un conocido restaurante situado a las afueras de la ciudad especializado en este tipo de eventos.

Durante la cena, fueron frecuentes los "Que se besen". Después de degustar la **6** _____, la actuación musical animó el ambiente. La fiesta duró hasta altas horas de la madrugada. Al terminar, los **7** _____ se despidieron de todo el mundo porque a la mañana siguiente iniciaban el **8** _____.

### Ahora puedo:

☐ Utilizar expresiones para las relaciones sociales.
☐ Invitar y responder a invitaciones.
☐ Concertar citas.
☐ Intervenir en conversaciones telefónicas.

### He aprendido otras cosas:

_____
_____
_____
_____

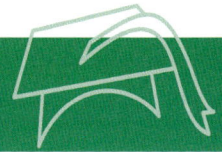

## 1 ¿Puedes señalar la respuesta más adecuada?

**1** ¿Por qué se fueron tan pronto?
- ☐ Se fueron tan pronto de manera que llovía.
- ☐ Se fueron tan pronto a causa del mal tiempo que hacía.
- ☐ Se fueron. Por eso llovía.

**2** En 1940, mucha gente no tenía lavabos en casa e iba a los servicios públicos.
- ☐ ¡Cuánta gente!
- ☐ Fíjate en esta casa, ¡no tiene lavabo!
- ☐ ¿Ah, sí? Pues no hace tanto tiempo de eso como yo creía.

**3** ¿Has visto la ropa tan rara que llevan esos chicos? No me gusta nada.
- ☐ Es decir, que las multitudes no te gustan.
- ☐ Pues fíjate en ese otro grupo. Creo que van disfrazados.
- ☐ ¿Gustarme?

**4** ¿Qué tal la película?, ¿te gustó?
- ☐ Bueno, no era tan interesante como pensaba.
- ☐ Es una porquería de exposición. No tenía ni pies ni cabeza.
- ☐ Sí, gracias.

**5** Mañana he quedado con Carmen.
- ☐ ¡Cuánto tiempo sin verte!
- ☐ Dale recuerdos de mi parte.
- ☐ Sí, dime, dime.

**6** ¿Te gustó la obra de teatro?
- ☐ ¿Gustarme? ¡La encontré genial!
- ☐ A ti no sé, pero a mí me encanta.
- ☐ ¿Ah, sí? No me digas. Sigue, sigue.

**7** Voy en avión ya que siempre hay muchas muertes en la carretera.
- ☐ Es decir, que todavía no tienes el carné de conducir.
- ☐ O sea, que las autopistas son cada día más caras.
- ☐ Vamos, que es más peligroso viajar en coche que en avión.

**8** ¡Cuánto tiempo sin verte! ¿Te apetece tomar algo?
- ☐ Sí, dale recuerdos de mi parte si le ves.
- ☐ Tenía ganas de conocerle. He oído hablar mucho de ti.
- ☐ Lo siento mucho, pero es que tengo algo de prisa. Tal vez otro día.

**9** El otro día me encontré a Lola. Hacía mucho tiempo que no nos veíamos.
- ☐ ¡No me digas! ¿Y cómo está?
- ☐ Tiene una casa preciosa.
- ☐ Te agradezco mucho que la saludaras.

**10** Oye, Begoña, ¿quedamos el jueves a las seis?
- ☐ Que descanses.
- ☐ Que duermas bien.
- ☐ ¿Puede ser un poco más tarde?

## Así puedes aprender

Comprenderás mejor los ejercicios de audición, si primero escuchas para tener una idea general y después otra vez para reconocer detalles concretos.
Comprenderás más de lo que crees si antes de escuchar observas las ilustraciones y el ejercicio, y haces una hipótesis sobre lo que crees que van a decir en el diálogo.
¿Por qué no reflexionas sobre si haces estas cosas?
- ☐ Antes de escuchar, pienso qué van a decir en el diálogo.
- ☐ Antes de escuchar, leo la transcripción.
- ☐ Escucho varias veces fijándome cada vez en distintas cosas.
- ☐ Después de escuchar, leo la transcripción para asegurarme de lo que he entendido.

**2** Hace poco, Lola entrevistó a un grupo de actores de teatro itinerante. Aquí tienes la entrevista. ¿Podrías completarla con las palabras del cuadro?

> teníamos • hace • así que • pareció • después
> qué • comprar • contad • nos • eso • cómo

LOLA: ¿Por qué escogisteis esta profesión?
ACTORES: Bueno, **1**_____ entusiasma el teatro y nos **2**_____ maravilloso poder dedicarnos a esto.
LOLA: Sí, pero, ¿**3**_____ es que decidisteis formar una compañía itinerante? ¿No es más fácil tener un local propio?
ACTORES: Porque, al principio no **4**_____ dinero para alquilar un local. **5**_____ de pensarlo mucho, decidimos **6**_____ una furgoneta y empezar a recorrer pueblos.
LOLA: **7**_____ llegabais a un pueblo y actuabais en la plaza principal, ¿no?
ACTORES: Así es.
LOLA: ¡**8**_____ interesante! ¿Y no habéis vuelto a pensar en alquilar o comprar un local?
ACTORES: La verdad es que **9**_____ mucho tiempo que andamos viajando, y ahora por fin vamos a comprar un pequeño local que nos sirva de base.
LOLA: ¿De base? Entonces vais a seguir viajando. ¿Y **10**_____?
ACTORES: Bueno, nos gustaría viajar unos años más y luego establecernos definitivamente en nuestro local, que desde aquí os invitamos a visitar.
LOLA: **11**_____ conmigo. Me parece fabuloso lo que hacéis.

**3** ¿Por qué no completas los siguientes enunciados?

1 ¿Qué hicieron ayer?
   La mayoría de la gente _____ al teatro.
   ☐ fueron   ☐ fue   ☐ fuisteis
2 ¡Qué amable eres! No tenías que _____ molestado.
   ☐ haberte   ☐ has   ☐ habías
3 Hola, Lola. ¡Qué bien te veo! No_____ nada.
   ☐ habías cambiado   ☐ has cambiado   ☐ cambiaste
4 _____ tres días que no veo a Luisa.
   ☐ Desde   ☐ En   ☐ Hace
5 Adiós, hija, hoy no me encuentro muy bien.
   Hasta mañana, mamá. Espero que te _____.
   ☐ mejores   ☐ mejoras   ☐ mejorabas
6 ¿Acabaste el informe?
   Sí, cuando _____ ayer por la noche, ya lo _____.
   ☐ llamabas / ya lo había   ☐ habías llamado / acabé   ☐ llamaste / había acabado
7 Te he traído los libros que me pediste _____.
   ☐ el día otro   ☐ el otro día   ☐ otro día
8 Gracias por tus sugerencias.
   _____.
   ☐ No hay de qué   ☐ Muchas gracias   ☐ Te lo agradezco
9 Mañana salgo de viaje y tengo que levantarme temprano.
   Bueno, pues que _____ un buen viaje.
   ☐ tienes   ☐ tenías   ☐ tengas

# bloquetres3

lección7
lección8
lección9

# Índice

# 7

**lección**siete**7**

¡Vaya fiesta!

# ¡Vaya fiesta!

¿Te apetece conocer las fiestas más típicas que se celebran en España? Con nuestros amigos conocerás la Semana Santa de Sevilla, la verbena de San Juan, los sanfermines de Pamplona y muchas tradiciones más.

## En esta lección vas a aprender:

- A hablar de planes para el futuro
- Formas de expresar probabilidad y hacer hipótesis
- Cómo hacer predicciones

**1a** Nuestros amigos te invitan a su piso porque hoy es un día especial. ¿Estás preparado? Mira la fotografía y marca la respuesta correcta.

📝 13, 14

1 ¿Qué te parece que hacen nuestros amigos?

- ☑ Celebran una fiesta.
- ☐ Preparan una reunión de vecinos.
- ☐ Estudian para los exámenes de fin de curso.

2 ¿Cómo están vestidos?

- ☐ Con ropa deportiva.
- ☐ Elegantes.
- ☐ En pijama.

3 ¿Qué tienen todos en la mano?

- ☐ Un trozo de pastel.
- ☐ Un regalo.
- ☐ Una copa de cava.

**b** Como hoy es una ocasión especial, nuestros amigos se han puesto guapos. ¿Qué lleva cada uno?

| | | | |
|---|---|---|---|
| 1 | Lázaro | a | llevan un sombrero de pico. |
| 2 | Begoña | b | no llevan sombrero. |
| 3 | Ana y Lola | c | lleva un sombrero rojo. |
| 4 | Julián y Andrew | d | lleva un sombrero plateado. |

**2a** Antonio está hablando con los chicos. ¿Por qué no lees el siguiente diálogo y descubres de qué están hablando?
Elige una de las tres respuestas.

ANTONIO: Chicos, ¿qué vais a hacer para las vacaciones de Semana Santa? ¿Se quedará alguien en la ciudad u os vais todos?

BEGOÑA: Yo me voy el viernes a Pamplona. Voy a visitar a una amiga. Después de las clases cojo el autobús.

ANTONIO: ¡Qué bien! Y los demás, ¿qué?, ¿no tenéis planes?

LOLA: Yo voy a Sevilla con mi madre y mi tía. Vamos a ver a mis abuelos, que viven allí.

ANDREW: Yo iré a Madrid. Tengo un amigo español que es de allí. Nos conocimos el año pasado en la Universidad de Los Ángeles. ¡Por fin practicaré español con él! Seguro que estará muy contento.

ANTONIO: ¿Y tú, Julián?

JULIÁN: Pues yo me quedaré aquí. El domingo llega un amigo de México y quiero enseñarle la ciudad.

LOLA: Y, ¿dónde se va a alojar?

JULIÁN: ¿Por qué?

LOLA: Porque nos vamos a ir todos menos tú y en el piso habrá sitio para tu amigo.

JULIÁN: Y, ¿puede instalarse en el piso mientras vosotros estáis fuera?

LOLA: Claro que sí, hombre. Si es amigo tuyo, también es amigo nuestro, ¿verdad chicos?

- ☐ Sobre los problemas que tienen con los vecinos.
- ☐ Sobre los planes que tienen para Semana Santa.
- ☐ Sobre los próximos exámenes de la escuela.

**b** Ahora, ¿por qué no vuelves a leer el diálogo e indicas si las siguientes frases son verdaderas (V) o falsas (F)?

|  | V | F |
|---|---|---|
| 1 Antonio quiere saber qué van a hacer los chicos. | ✓ | ☐ |
| 2 Begoña se va el sábado a Pamplona. | ☐ | ☐ |
| 3 Lola va a Sevilla con unos amigos de la escuela. | ☐ | ☐ |
| 4 Andrew no irá a ningún sitio. | ☐ | ☐ |
| 5 Andrew practicará español con un amigo de Madrid. | ☐ | ☐ |
| 6 Julián se quedará en el piso. | ☐ | ☐ |
| 7 Un amigo de Julián se va a alojar en el piso de los chicos. | ☐ | ☐ |

**3a** Lázaro, Andrew y Julián están en una situación muy crítica. Escucha cómo hablan e intenta averiguar qué les pasa. ¿Sabes a cuál de los tres se refiere cada una de estas frases? Escribe el nombre de cada uno de ellos al lado de la frase correspondiente.

1 Hace preguntas sobre dónde está Ana y cuándo vendrá: _____.
2 Se siente un poco raro y extraño: _____.
3 Cree que seguramente se han intoxicado: _____.

♭ Ahora, vuelve a escuchar el diálogo y fíjate bien en las preguntas que hace Lázaro y en su tono. ¿Qué crees que expresa con estas frases? Marca la respuesta correcta.

2, 3

¿Cuándo vendrás?
¿Vendré a verte yo a ti…?
Ana… Ana… vendré, vendrás, vendremos…

☐ Que no le preocupa lo que le pasa a Ana.

☐ Que está preocupado por Ana y se pregunta qué le puede pasar.

☐ Que se alegra de lo que le pasa a Ana.

c Escucha otra vez el diálogo e intenta completar los huecos con las palabras del cuadro. Todas estas expresiones sirven para formular hipótesis.

2, 3

> quizá • seguramente • a lo mejor • quizá

1  _A lo mejor_  ha llegado Ana y yo aquí.
2  _____ esté preocupada, quizá…
3  _____ nos hemos intoxicado.
4  _____ será eso, ay,… que nos quedamos solitos… sin chicas y enfermos.

4 a Lola quiere saber cómo será su futuro. Por eso hoy ha ido a la consulta de una pitonisa. ¿Tú cómo crees que será el futuro de Lola? Antes de escuchar el audio, marca en la columna de la izquierda las predicciones que tú imaginas.

4, 5

| Tú | Predicciones sobre el futuro de Lola | La pitonisa |
|---|---|---|
| ☐ | 1 Hará un viaje hacia el sur de España. | ☐ |
| ☐ | 2 Se cambiará de piso. | ☐ |
| ☐ | 3 Cambiará de trabajo. | ☐ |
| ☐ | 4 Montará su propia compañía de teatro. | ☐ |
| ☐ | 5 Tendrá suerte en el mundo del teatro. | ☐ |
| ☐ | 6 Ganará mucho dinero. | ☐ |
| ☐ | 7 Conocerá a alguien muy especial. | ☐ |
| ☐ | 8 Se casará y tendrá muchos hijos. | ☐ |

♭ Ahora, ¿por qué no escuchas qué le dice la pitonisa a Lola? Marca en la tabla de arriba, en la columna de la derecha, las predicciones de la pitonisa. ¿Son las mismas que las tuyas?

4, 5

**6**

**5a** Ya faltan pocos días para que el amigo de Julián, Antonio, llegue desde México. Julián le envía un correo electrónico para explicarle sus planes. ¿Por qué no le ayudas completándolo con los verbos del cuadro?

> te encantará • cogeremos • llegarás • querrás • habrá • estaré • estarás

Querido Antonio:

¿Cómo van los preparativos del viaje? Supongo que ya lo tienes todo preparado, porque pronto **1** *llegarás* a España.
Te escribo para avisarte de que no es necesario que busques alojamiento. Mis compañeros de piso van a estar fuera durante las vacaciones de Semana Santa, o sea, que en el piso **2** ▭ sitio de sobra para los dos.
El domingo, tal y como quedamos, **3** ▭ en el aeropuerto sobre las seis de la tarde, un poco antes de que llegue tu vuelo. Desde allí **4** ▭ el tren hasta el centro, donde tenemos el piso.
Seguramente el lunes **5** ▭ descansar. Te entiendo, después de un viaje tan largo es normal, pero me imagino que el martes o el miércoles ya **6** ▭ preparado para empezar a conocer este país.
Tengo muchos planes para ti. Durante las vacaciones de Semana Santa y en todas las ciudades se celebran actos muy interesantes: procesiones, misas, representaciones teatrales sobre la vida de Jesús, etc.
¡Hay tantos sitios por visitar y tantas cosas por conocer! Estoy seguro de que esto **7** ▭.
¡Hasta pronto!

Julián

**6**

**b** En el correo electrónico de Julián aparecen dos verbos que en *futuro* presentan irregularidades: *querrás* y *habrá*. ¿Sabes cuál es el *infinitivo* de estas dos formas? Fíjate en que las raíces de estos dos verbos para construir el *futuro* son las siguientes: *querr-* y *habr-*.

1 El *infinitivo* de querrás es _____.
2 El *infinitivo* de habrá es _____.

**c** Ahora imagina que dentro de poco va a venir un/a amigo/a a verte. ¿Por qué no le escribes un correo? Puedes seguir estas indicaciones. Después, puedes comparar tu correo con el modelo que hay en las soluciones.

- Salúdalo/la.
- Pregúntale cómo van los preparativos del viaje.
- Explícale el motivo principal de tu correo.
- Infórmale de la posibilidad de que se aloje en tu piso.
- Confirma el lugar y la hora del encuentro con él/ella.
- Explícale los planes que tienes para cuando llegue.
- Despídete.

6a A continuación, tienes una lista de verbos conjugados en *futuro*. ¿Puedes reconocer el *infinitivo* a partir del cual se forman los verbos y la persona a la que se refieren?

6

1 cogeremos: *coger, nosotros/as*
2 querrás: _____
3 practicaré: _____
4 viviréis: _____
5 conocerá: _____

6 nos quedaremos: _____
7 irán: _____
8 llegarás: _____
9 estaréis: _____
10 se casarán: _____

b Ahora, ¿por qué no completas este cuadro con las terminaciones correspondientes? Fíjate en que el *futuro* de los verbos regulares se forma a partir del *infinitivo*. Las terminaciones que te damos te pueden ayudar.

6

|  | LLEGAR | COGER | VIVIR |
|---|---|---|---|
| Yo | llegar-**é** | coger- | vivir- |
| Tú | llegar- | coger-**ás** | vivir- |
| Él, ella, usted | llegar-**á** | coger- | vivir- |
| Nosotros/as | llegar- | coger- | vivir-**emos** |
| Vosotros/as | llegar-**éis** | coger- | vivir- |
| Ellos, ellas, ustedes | llegar- | coger-**án** | vivir- |

c Fíjate en el cuadro anterior e indica cuál de estas afirmaciones es verdadera.

6

☐ Las terminaciones de *futuro* son las mismas para los tres grupos de verbos: *llegar, coger* y *vivir*.
☐ Las terminaciones de *futuro* son diferentes según el grupo al que pertenezca el verbo: *llegar, coger* y *vivir*.
☐ Las terminaciones de *futuro* son las mismas para los verbos de los grupos *llegar* y *coger*, pero diferentes para los verbos del grupo *vivir*.

7 Después de la fiesta que organizaron ayer los chicos para celebrar la verbena de San Juan, el piso está muy desordenado. ¿Puedes construir frases con los elementos que te damos para describir cómo ha quedado el piso?

7, 8, 9

1 microondas / vasos / dentro / hay / del
*Hay vasos dentro del microondas. / Dentro del microondas hay vasos.*
2 sofá / los / debajo / están / del / discos
_____
3 las / están / estanterías / botellas / las / de / encima
_____
4 pizza / la / un / de / puerta / hay / trozo / de / detrás
_____
5 la / de / nevera / sólo / dentro / hay / de / una / agua / botella
_____
6 hay / no / comida / nevera / dentro / la / de
_____
7 plástico / sofá / los / de / vasos / encima / están / del
_____

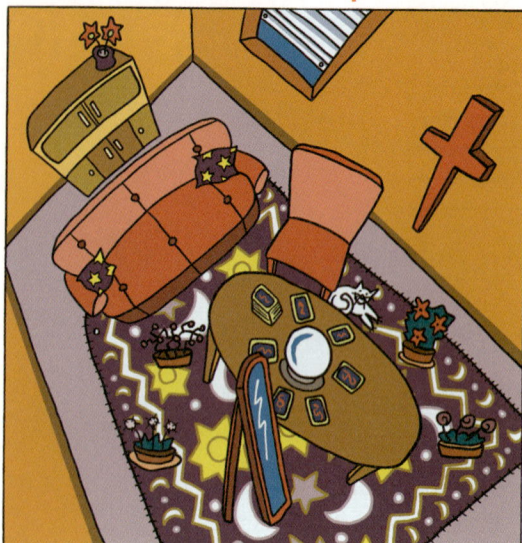

7, 8, 9

**8** ¿Te gustaría saber cómo es la consulta de una pitonisa? Mira el dibujo e intenta completar las frases con las palabras del cuadro.

> detrás de • enfrente del • encima de • alrededor de
> delante de • en medio de • debajo de

1 *En medio de* la habitación hay una gran mesa.
2 _____ la mesa hay una gran bola de cristal y una baraja de cartas.
3 _____ la mesa, en el suelo, hay plantas curativas de todo tipo.
4 _____ la mesa hay un gran espejo.
5 _____ la mesa hay una cruz enorme.
6 Hay un gato blanco _____ la silla de la pitonisa.
7 El sofá para hacer ejercicios de relajación está _____ armario.

10, 11

**9a** Ahora nuestros amigos están recogiendo el piso. ¿Por qué no completas cada una de las frases con la palabra más apropiada?

primer • primero

1 a El jarrón va en el *primer* estante del armario.
 b Antonio fue el *primero* en irse de la fiesta.

tercer • tercero

2 a Las chicas del _____ también organizaron una fiesta.
 b El mantel y las servilletas van en el _____ cajón.

algún • alguno

3 a Ayer _____ vecino se quejó del volumen de la música.
 b Creo que _____ de nuestros amigos bebió demasiada cerveza.

ningún • ninguno

4 a _____ amigo se ha quedado a ayudarnos con este desorden. ¡Ya está bien!
 b ¿Dónde están los discos? No hay _____ en su sitio.

mal • malo

5 a No tomes el café que sobró ayer. El café frío está muy _____.
 b Éste es un _____ momento para quejarse.

buen • bueno

6 a Todo estaba muy _____: la tortilla, las gambas,…
 b Compramos un _____ vino para la ocasión.

gran • grande

7 a Lástima que el piso no sea más _____.
 b La de ayer fue una _____ fiesta.

**ƀ Ahora, reflexiona y marca la opción correcta.**

🖊 10, 11

Los adjetivos (*primero, tercero, malo, bueno*) y los indefinidos (*alguno, ninguno*) cuando van delante de algunos nombres masculinos…

☐ pierden la *o* final.   ☐ no cambian.   ☐ desaparecen.

**10ₐ Mira las fotografías y lee los diálogos. ¿Sabes qué diálogo acompaña a cada fotografía? Relaciónalos. Fíjate en las palabras destacadas.**

🖊 12

1 ☐   2 ☐   3 [a]   4 ☐

a 🗨 ¡Qué bien huele! ¿Qué es **eso** Ana?
🗨 Os estoy haciendo un pastel. ¿Qué os parece?

b 🗨 Mira, **esto** me lo han dado los chicos para ti, un cuadro y un reloj. Han pensado que igual lo quieres y como ellos no lo necesitan.
🗨 Y **esto**, Ana ¿qué es?
🗨 ¿Eso? **Eso** es un muñeco de papel que hizo Lola.

c 🗨 ¡Mirad, chicos! ¿Qué es **aquello** que brilla en el cielo?
🗨 Seguro que es una estrella.
🗨 Yo creo que es un ovni.
🗨 ¡Qué imaginación tenéis! Es un avión.

d 🗨 ¿De quién es **esto**?
🗨 **Eso** seguro que es de Ana.
🗨 Chicos, y **esto** ¿sabéis de quién puede ser?

**ƀ Vuelve a observar las palabras destacadas. ¿De qué depende que se utilice** *aquello*, *esto* o *eso*? **Selecciona la respuesta correcta.**

🖊 12

☐ De si las personas que hablan se conocen hace mucho tiempo.
☐ De la distancia que hay entre las personas que hablan respecto un mismo objeto.
☐ Del tipo de objeto del que se habla.

# Recursos

## HACER PREDICCIONES

- Utilizamos la forma verbal del futuro para hacer predicciones o previsiones sobre hechos futuros:

> Dicen que mañana **hará** más calor que hoy.

*Dicen que mañana seguirá haciendo frío.*

## HABLAR DE PLANES PARA EL FUTURO

| | |
|---|---|
| Ir a + [infinitivo]<br>[verbo en presente]<br>[verbo en futuro] | La semana que viene **voy a estar** muy ocupado.<br>Mañana **tengo** mucho trabajo.<br>Begoña no sabe qué **hará** en Semana Santa. |

## EXPRESAR PROBABILIDAD Y FORMULAR HIPÓTESIS §35

| | |
|---|---|
| A lo mejor<br>Seguro que / Seguramente | **A lo mejor** ha perdido el tren.<br>**Seguro que** volverán pronto.<br>**Seguramente** iré a Pamplona. |
| Supongo que / Creo que /<br>Me imagino que | **Supongo que** llamará mañana.<br>**Creo que** está trabajando en ello.<br>**Me imagino que** vino ayer. |
| Igual<br>Quizá / Tal vez/ Probablemente | **Igual** no viene a casa.<br>**Quizá** están / estén en el bar de la esquina.<br>**Tal vez** tiene / tenga algún problema.<br>**Probablemente** llamó / llame a casa. |
| Puede ser que / Es probable que | **Puede ser que** no funcione el teléfono.<br>**Es probable que** no quiera. |

- *A lo mejor* presenta información que el hablante considera posible, aunque sea negativa. Va seguida por un verbo en *indicativo*: futuro, presente o pasado.
- *Seguro que / Seguramente* sirven para indicar que el hablante no tiene total seguridad, pero le parece muy probable lo que dice. Van seguidas por un verbo en *indicativo*: futuro, presente o pasado.
- *Supongo que / Creo que / Me imagino que* también van seguidas por un verbo en *indicativo*: futuro, presente o pasado.
- *Igual* se usa en un contexto informal. Es una posibilidad que el hablante no espera que se cumpla.
- *Quizá / Tal vez / Probablemente* pueden ir seguidas por un verbo en *indicativo* o en *subjuntivo*.
- *Puede ser que / Es probable que* sólo pueden ir con un verbo en *subjuntivo*.

## FUTURO §16 y §26

| | |
|---|---|
| (yo) | viajar**é** |
| (tú) | viajar**ás** |
| (él, usted) | viajar**á** |
| (nosotros) | viajar**emos** |
| (vosotros) | viajar**éis** |
| (ellos, ustedes) | viajar**án** |

- Observa que se forma con el *infinitivo* y las terminaciones –é, -ás, -á, -emos, -éis, -án. Se usa para expresar lo que es probable en el presente.

¿Por qué no come el niño?     **Estará** enfermo.

## CÓMO LOCALIZAR OBJETOS EN EL ESPACIO §30

| | |
|---|---|
| Arriba | Yo voy al piso de **arriba**. |
| Abajo | La consulta no es en esta planta, sino aquí **abajo**. |
| En el centro | Mira la foto. **En el centro** estoy yo. |
| En medio | Mira. Ese coche está parado **en medio** de la calle. |
| Alrededor | Pon las sillas **alrededor** de la mesa. |
| Sobre | Mira tus llaves. Están **sobre** la estantería. |
| Fuera | No voy a salir **fuera**. Hace mucho frío. |
| Frente a | Te espero **frente a** la estación. |
| En ninguna parte | Lo he buscado y no está **en ninguna parte**. |

💡 Estas palabras que ya conoces, llevan la palabra de si tienen un nombre detrás:

| | |
|---|---|
| Encima (de) | Ponte algo **encima** o tendrás frío. / Hay vasos **encima de**l televisor. |
| Debajo (de) | Creo que está ahí **debajo**. / **Debajo de** la cama hay un zapato. |
| Delante (de) | Vivo en la casa de **delante**. / **Delante de** la casa hay una tienda. |
| Detrás (de) | Fue **detrás** y miró. / Miró **detrás de** la casa. |
| Dentro (de) | Estoy seguro que está **dentro**. / Mira **dentro de**l armario. |
| Enfrente (de) | La puerta de **enfrente**. / **Enfrente de** la cama hay un armario. |
| Dentro (de) | Aquí **dentro** hace mucho calor. / La chaqueta está **dentro de**l armario. |

## FORMAS REDUCIDAS DE ALGUNOS ADJETIVOS §5

• Se usan con algunos adjetivos que van delante de un sustantivo masculino y singular:

| | |
|---|---|
| Primer(o) | En **primer** lugar, hablemos de tu problema. / Hoy he venido el **primero**. |
| Tercer(o) | Yo vivo en el **tercer** piso. Mónica también en el **tercero**. |
| Algún(o) | **Algún** día hablaremos sobre esto. / He hablado con **algunos** amigos. |
| Ningún(o) | Andrew no tiene **ningún** libro de cocina. Y Lola tampoco tiene **ninguno**. |
| Mal(o) | Es un **mal** libro. / Este libro es bastante **malo**. |
| Buen(o) | Él es un **buen** alumno. / Él es un alumno **bueno**. Saca buenas notas. |
| Gran(de) | Es un **gran** hombre. / Tengo un problema muy **grande**. |

## DEMOSTRATIVOS NEUTROS §7

• Se usan cuando no se puede nombrar la cosa de la que se habla porque no se sabe el nombre, no se quiere nombrar, o es un concepto difícil de expresar con una palabra:

| | |
|---|---|
| Esto | ¡Mira **esto**! Parece un trozo de pizza. |
| Eso | Mañana hablaremos de **eso** que te preocupa tanto. |
| Aquello | ¿Qué es **aquello** que está sobre la alfombra? |

Aún tengo algún día de vacaciones.

Yo también tengo algunos.

Yo no tengo ningún día de vacaciones.

13, 14

**11** ¿Quieres saber cuáles son algunas de las fiestas más importantes de España? Descubre qué fotografía corresponde a cada fiesta.

1  _La Feria de Abril_    2 _____    3 _____

4 _____    5 _____

**San Fermín**: fiesta muy popular que se celebra en Pamplona, Navarra. Los sanfermines empiezan el 6 de julio y duran una semana. Durante estos días se organizan encierros y corridas de toros.

**La verbena de San Juan**: fiesta que se celebra sobre todo en las ciudades y pueblos de la costa mediterránea la noche del 23 de junio. Durante esa noche, que es la más corta del año, la gente tira petardos, lanza cohetes y enciende hogueras.

**La Feria de Abril**: fiesta que se celebra en Sevilla, Andalucía, una semana o diez días después de Semana Santa. Durante estas fiestas se bailan sevillanas y se toman vinos en las casetas.

**San Isidro**: este santo es el patrón de la ciudad de Madrid y también de los campesinos. Mucha gente aprovecha el 15 de mayo, día de San Isidro, para vestirse con el traje regional y bailar el chotis.

**Semana Santa**: fiesta religiosa que se celebra entre marzo y abril en toda España para recordar la muerte de Cristo.

# La lengua es un mundo

**12** ¡Qué fiestas más curiosas! La mayoría de las culturas celebran el día de Todos los Santos o de los Muertos. A continuación, te explicamos cómo se celebra ese día en Guatemala. Para comprobar si has entendido el texto, puedes contestar a las preguntas que aparecen al final.

13, 14

### El día de Todos los Santos en Guatemala

El 1 de noviembre es uno de los días más importantes del año en Guatemala. En esta fecha se celebra el Día de los Muertos o Santos. Ese día, además de visitar y adornar los cementerios para recordar a los muertos, hay dos celebraciones: La Corrida de Caballos en la ciudad de Todos Santos y el vuelo de los Barriletes Gigantes de Santiago. Los habitantes de Todos Santos Cuchumatán, pueblo situado en las montañas de Los Cuchumatanes, celebran este día con carreras de caballos y comiendo platos tradicionales. Los habitantes de Santiago Sacatepéquez, pueblo situado a 30 km de la ciudad de Antigua Guatemala, se reúnen en el cementerio y allí, hacen volar los barriletes gigantes, un tipo de cometas que miden alrededor de 2 m de diámetro y que tienen pequeños mensajes atados a sus colas. Esos mensajes sirven para hacer saber a sus difuntos cómo están y para enviar peticiones especiales a Dios. La celebración termina con una comida tradicional.

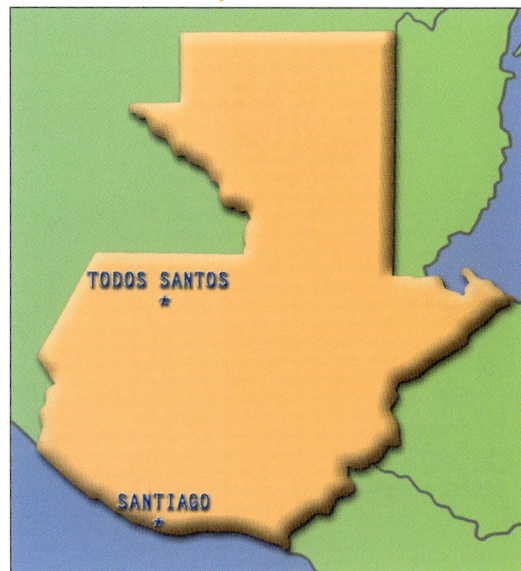

Adaptado de *Red Trade Point* Guatemala Centroamericano.Net INGUAT.NET
<http://www.inguat.net/ingues/esallsaints.html>

1 ¿Cuándo se celebra el día de Todos los Santos en Guatemala?
*El 1 de noviembre.*

2 ¿Qué se visita y se adorna ese día?

3 ¿Qué celebraciones hay?

4 ¿Dónde está situado Todos Santos?

5 ¿Dónde está situado Santiago?

6 ¿Qué son los barriletes gigantes?

7 ¿Para qué sirven los mensajes que están atados a los barriletes?

8 ¿Qué tienen en común la celebración de Todos Santos y la de Santiago?

**Agencia de viajes virtual:**
www.viajar.com

**Horóscopo:**
www.terra.es/horoscopo

**Portal de Internet sobre Andalucía:**
www.andalunet.com

# Evaluación

**1** ¿Puedes completar los diálogos siguientes con las palabras que faltan?

1 🗨 ¿Dónde está la caja?
   💬 _____ armario.
   ☐ *Dentro del*
   ☐ *Entre el*
   ☐ *Sobre*

2 🗨 ¿Dónde está la mesa?
   💬 _____ salón.
   ☐ *En medio del*
   ☐ *Encima del*
   ☐ *Sobre el*

3 🗨 ¿Qué hay en el armario?
   💬 Unas botellas. Están en el ____ cajón.
   ☐ *tercer*    ☐ *tercero*    ☐ *tres*

4 🗨 ¿Dónde pongo estas cajas?
   💬 Ponlas en el ____ estante de la librería.
   ☐ *primero*    ☐ *primer*    ☐ *uno*

5 🗨 ¿Qué es _____ que hay debajo
   de la mesa?
   💬 No sé, parece un trozo de papel.
   ☐ *este*    ☐ *eso*    ☐ *esa*

6 🗨 ¿Dónde está _____ que sirve para
   limpiar los cristales?
   💬 Creo que está en la cocina, _____
   del armario.
   ☐ *aquel / abajo*
   ☐ *aquella / entre*
   ☐ *aquello / dentro*

7 🗨 ¿Chicos, sabéis que he encontrado
   hoy _____ la escalera de la entrada?
   💬 No, ¿qué has encontrado?
   🗨 Un gato. Creo que está abandonado.
   Pobre, da mucha lástima.
   ☐ *debajo de*
   ☐ *en ninguna parte*
   ☐ *entre*

8 🗨 _____ día tenemos que ir a la Feria
   de Abril juntos. Aquello es precioso.
   💬 Me parece estupendo.
   ☐ *Alguno*    ☐ *Alguna*    ☐ *Algún*

9 ¡Me ha tocado la lotería! ¡Cien millones!
   Mañana mismo me compraré un
   _____ coche.
   ☐ *bueno*    ☐ *buen*    ☐ *buena*

10 ¡Felicidades, Paco! ¿Qué _____ con el
   dinero de la lotería que te ha tocado?
   ☐ *hará*    ☐ *harás*    ☐ *haces*

11 Primero, me _____ una casa y
   después, también me gustaría hacer un
   viaje por toda Latinoamérica.
   ☐ *he construido* ☐ *construí* ☐ *construiré*

12 🗨 ¿Tienes algún plan para la semana
   que viene?
   💬 La próxima semana ____ mis padres.
   ☐ *han venido* ☐ *vinieron* ☐ *vendrán*

**2** Elige la forma conveniente de cada verbo en las frases siguientes.

1 RAQUEL: Lola, ¿qué tal el trabajo en el programa de televisión?
LOLA: Ahora estoy muy tranquila porque no tengo mucho trabajo, pero el próximo mes
   creo que _____ varias intervenciones cada semana.
   ☐ *tuve*        ☐ *he tenido*        ☐ *tendré*

2 LOLA: ¿Habéis oído eso, chicos? Están llamando a la puerta.
JULIÁN: Son las once y media de la noche, no sé quién _____ a estas horas.
   ☐ *ha sido*        ☐ *es*        ☐ *fue*

3 ANA: No sé dónde están los chicos. En el piso hay un desconocido durmiendo en el sofá.
LÁZARO: ¡No te preocupes tanto! _____ enseguida.
   ☐ *Van a venir*        ☐ *Han venido*        ☐ *Vinieron*

4 JULIÁN: Ayer guardé mi libro de cocina en este cajón y hoy no lo encuentro. No sé
   dónde _____ estar.
   ANDREW: Me imagino que estará en la cocina. Begoña lo cogió ayer para preparar un plato.
   ☐ *ha podido*        ☐ *pudo*        ☐ *podrá*

5 LOLA: Julián, ¿sabes algo de tu madre?
JULIÁN: No, hace tiempo que no hablo con ella. Mañana la _____.
   ☐ *llamo*        ☐ *he llamado*        ☐ *llamé*

---

**Ahora puedo:**

☐ Hablar de planes
de futuro y hacer
predicciones.
☐ Expresar hipótesis
y probabilidad.

**He aprendido otras
cosas:**

_____
_____
_____
_____
_____

# 8

**lección**ocho**8**

Ponte
en forma

¿Haces ejercicio
normalmente?
¡Sal a la calle
y muévete!
Te sentirás mejor.

# Ponte en forma

# En esta lección vas a aprender:

- A preguntar por la salud o por el estado de ánimo
- Formas de expresar temor: *Me da miedo…*
- Expresiones de preocupación: *Me preocupa…*
- El uso de frases que expresan finalidad

## 1a Mira la fotografía e intenta responder a las preguntas siguientes.

1 ¿Quién te parece que practica más deporte?
*Andrew.*

2 ¿Quién debería llevar una dieta más sana?
_____ y _____

3 ¿Quién te parece que está preocupado por la alimentación de Antonio y Julián?
_____ y _____

b Ahora lee las palabras del cuadro. Todas ellas son actividades que pueden mejorar o empeorar tu salud. ¿Sabes cuáles son buenas y cuáles son malas para la salud?

8, 12, 13, 14, 15

fumar • comer muchos dulces • hacer natación • beber alcohol • llevar una dieta equilibrada • tomar mucho café • montar en bicicleta • comer poca fibra • beber mucha agua • andar mucho

| Para tener una buena salud | Para tener una mala salud |
|---|---|
| *Hacer natación* | _____ |
| _____ | _____ |
| _____ | _____ |
| _____ | _____ |

# Escenas

**2a** **Lola y Begoña se encuentran mal. ¿Quieres saber qué les pasa? Lee el diálogo y después contesta a las preguntas completando los huecos de las frases.**

*¿Sigues igual…?*

BEGOÑA: Hola, ¿qué tal te encuentras? ¿Sigues igual que esta mañana?
LOLA: No, estoy peor.
BEGOÑA: ¿De verdad? Pero, ¿qué te pasa?
LOLA: Me duele la cabeza y el estómago. Además, me siento débil.
BEGOÑA: Bueno, seguro que no tienes nada, un poco de cansancio y basta. Eres un poco quejica.
LOLA: Eres increíble, te digo que estoy fatal y a ti no te importa. En esta casa nadie se preocupa por mí. ¿Es que tú nunca piensas en los demás?
BEGOÑA: Bueno, tranquila, ¿eh? Yo también tengo dolor de cabeza y no me quejo.
LOLA: Claro, porque no te duele tanto como a mí.

1 ¿Qué le pasa a Lola?
   *Está* enferma.
2 ¿Sigue igual que esta mañana?
   No, está _____.
3 ¿Qué le duele?
   Le duele la _____ y el _____.

4 Y a Begoña, ¿le duele algo?
   Sí, le _____ la cabeza.
5 Según Lola , ¿por qué no se queja Begoña?
   Porque a Begoña _____ le _____ tanto _____ a ella.

**b** **Ahora ya sabes que Lola y Begoña hablan sobre sus estados de salud. Aquí tienes algunas de las frases que utilizan, ¿podrías clasificarlas según se usen para preguntar o para responder sobre el estado de salud?**

¿Qué tal te encuentras? • Me duele la cabeza • ¿Qué te pasa?
Estoy peor • Me siento débil • ¿Sigues igual que esta mañana?
Estoy fatal • Tengo dolor de cabeza

| Para preguntar por el estado de salud | Para responder |
|---|---|
| *¿Qué tal te encuentras?* | *Me duele la cabeza.* |
| | |
| | |
| | |

**3a** **Lola está escuchando un programa de *Radio Vida*, que atiende consultas a todas horas. Escúchalo con ella y después indica sobre qué trata.**

2, 3, 5, 6

☐ Sobre viajes.
☐ Sobre cómo mejorar la salud.
☐ Sobre música.

**b** Ahora ya sabes que Lola ha llamado al programa para explicar su problema. Vuelve a escuchar la grabación, fíjate en cómo Lola expresa temor y después completa el diálogo que aparece a continuación con las expresiones del cuadro.

> me da miedo ir al médico • ¡qué miedo me dan las inyecciones!
> me horroriza el dolor • ~~me dan miedo los médicos~~

LOCUTORA: Buenas noches.
LOLA: Buenas noches. Llamo porque me encuentro fatal, creo que tengo la gripe.
LOCUTORA: Para poder ayudarla tengo que saber cuál es exactamente su problema. ¿Por qué no va al médico?
LOLA: Es que **1** *me dan miedo los médicos.* **2** _____.
**3** _____ porque creo que relaciono a los médicos con el dolor. Además seguro que me receta inyecciones, **4** _____.
LOCUTORA: Pues me temo que yo no puedo hacer nada hasta que no sepa cuál es exactamente su problema. Lo siento.

**c** Todos los oyentes están de acuerdo con los consejos. Un mes después dicen… Relaciona las frases de la columna izquierda con las de la derecha.

5, 6

1 Ahora hago deporte y no como grasas
2 Ahora no fumo
3 Ahora no bebo alcohol
4 Ahora mi hija hace deporte
5 Ahora mi hijo come de todo y lleva una dieta sana

a para no empeorar mi problema de asma.
b para curar mi úlcera.
c para no tener más varices.
d para no tener anemia.
e para no tener problemas de obesidad.

**4a** Begoña entra en casa y se encuentra a Lázaro, a Julián y a Andrew enfermos. Escucha el diálogo y luego indica cómo reacciona Begoña.

1, 4

☐ No le da importancia.   ☐ Se ríe de ellos.   ☐ Le preocupa la situación.

**b** Vuelve a escuchar la grabación y contesta a las preguntas rellenado los espacios en blanco. Ten en cuenta que en la grabación no se recogen exactamente las mismas palabras. Tienes que entender el sentido.

1, 4

1 ¿Qué les pasa a Julián, a Andrew y a Lázaro? Están *enfermos.*
2 ¿Le preocupa a Begoña que los tres estén enfermos?
   Sí, a Begoña _____ _____ que los tres estén enfermos.
3 ¿Está preocupada Begoña porque tal vez sea una epidemia?
   Sí, _____ _____ porque tal vez sea una _____.
4 ¿Begoña también está preocupada porque es probable que sea peligroso?
   Sí, _____ _____ porque es probable que sea _____.
5 ¿Ha llamado Begoña al médico? _____, todavía no ha llamado ____ _____.

# Primer plano

**5** Lola se va unos días fuera y, como no se fía de sus compañeros de piso, les quiere dejar una nota. ¿La ayudas? Completa las siguientes frases.

1 El cartero llega a las ocho. Abridle la puerta.
*Cuando llegue el cartero, abridle la puerta.*

2 Llegará la factura del gas. Id al banco ese mismo día para pagar.
*En cuanto*

3 La persiana del salón no funciona bien. Intentad arreglarla porque si no se romperá.
*Antes de que*

4 Si llamáis al extranjero. Apuntadlo en la libreta.
*Cuando*

5 La vecina siempre se está quejando de la música. Ponedla baja.
*Antes de que*

**6** Nuestros amigos nos explican lo que les pasa. Lee los diálogos y completa las oraciones con los verbos. Ten en cuenta que unas veces el verbo debe aparecer en *indicativo* y otras en *subjuntivo*.

1 BEGOÑA: No podré ir al cine porque me duele mucho el oído.
LOLA: ¡Otra vez! La semana pasada *cuando* (quedar, tú) _quedaste_ con Andrew te pasó lo mismo. Tienes que ir al médico.

2 JULIÁN: Toni, esta semana no voy a ir a clase porque tengo la gripe. *En cuanto* (recuperarse, yo)_____, iré a la escuela.
ANTONIO: Está bien, no pasa nada. Y, sobre todo, ven a clase *cuando* (estar, tú) _____ bien del todo.

3 BEGOÑA: ¿Julián, me has devuelto el libro ya?
ANDREW: Sí, el otro día. ¿No lo recuerdas? *En cuanto* me lo (pedir, tú) _____ te lo devolví.

4 BEGOÑA: Jaime, no vamos a ir a tu casa. Es que las dos tenemos dolor de cabeza.
JAIME: ¿Las dos? ¡Vaya coincidencia! Bueno, pues llamaré a Toni, *antes de que* (salir, él) _____ de casa, para anular la cena.

5 ANTONIO: Julia, ¿puedes dar la clase de hoy por mí? Es que me he quemado con el café.
JULIÁN: Sí, claro. ¿Qué quieres que haga?
ANTONIO: *Cuando* (terminar, tú)_____ de corregir los deberes puedes empezar con el teatro del Siglo de Oro.

6 BEGOÑA: Lola, ¿le has explicado a Andrew los nuevos cambios?
LOLA: Sí, ayer. *En cuanto* lo (ver, yo)_____ se los expliqué.

7 JULIÁN: Begoña, estoy fatal. Me duele mucho la muela.
BEGOÑA: Pues *antes de que* (dolerte)_____ más, tómate una pastilla.

8 LOLA: Andrew, ¿quedamos esta tarde?
ANDREW: Sí, ¿a qué hora?
LOLA: No sé, es que primero tengo que hacer unas compras y no sé a qué hora acabaré.
ANDREW: Vale, *después de que* (terminar, tú)_____ tus compras, llámame.

9 JULIÁN: ¿Hablaste ayer con Pedro?
LOLA: No, no pude. *En cuanto* (llegar, yo)_____ a la fiesta, él se fue.

10 LOLA: ¡Achís! Estoy fatal, tengo un resfriado terrible.
ANDREW: Ya lo veo. Pero acuérdate de la semana pasada, *cuando* (irse, tú) _____ a Santiago. Estabas peor, ¿no?

¡Ay!, me duele…

Y a mí…

## 7a Completa estas frases con la ayuda del cuadro.

> nadie • alguno/a (algún) • alguien • nada • algo • ninguno/a (ningún)

a *Alguien* ha llamado esta noche a casa, pero no sé quien era.
b Ayer vimos _____ muy extraño en la calle.
c Como siempre, no tengo _____ en la nevera.
d Todavía no sabe el nombre de _____ profesor.
e La semana pasada fuimos a tu casa pero no había _____.
f Andrew tiene _____ de los discos de Madonna, pero no todos.

## b Ahora escucha las conversaciones y relaciónalas con las frases que acabas de completar.

Diálogo 1: frase ___c___
Diálogo 2: frase _____
Diálogo 3: frase _____

Diálogo 4: frase _____
Diálogo 5: frase _____
Diálogo 6: frase _____

## c Ahora fíjate que...

Las palabras *algo* y **1** *nada* sólo se refieren a cosas, las palabras *alguien* y **2**_____ sólo se refieren a personas y las palabras *alguno* y **3**_____ se pueden referir a cosas y a personas.

## 8 A ver si aciertas la respuesta correcta.

1 A mi hermana le ha tocado la lotería. Ahora tiene *mucho* (nada / mucho / algo) dinero: ¡es rica!

2 Lo siento, Andrew, eres _____ (demasiado / suficiente / alguno) alto para hacer este papel. Necesitamos a un actor más bajo.

3 Yo tengo casi _____ (a veces / mucho / todo) lo que necesito. Sólo me falta ser feliz.

4 Cuando era pequeña era _____ (bastante / nada / suficiente) traviesa, pero ahora ya no lo soy.

5 Si tienes _____ (pocos / bastantes / alguien) amigos, tienes que salir más y conocer gente.

6 Hoy han venido _____ (varios / algunas / mucho) hombres preguntando por ti.

# Primer plano

**9** ¡Qué mala suerte! A todas estas personas les pasa algo. ¿Puedes relacionar las expresiones del cuadro con los dibujos? Escribe debajo de cada dibujo lo que les pasa a estas personas.

1 _Le duele el oído._

2 _____

3 _____

4 _____

5 _____

6 _____

7 _____

8 _____

9 _____

---

Doler la cabeza • Tener fiebre • Estar resfriado/a • Tener dolor de muelas
~~Doler el oído~~ • Tener dolor de estómago • Romperse un brazo
Quemarse • Tener tos

**10** Julián ha escrito una carta a su amiga Marta, ¿quieres saber qué le cuenta? Pues léela. Luego indica si las siguientes frases son verdaderas (V) o falsas (F).

¡Hola, Marta!

¿Cómo estás? Hoy yo me encuentro fatal. Me duele la cabeza, la garganta, tengo fiebre y estoy muy cansado. Creo que tengo la gripe. Todavía no he ido al médico, ya sabes que no me gusta ir al médico, pero si mañana no estoy mejor, iré.

Esta semana he tenido mucho trabajo. Casi no he tenido tiempo para dormir ni para comer. A pesar de que me gusta mucho cocinar, esta semana no he podido, tenía tanto trabajo que ni he cocinado. Así que me he pasado toda la semana comiendo bocadillos. Creo que es por eso que ayer me dolía el estómago.

Como puedes ver mi estado de salud no es muy bueno, así que hoy he decidido empezar a cuidarme. He dormido mucho, he comido muy bien y creo que con esto mañana estaré mejor.

Bueno, Marta, espero que tú estés mejor que yo.
Hasta pronto.

Besos,

Julián

| | V | F |
|---|---|---|
| 1 Julián hoy se encuentra fatal. | ✓ | |
| 2 Le duelen las muelas. | | |
| 3 Ayer fue al médico. | | |
| 4 A Julián le gusta mucho ir al médico. | | |
| 5 Esta semana ha trabajado mucho. | | |
| 6 A Julián ayer le dolía el estómago. | | |
| 7 Hoy no ha dormido mucho. | | |

**11** Su amiga Marta también ha estado enferma y le quiere contestar, ¿quieres ayudarla? La carta de Julián te puede servir de modelo.

- Pregúntale por su estado de salud.
- Expresa tus deseos de que se encuentre mejor.
- Explícale que tuviste anginas el mes pasado.
- Explícale los síntomas de las anginas.
- Fuiste al médico, aunque a ti tampoco te gusta ir al médico.
- El médico te recetó antibióticos. No te gustan los antibióticos. Te los tomaste.
- Estuviste seis días en cama. No fuiste al colegio.
- Tus amigos te han ido a ver a casa.
- Ya estás bien.

# Recursos

## HABLAR DEL ESTADO DE SALUD

*Me siento un poco mal.*

*Estoy resfriada.*

- Preguntar por el estado de salud de alguien:

| ¿Qué te pasa? | ¿Qué tal te encuentras? | No tienes muy buena cara. |

- Responder:

Me siento un poco mal.
No estoy muy bien.

Estoy resfriado.
Tengo alergia al polvo.

No me encuentro bien.
No sé qué me pasa, pero estoy muy cansado.

Me duele + [parte del cuerpo en singular]
Me duelen + [parte del cuerpo en plural]
Tengo dolor de + [parte del cuerpo]

*Me duele la cabeza.*
*Me duelen las muelas.*
*Tengo dolor de cabeza / pies.*

- Hablar sobre si ha mejorado el estado de salud:

¿Te encuentras mejor?
Estoy bastante mejor, gracias.

¿Sigues igual que ayer?
Sí, sigo igual, con dolor de espalda.

## EXPRESAR TEMOR §36

Me da miedo
¡Qué miedo me da
Me horroriza

+ [nombre singular]!
[infinitivo]

*Me da miedo equivocarme en esto.*
*¡Qué miedo me da este hombre!*
*Me horroriza ir al dentista.*

Me dan miedo
¡Qué miedo me dan
Me horrorizan

+ [nombre plural]!

*Me dan miedo las inyecciones.*
*¡Qué miedo me dan las inyecciones!*
*Me horrorizan los hospitales.*

## EXPRESAR PREOCUPACION §37

*Estoy preocupado. No sé cómo me irá.*

Me preocupa  +

[nombre]
[infinitivo]
que + [subjuntivo]

*Me preocupa tu actitud.*
*Me preocupa llegar tarde mañana.*
*Me preocupa que no diga nada.*

## EXPRESAR FINALIDAD §50

- Indica el propósito con que alguien realiza una acción:

¿Por qué / Para qué estudias ruso?
Para ir a trabajar a Moscú.
Siéntate y ponte cómodo para trabajar bien.

## ORACIONES TEMPORALES CON INDICATIVO Y SUBJUNTIVO

- Para referirse al futuro:

| En cuanto<br>Cuando<br>Antes de que<br>Después de que } + [subjuntivo] | *En cuanto* hable con ella, todo se arreglará.<br>*Cuando veas* a tu abuela, dale recuerdos.<br>Vete a casa *antes de que* se enfade.<br>Echa el azúcar *después de que* se caliente el agua. |

- Para referirse al presente o al pasado:

| En cuanto<br>Cuando } + [indicativo] | *En cuanto* llegué a casa, vi la ventana rota.<br>*Cuando* me lo explicó, no me lo creí. |

## INDEFINIDOS  §12

Aluden a una cantidad generalmente de manera imprecisa:

| | |
|---|---|
| - Para indicar la presencia de una cosa o de una idea: | Algo |
| - Para indicar la ausencia de una cosa o una idea: | Nada |
| - Para hablar de una persona en general sin referirse a nadie en concreto: | Alguien |
| - Para indicar la ausencia de personas: | Nadie |
| - Para referirse a cosas o personas de un grupo ya conocido: | Alguno / a / os / as |
| - Para indicar la ausencia de cosas o personas de un grupo ya conocido: | Ninguno / a / os / as |

♀ **Recuerda** que *alguno* y *ninguno* se transforman en *ningún* y *algún* cuando van delante de un nombre masculino singular.

♀ **Recuerda** también que cuando *nadie*, *nada* y *ninguno* están después del verbo, el adverbio *no* precede al verbo.

- Para referirse a la totalidad de elementos:  **Todo / a / os / as**

- Para indicar una valoración negativa más allá de lo aceptable:

| Demasiado / a / os / as + [nombre]<br>Demasiado + [adv./ adj.]<br>[verbo] + demasiado | *Tenemos demasiado trabajo.*<br>*Mi coche está demasiado viejo.*<br>*Comes demasiado.* |

- Para indicar una cantidad grande:

| Mucho / a / os / as  + [nombre] | [verbo] + mucho | Muy + [adjetivo / adverbio] |
|---|---|---|
| *Tengo mucho calor.* | *Trabajas mucho.* | *Es un tren muy rápido.* |

- Para indicar una cantidad grande, aunque menos que la expresada con *mucho*:

| Bastante / s + [nombre]<br>Bastante + [adj. / adv.]<br>[verbo] + bastante | *Hay bastantes huevos para hacer una tortilla.*<br>*Este libro está bastante bien.*<br>*Son bastante jóvenes.* |

- Para indicar un grupo de personas o cosas de diversos tipos, sin clasificar:

| Varios / as + [nombre] | *Han venido varios hombres preguntando por ti.* |

- Para indicar una cantidad reducida:

| Poco / a / os / as + [nombre]<br>[verbo] + poco<br>Un poco<br>Un poco de + [nombre no contable] | *En este país hay poco interés por la lectura.*<br>*Me parece que has comido muy poco.*<br>*¿Quieres comer un poco más?*<br>*Pon en la sopa un poco más de sal.* |

- Para presentar una cualidad negativa de forma moderada:

| Un poco + [adjetivo] | *Estas pastillas son un poco caras.* |

*Creo que comemos demasiado.*

8, 12, 13, 14, 15

**12** ¿Sabes qué hay en un botiquín? En todos estos productos las sílabas se han desordenado, ¿puedes identificarlos?

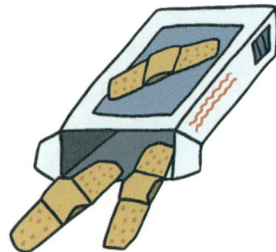

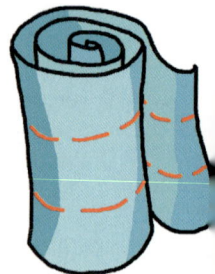

**1** Medicina líquida: ra-ja-be, _jarabe_

**2** Tira de gasa que sirve para ligar un miembro: da-ven, _____

**3** Medicamento que alivia el dolor: man-cal-te, _____

**4** Líquido que se utiliza para desinfectar las heridas: co-al-hol, _____

**5** Tira de ropa o plástico que se utiliza para proteger una herida: ti-ta-ri, _____

**6** Medicina en crema: ma-da-po, _____

8, 12, 13, 14, 15

**13** ¿Puedes completar la siguiente cita anónima?

"Cuando un **1** _____ recomienda a un **2** _____ que se tome unas vacaciones es que no sabe qué hacer con él".

**1** Persona que tiene como profesión curar a la gente.
**2** Persona que no está sana.

# La lengua es un mundo

**14** El texto siguiente trata sobre la salud mental. ¿Te apetece leerlo? Después contesta a las preguntas.

8, 12, 13, 14, 15

1 ¿Por qué aumentan las enfermedades mentales?
*Por la falta de respuestas adecuadas de los gobiernos y de la sociedad.*

2 ¿Cuántas personas en el mundo padecen enfermedades mentales?
_____

3 ¿Cuantos suicidios hay todos los años?
_____

4 ¿Por qué no reciben ayuda muchos enfermos mentales?
_____

5 ¿Cuánto dinero se dedica a las enfermedades mentales?
_____

6 ¿Para qué se quiere incluir la salud mental en la agenda de los políticos y en las escuelas?
_____

**SALUD MENTAL**

La Organización Mundial de la Salud lanza una campaña para frenar el aumento de enfermedades mentales.
Las enfermedades mentales aumentan por la falta de respuestas adecuadas de los gobiernos y de la sociedad. Por este motivo, la Organización Mundial de la Salud ha decidido colocarlas en el centro de una campaña mundial.
Cuatrocientos millones de personas en todo el mundo padecen enfermedades mentales. Las estadísticas son preocupantes: un millón de suicidios todos los años.
Muchos enfermos no reciben ningún tratamiento porque a veces las enfermedades mentales no están reconocidas como enfermedades reales. Esto hace que sólo se les dedique un uno por ciento del dinero dedicado a gastos médicos.
La OMS quiere incluir la salud mental en la agenda de los políticos y de las escuelas para poder prevenir los suicidios.

Texto adaptado de Joaquín Rábago, 14 de febrero de 2001, Agencia EFE, EFEDATA

**15a** En español hay muchas expresiones curiosas que utilizan el nombre de algunas partes del cuerpo. ¿Sabes qué parte del cuerpo falta en cada oración? Elige la palabra más adecuada en cada caso. ¡Atención! Las palabras pueden aparecer en varias oraciones.

8, 12, 13, 14, 15

pie(s) • cabeza • mano • codos • brazos

1 Poner la *mano* en el fuego.
2 Ser la _____ derecha de alguien.
3 Pensar con la _____.
4 Al _____ de la letra.
5 Cruzarse de _____.
6 Tener pájaros en la _____.
7 Pensar con los _____.
8 Hablar por los _____.
9 Buscar tres _____ al gato.

**Portal de servicios de salud:**
**www.viasalus.com**

**Portal de salud:**
**www.canalsalud.com**

**Organización Mundial de la Salud:**
**www.who.int**

**b** Ahora, ¿por qué no relacionas cada una de las oraciones anteriores con las siguientes? Apunta el número de la oración correcta en el cuadro.

a Asegurar o garantizar algo.
b Buscar razones sin fundamento.
c Hablar mucho.
d Ilusionarse sobre la realidad.
e Pensar acertadamente.

f Pensar sin acierto. | 1 |
g Seguir las instrucciones literalmente.
h Ser el ayudante y el consejero de alguien.
i No intervenir en algo.

## 1 Marca la respuesta adecuada.

**1** Ayer, cuando _____ al mercado, vi a Andrew y no me saludó.
☐ voy   ☐ fui   ☐ vaya

**2** Antes de que _____ Lola, limpia todo esto.
☐ vuelva   ☐ vuelve   ☐ vaya

**3** En cuanto me _____, empezó a llorar desconsoladamente.
☐ vio   ☐ vieron   ☐ vea

**4** En cuanto _____ los deberes, saldrás.
☐ termino   ☐ terminé   ☐ termines

**5** Estoy buscando a mi novio, pero _____ lo ha visto. No sé dónde está.
☐ nadie   ☐ alguien   ☐ alguno

**6** Me preocupa que hoy _____ tan callado.
☐ estamos   ☐ esté   ☐ estás

**7** Tomo estas pastillas _____ curarme.
☐ para   ☐ por   ☐ que

**8** ¿Qué te duele? Me duelen _____ y también la cabeza.
☐ el oído   ☐ los brazos   ☐ espalda

**9** ¿Cómo estás? Sigo _____ que ayer. No he mejorado.
☐ tal   ☐ mismo   ☐ igual

**10** Este examen es _____ difícil. No sé si lo aprobaré.
☐ bastante   ☐ nada   ☐ mucho

**11** En cuanto _____ , empezaré a trabajar.
☐ llegará   ☐ llegó   ☐ llegue

**12** No quiero ir en avión, prefiero ir en tren. Los aviones _____.
☐ me da miedo   ☐ me da pánico   ☐ me dan miedo

## 2 Intenta completar este diálogo con las palabras del cuadro.

| nada • enfermedades • algo • mucho • dolor • no sé • esté |
| me da miedo • leí • te preocupa |

LOLA: Ya he leído el artículo sobre ciencia que me dejaste. A ti, ¿qué te ha parecido?
ANDREW: Mira, en cuanto 1_____ el artículo, comprendí que la ciencia evoluciona rápidamente. A mí me parece que la ciencia mejora la calidad de vida de los humanos, ¿no crees?
LOLA: Sí, eso parece. Pero a veces 2_____ esta evolución tan rápida. Piensa en la clonación.
ANDREW: Ya, a ti 3_____ que no 4_____ controlada, ¿no? Ahora piensa en la clonación de células, ayudará a solucionar muchas 5_____. ¡No es ciencia ficción!
LOLA: La verdad, 6_____ si los científicos lo conseguirán.
ANDREW: ¿Pero no has leído el artículo? ¡Ya lo están consiguiendo!
LOLA: Bueno, no te enfades. En el fondo creo que hay 7_____ muy extraño en el tema.
ANDREW: No sigas pensando que es ciencia ficción. ¡No hay 8_____ de ficción en la ciencia!
LOLA: Vale, vale. Me duele 9_____ la cabeza para discutir ahora.
ANDREW: ¿Ves? La solución a tu 10_____ de cabeza está en la ciencia.
LOLA: ¿Qué?
ANDREW: Sí mujer,… tómate una aspirina.

# 9

# lecciónnueve9

¿Qué me cuentas?
¿Estás al día?

# ¿Qué me cuentas? ¿Estás al día?

A nuestros amigos les gusta estar informados. ¿Y a ti? Si te gusta conocer cosas interesantes… ¡No te vayas! Te vamos a contar muchas cosas.

## En esta lección vas a aprender:

- Cómo transmitir las palabras de otros: información, preguntas, peticiones y cómo indicarle a alguien que transmita nuestras palabras a otra persona
- Cómo expresar alegría, sorpresa y pena
- Vocabulario relacionado con los medios de comunicación

## 1a Mira la fotografía de la página anterior y elige la respuesta correcta.

1 ¿Quienes de nuestros amigos aparecen en la foto?

- [ ] Andrew, Lola y Begoña.
- [✓] Begoña, Julián y Andrew.
- [ ] Begoña, Julián y Lola.

2 ¿A todos les gusta estar informados?

- [ ] Sí, a todos.
- [ ] No, a Begoña no le gusta.
- [ ] No, sólo a Julián.

## b ¿Qué medio de comunicación usan Andrew, Begoña y Julián? Vuelve a mirar la fotografía y completa las oraciones con las palabras del cuadro. ¡No te olvides de Lola! ¿Adivinas cuál es su medio de comunicación preferido?

| radio • Internet • periódico • televisión |

Andrew prefiere *Internet*.
Begoña, el _____
Julian, la _____
Y Lola, la _____

## c Ahora, ¿puedes relacionar cada uno de estos medios de comunicación con la acción correspondiente?

1 radio          a navegar
2 Internet        b leer
3 periódico       c ver
4 televisión      d escuchar

1, 2, 3

**2a** Nuestros amigos colaboran en las tareas domésticas para que la convivencia sea tranquila. Lee este diálogo y complétalo con la ayuda del cuadro.

> me ha preguntado • si te toca • Begoña dice que bajes
> pregunta si puede • Andrew dice • Julián dice que
> ~~dile que baje~~ • dice que le

*¿Por qué no sales de tu cuarto y te vienes al comedor con nosotros?*

*Ahora se lo digo yo.*

*Julián, ¿qué haces?*

LOLA: ¿Qué haces, Begoña? ¿Por qué no sales de tu cuarto y te vienes al comedor con nosotros?
BEGOÑA: Es que estoy leyendo. Por cierto, ¿quién está viendo la televisión?
LOLA: Andrew.
BEGOÑA: Pues, **1** *dile que baje* el volumen, por favor. Me molesta y no puedo leer.
LOLA: Vale, ahora se lo digo. Hasta luego.
BEGOÑA: Hasta luego.
LOLA: Andrew, **2**_____ el volumen de la tele, **3**_____ molesta y no puede leer.
ANDREW: Lo siento. Mejor la apago y voy a comer algo, tengo hambre. ¿A quién le toca preparar la cena hoy? ¿A Julián?
LOLA: No sé, voy a preguntárselo. Julián, ¿qué haces?
JULIÁN: Estoy escribiendo una carta.
LOLA: Andrew **4**_____ a quién le toca preparar la cena y **5**_____ a ti, pero no lo sé. ¿Te toca a ti?
JULIÁN: Sí, pero todavía no puedo prepararla, antes tengo que terminar esta carta.
LOLA: ¿Y por qué no utilizas el ordenador de Andrew? Terminarás antes.
JULIÁN: Sí, es verdad. ¡Andrew! ¿puedo utilizar tu ordenador?
LOLA: No te oye. Ahora se lo digo yo.
JULIÁN: Gracias, Lola.
LOLA: Andrew, **6**_____ todavía no puede preparar la cena, antes tiene que terminar una carta que está escribiendo. Por cierto, **7**_____ utilizar tu ordenador.
ANDREW: Sí, claro.
LOLA: Julián, **8**_____ que sí.
JULIÁN: Gracias, Lola.

1, 2, 3

**b** Vuelve a leer los diálogos, ¿qué hace Lola? Elige la respuesta correcta.

☐ Discute con sus compañeros de piso.
☐ Transmite ordenes, información y preguntas de sus compañeros.
☐ Prepara la cena con Andrew y luego ayuda a Julián a escribir una carta.

**3**a **Escucha atentamente el diálogo entre la madre de Lola y Begoña y entre Begoña y Lola, después elige la respuesta correcta.**

1, 2, 3

1 Me _____ está muy preocupada.
- ✓ *ha dicho que*
- ☐ *dice*
- ☐ *ha dicho*

2 Me ha preguntado_____ estás enfadada.
- ☐ *cuál*
- ☐ *qué*
- ☐ *si*

3 _____ que no saben nada de ti.
- ☐ *Le dijiste si*
- ☐ *Me pregunta*
- ☐ *Me ha dicho*

4 Me _____ que te diga…
- ☐ *te han preguntado*
- ☐ *ha pedido*
- ☐ *ha preguntado*

5 Me ha dicho _____ hoy mismo.
- ☐ *que la llames*
- ☐ *si la llames*
- ☐ *la llames*

**b** **Vuelve a escuchar el diálogo, fíjate en cómo la madre de Lola le pide a Begoña que le dé un recado a Lola. Después, completa la frase siguiente.**

1, 2, 3

*Entonces me ha dicho…*

Para pedirle a alguien que transmita una información a otra persona utilizamos: _____
_____

**c** **Escucha el diálogo otra vez y ahora fíjate en la conversación entre Lola y Begoña y completa las frases siguientes.**

1 Para transmitir una información de otra persona utilizamos: *me ha dicho que…*
2 Para transmitir una pregunta de otra persona utilizamos: _____
3 Para transmitir un encargo de otra persona utilizamos: _____

**4**a **Nuestros amigos están hablando. ¿Podrías completar el diálogo con ayuda del cuadro?**

4, 5, 6, 7

| ¿En serio? • Lo siento • ¿De verdad? • ¡No me digas! • Qué bien • Es fantástico |
| --- |

BEGOÑA: ¡ **1** *Qué bien* que cocines así! Cocinar es todo un arte.
LOLA: Mi madre me enseñó. La verdad es que aprendí mirándola.
BEGOÑA: Claro, yo nunca he visto a mi madre cocinar…
LOLA: Bueno, no te preocupes, aprenderás. ¿Sabes? Estoy muy contenta: me han invitado a una grabación en el canal 27. ¿Qué te parece?
BEGOÑA: **2**_____ **3**_____ que vayas. ¿Qué programa?
LOLA: El de Pablo Ramírez. Me han dicho que les lleve unos vídeos míos para ver… ¿Qué te parece?
BEGOÑA: ¡Guau! **4**_____ **5**_____
LOLA: Pablo Ramírez es buenísimo. ¿Te imaginas?
BEGOÑA: Y guapísimo.
JULIÁN: A la mínima ya estáis con los hombres. No podéis vivir sin nosotros.
LOLA: ¡Ja!
ANDREW: Mmmm, ¡qué bien huele! ¿Qué has preparado?
LOLA: Oh, **6**_____…
BEGOÑA: No queda nada.
LOLA: Estamos en guerra…
JULIÁN: No cantéis victoria, que sólo es la primera batalla…

# Primer plano

**4, 5, 6, 7**

♭ Ahora, escucha otra vez el diálogo, fíjate en las expresiones que aparecen en el cuadro anterior y clasifícalas.

| Expresar alegría | Expresar sorpresa | Expresar pena |
|---|---|---|
| *Qué bien* | *¿De verdad?* | _____ |
| _____ | _____ | |

**5a** **8, 9, 10**

Andrew está solo en casa, de repente suena el teléfono, ¿quién será? Escucha la conversación y completa el diálogo.

ANDREW: ¿Diga?
CHEMA: ¡Hola! ¿Está Begoña?
ANDREW: No, no está. ¿Quién es?
CHEMA: **1** *Soy* Chema, su novio. ¿Dónde **2**_____? ¿Cuándo **3**_____?
ANDREW: No sé. ¿Quieres dejarle algún recado?
CHEMA: Sí, por favor. El próximo sábado **4**_____ ahí, en vuestra ciudad.
  **5**_____ todo el fin de semana y así **6**_____ y salir. Díselo, por favor.
ANDREW: Vale, ¿alguna cosa más?
CHEMA: Sí, por favor. Dile que me **7**_____ esta noche, pero que llame a casa de
  mi hermana porque **8**_____ allí. Gracias, Andrew. Adiós.
ANDREW: Adiós.

**8, 9, 10**

♭ Ahora, ayuda a Andrew a escribir el recado de Chema. Las palabras del cuadro te ayudarán.

> juegan • llames • estabas • podéis veros • cena
> ibas a volver • se va a quedar • ~~era~~

Hola, Begoña, ha llamado un chico, me ha dicho que **1** *era* Chema, tu novio. Me ha preguntado dónde **2**_____ y cuándo **3**_____; yo le he dicho que no lo sabía. Dice que el próximo sábado **4**_____ aquí, en nuestra ciudad. Dice que **5**_____ todo el fin de semana y así **6**_____ y salir. Me ha pedido que te lo diga.
También dice que le **7**_____ esta noche, pero que llames a casa de su hermana porque **8**_____ en su casa.

## 6

¿Quieres saber qué dijeron algunos personajes famosos? Lee
las siguientes frases célebres. Después intenta repetir lo que dijo cada uno.

8, 9, 10

Sócrates: "Sólo sé que no sé nada".
1 Sócrates dijo que sólo sabía que _____.

Mae West: "Las chicas buenas van al cielo y las chicas malas van a todas partes."
2 Mae West dijo que las chicas buenas iban _____.

Hamlet: "Ser o no ser, ésa es la cuestión".
3 Hamlet dijo que ser o no ser, ésa _____.

Descartes: " Pienso, luego existo".
4 Descartes dijo que _____.

Copérnico: "No es el Sol el que gira alrededor de la Tierra, sino la Tierra alrededor
del Sol".
5 Copérnico dijo que _____.

## 7

Ayer Julián fue a una entrevista de trabajo. Ayúdale a explicárselo
a sus compañeros completando las frases. Fíjate en las preguntas que le
hicieron.

8, 9, 10

Ayer fui a una entrevista de trabajo y me preguntaron de dónde 1*era*, qué
2_____, dónde 3_____ y por qué 4_____.
También me preguntaron si 5_____ y si 6_____ viajar.

1 ¿De dónde es?
2 ¿Qué ha estudiado?
3 ¿Dónde ha trabajado hasta ahora?
4 ¿Por qué quiere cambiar de trabajo?
5 ¿Tiene experiencia en este sector?
6 ¿Le gusta viajar?

📝 11

**8** Andrew tiene que completar estas frases, pero tiene algunos problemas. ¿Quieres ayudarle? Sólo tienes que elegir la opción correcta.

**1** _____ que dices no me interesa.
☐ Los ☑ Lo ☐ Las

**2** ¿Qué fue _____ que te contó?
☐ las ☐ los ☐ lo

**3** ¿Tú sabes que es _____ que le pasó a Francisco.
☐ lo ☐ la ☐ el

**4** ¿Has oído _____ que ha dicho Pedro?
☐ el ☐ lo ☐ los

**5** ¿Te ha explicado Juan _____ que habló con Encarna?
☐ las ☐ los ☐ lo

**6** No te preocupes por _____ que dijo Antonio.
☐ lo ☐ la ☐ el

📝 8, 9, 10

**9a** Julián ha encontrado este mensaje en el contestador automático de su casa. Léelo e indica si las siguientes oraciones son verdaderas (V) o falsas (F).

Hola, Begoña. Soy Rodrigo. El martes tenemos el examen de expresión corporal y tengo muchas dudas. ¿Me puedes llamar luego? Voy a estar en casa estudiando. Por cierto, ¿qué temas entran exactamente en el examen? Oye, llama a Nuria, está un poco triste por lo que le ha hecho Manuel. ¡Ah! No te olvides de traerme los *compacts* que te dejé, ¿vale? ¡Hasta luego!

|  | V | F |
|---|---|---|
| **1** El mensaje es para Julián. |  | ☑ |
| **2** Rodrigo le pide a Begoña que le llame. |  |  |
| **3** Rodrigo va a estar estudiando en la biblioteca. |  |  |
| **4** Rodrigo no sabe exactamente qué temas entran en el examen. |  |  |
| **5** Rodrigo dice que Nuria está contenta. |  |  |
| **6** Rodrigo le pide a Begoña que le lleve los *compacts* que le dejó. |  |  |

📝 8, 9, 10

**b** Ahora, ¿por qué no ayudas a Julián a escribir una nota para Begoña? Puedes empezar diciendo:

*Begoña, ha llamado Rodrigo. Dice que...*

_____
_____
_____
_____
_____
_____
_____
_____

## 10

**a** Nuestros amigos se ponen al día de diferentes maneras. Lee lo que dicen y subraya en los textos las palabras que aparecen en el cuadro. 🖊 14

> servidor • ~~emisora~~ • tertulia • ordenadores • serie • programa • titulares • anuncios
> sección • noticias • suplemento • *chats* • telediario • correo electrónico • cartelera

**1** Begoña: "La escucho todas las mañanas mientras me preparo para salir de casa. Es la mejor manera de enterarse de lo que pasa en el mundo a primera hora del día. Siempre pongo la misma *emisora*. Por la tarde, en un programa que hacen de 6 a 8, hay una tertulia que me encanta. La escucho siempre que puedo."

**2** Julián: "Sólo la veo por la noche, ya que durante el día, con las clases, no tengo mucho tiempo. Mientras cenamos, vemos el telediario. Ana ve todos los días la serie del mediodía, le encanta, pero a mí me aburre ver siempre el mismo programa, por eso prefiero ponerla y sentarme a ver qué dan. Lo que más me molesta es que pongan tantos anuncios."

**3** Andrew: "Los ordenadores de la escuela están conectados a este servicio, pero a mí me gustaría navegar desde casa porque lo que más me gusta son los chats y escribirme con mis amigos de Estados Unidos, y en la biblioteca esto está prohibido. Además, pierdo mucho tiempo porque el servidor a veces es un poco lento para bajar una página. Cuando me pongo a navegar me olvido de todo. ¡Es increíble todo lo que puedes llegar a hacer sólo pulsando un botón! Me encanta el correo electrónico."

**4** Lola: "Intento hojearlo cada día, aunque hay tantas noticias para leer que simplemente miro los titulares. De cada sección, internacional, nacional, sucesos, deportes, cultura y espectáculos, etc., escojo la noticia que más me interesa. Los domingos me encanta desayunar leyendo el suplemento. Y por la tarde, si queremos ir al cine, miramos la cartelera para ver las novedades, las películas de estreno."

**b** Ahora relaciona las palabras del cuadro del apartado anterior con el medio de comunicación correspondiente. ¡Cuidado! Algunas de ellas se utilizan en más de un medio. 🖊 14

| Televisión | Internet | Radio | Periódico |
|---|---|---|---|
| *tertulia* | *servidor* | *emisora* | *titulares* |
| | | | |
| | | | |
| | | | |
| | | | |

**c** ¿Sabes cuáles son las dos palabras que aparecen en los cuatro textos? 🖊 14

Las palabras comunes son: _____ y _____.

**d** A continuación, clasifica los verbos que aparecen en el cuadro según el medio de comunicación con el que estén relacionados desde el punto de vista del usuario. Ten en cuenta que algunos de ellos se utilizan en varios medios. 🖊 14

> ver • hojear • escribir • escuchar • ~~navegar~~ • conectarse • leer • bajar una página

| Televisión | Internet | Radio | Periódico |
|---|---|---|---|
| _____ | *navegar* | _____ | _____ |
| | _____ | | _____ |
| | _____ | | |
| | _____ | | |
| | _____ | | |

# Recursos

*Dicen que se van de vacaciones.*

## TRANSMITIR LAS PALABRAS DE OTROS §48

- Transmitir información que ha dicho otra persona:

  **Dice que / Me ha dicho que / Me explica que + [indicativo]**

  *Dice que / Me ha dicho que / Me explica que sale con una compañera de trabajo.*

- Transmitir una pregunta que ha dicho otra persona:

  **(Me) pregunta / Me ha preguntado +** { si / qué / cuándo / por qué / dónde / … } **+ [indicativo]**

  *Me pregunta si vas a venir a la fiesta.*
  *Me pregunta qué quieres para cenar.*
  *Me pregunta cuándo volverás.*
  *Me ha preguntado por qué estás triste.*
  *Me ha preguntado dónde vivo.*

- Transmitir una orden, petición o encargo de otra persona:

  **Begoña dice que / Me ha dicho que + [subjuntivo]**  *Begoña dice que vayas a cenar a su casa*

- Indicar a alguien que transmita una petición a otra persona:

  **Dile que + [subjuntivo]**  *Dile que llame mañana.*

## ALGUNOS CAMBIOS EN LOS TIEMPOS VERBALES §48

- Cuando se transmite información, una pregunta o una orden de otra persona, puede haber cambios en algunas formas verbales:

| La idea se dice por primera vez en… | La idea se puede transmitir en… |
|---|---|
| Presente: *Tengo una duda.* Futuro: *Iré mañana.* Pretérito indefinido: *Fue músico.* Imperativo: *Deja de jugar.* | Presente o Imperfecto: *Dice que tiene una duda / Dijo que tenía una duda.* Futuro: *Dice / Dijo que irá mañana.* Pretérito indefinido o Pluscuamperfecto: *Dicen que fue músico / Dijeron que había sido músico* Presente de subjuntivo: *Dice que dejes de jugar.* |

## EXPRESAR ALEGRÍA

- Expresar satisfacción por una noticia que se acaba de conocer:

  **¡Qué bien!  ¡Me alegro!  ¡Cuánto me alegro!  ¡Fenomenal!**

  *He conseguido un trabajo fantástico?  ¡Qué bien!*

- Expresar alegría por algo que hace tiempo que se esperaba:

  **¡Por fin!**  *Ya han llegado. ¡Por fin!*

- Expresar alegría por algo que le sucede a otra persona:

  **Me alegro por + ti / usted / él / ella / vosotros / vosotras / ustedes / ellos / ellas**

- Expresar alegría por algo que es resultado de la suerte o el azar:

¡Qué suerte!    🗨 *Ayer me encontré 30 euros.*    🗨 *¿De verdad? ¡Qué suerte!*

- Si se quiere repetir la información que ocasiona la alegría:

Qué bien / Es fantástico / Me alegro de + [infinitivo]

*¡Qué bien / Es fantástico / Me alegro de estar aquí.*

Qué bien que / Es fantástico que / Me alegro de que + [subjuntivo]

*¡Qué bien que / ¡Es fantástico que / ¡Me alegro de que venga!*

## EXPRESAR SORPRESA

- Reaccionar expresando sorpresa ante una información que se acaba de conocer:

| ¡No me digas! | Me parece raro | ¿En serio? | ¡Qué raro! |
| ¡Sí? ¿De veras? | Me sorprende | ¡No me lo puedo creer! | ¡Parece imposible! |

🗨 *¿Sabes que tiene setenta años?*    🗨 *¿En serio? Parece mucho más joven.*

- El hablante repite la información que le causa sorpresa:

Me parece raro / Qué raro + que + [subjuntivo]    *Me parece raro que no venga.*
Me parece raro / Qué raro + [infinitivo]    *Qué raro esperar tanto tiempo.*
Me sorprende / Me extraña + que + [subjuntivo]    *Me sorprende que no haga nada.*

## EXPRESAR PENA

- Reaccionar expresando pena o dolor ante una información que se acaba de conocer:

¡Qué pena!    ¡Lo siento!    Vaya

🗨 *Carlos no puede venir. Está enfermo*    🗨 *Vaya. ¡Qué pena!*

- El hablante se aproxima al sentimiento del interlocutor y demuestra una emoción más profunda:

Lo siento    🗨 *Me han robado el bolso.*    🗨 *Lo siento.*

- El hablante repite la información que le causa pena:

Qué pena que / Lamento que / Siento que + [subjuntivo]

*Qué pena que / Lamento que / Siento que no se celebre la fiesta.*

## ALGUNAS REGLAS DE PRESENCIA-AUSENCIA DE ARTÍCULO §3-§4

Ver apéndice gramatical.

## LO QUE + [VERBO] §3

Ver apéndice gramatical.

*Lola vino al cine conmigo.*

*¡No me lo puedo creer! Me dijo que tenía que estudiar.*

# La lengua es un juego

14

**11** Intenta buscar en esta espiral palabras relacionadas con los medios de comunicación. En total, hay 11 palabras. ¿Puedes encontrarlas?

Internettelevisiónnoticiaanuncioradioperiódicotitularpublicidadcarteleraemisoraespectáculo

14

**12** Al texto siguiente, que trata sobre el uso de un medio de comunicación en Colombia, se le han caído algunas palabras, ¿puedes recuperarlas? Fíjate en que algunas palabras aparecen en más de un lugar.

## Colombia e *2* _Internet_

El uso de *2*_____ ha hecho que los colombianos reduzcan el tiempo que le dedicaban a la *3*_____, a la *1*_____ e incluso al trabajo.

Un estudio reciente sobre las preferencias de los usuarios de *2*_____ en Colombia muestra que la *3*_____ ha sido el principal medio desplazado por el nuevo sistema de comunicación.

Un 57,1 % de las personas aseguró que el tiempo que ahora dedica a *2*_____ es el que antes dedicaba a la *3*_____.

Según el mismo estudio, los colombianos también han reducido los tiempos de estudio en un 27,7 %, de escuchar la *4*_____ en un 24,6 %, de actividades con amigos en un 23,4 %, de estar con la familia en un 18,9 %, y el que le dedican al trabajo en un 17,9 %.

*2*_____ también ha hecho disminuir entre los colombianos la *1* _lectura_ de prensa diaria en un 14,3 %, de *5*_____ en un 9,3 % y la asistencia al cine en un 9,3 %.

El estudio señala que los colombianos están de acuerdo en que *2* _____ es importante en sus vidas y que puede convertirse en un vicio o una adicción.

Muchos colombianos prefieren enviar *6*_____ a hacer llamadas telefónicas.

Adaptado de Agencia EFE, 2 de febrero de 2001, *EFEDATA.*

1 Acción de leer y resultado de esa acción.
2 Red de comunicaciones e informaciones a la que se accede por vía telefónica.
3 Medio de comunicación que transmite imágenes y sonidos.
4 Medio de comunicación que transmite textos orales y música.
5 Publicación escrita periódica no diaria, plural.
6 Mensaje que se envía a través de la red, plural.

Santa Fe de Bogotá

# La lengua es un mundo

**13** ¿Por qué no lees el texto siguiente y contestas a las preguntas que aparecen al final?

✎ 14

### Jornadas sobre la libertad de prensa en Barcelona

Periodistas de once países, amenazados por realizar su trabajo, participaron en unas jornadas sobre la libertad de prensa que se inauguraron en Barcelona (España).

Las jornadas comenzaron coincidiendo con la celebración del Día Mundial de la Libertad de Prensa con el objetivo de reflexionar sobre las dificultades para ejercer la profesión de periodista en varias zonas del mundo. Así, los temas que centraron la atención de los debates fueron la situación de la libertad de prensa en todo el mundo, las dificultades para el ejercicio de esta libertad que hay en varios países y el hecho de que muchos periodistas tengan que abandonar su país por razones políticas.

La representante de la Asociación de Mujeres Periodistas, recordó que, según un estudio internacional efectuado en 71 países, sólo el 7% de las opiniones que se dan a conocer en los medios de comunicación son de mujeres.

Además de las jornadas, hubo una exposición organizada por el Centro Internacional de Prensa de Barcelona sobre ocho periodistas que no pudieron asistir a los debates por estar encarcelados.

Adaptado de Agencia EFE, 3 de mayo de 2000, EFEDATA.

1 ¿Dónde tuvieron lugar las Jornadas sobre la libertad de prensa?
*En Barcelona (España).*

2 ¿Quién participó en la jornadas?
_____

3 ¿Para qué se celebraron estas jornadas?
_____
_____

4 ¿Qué temas centraron la atención de los debates?
_____
_____
_____

5 En los medios de comunicación, ¿se recogen muchas opiniones de mujeres?
_____

6 ¿Sobre qué era la exposición organizada por el Centro Internacional de Prensa?
_____
_____

**Diario argentino:**
**www.clarin.com**

**Radio Nacional de España:**
**www.rne.es**

**Emisora de televisión de Venezuela:**
**www.venevision.net**

# Evaluación

## 1 Completa las siguientes oraciones con la forma correcta del verbo.

1 Pregúntale si ayer (ir, ellos) _____ al estreno de la obra.
2 Pregúntales si (estar, ellos) _____ en Santander el fin de semana pasado.
3 Pregúntale si hoy (pensar, él) _____ cenar con nosotros.
4 Avísale de que no (volver, nosotros) _____ muy tarde.
5 Pregúntale si al final (ir, ellos) _____ a la fiesta.
6 Dile que (llamar, él) _____ cuando pueda.
7 Pregúntale cuándo (venir, él) _____ a casa.
8 ¿Puedes recordarle que (felicitar, él) _____ a Jaime?
9 Dile que mañana (comer, nosotros) _____ en casa de María.
10 ¿Puedes decirle que me (traer, él) _____ el informe?

## 2 Julián tiene muchas cosas por explicar de su experiencia fuera de México. Éste es el correo electrónico que le ha escrito a su amigo Martín. Como ves, faltan algunas expresiones. ¿Puedes completar el mensaje con las palabras del cuadro?

> ¡Por fin! • qué pena • siento que • ¿En serio? • qué raro
> me alegro mucho de • cuánto me alegro • lamento mucho

Querido Martín:

Hoy he recibido tu mensaje.
1 _____ recibir noticias tuyas. ¿Sabes? estaba un poco sorprendido porque no sabía nada de ti y pensaba: "2 _____ que Martín no me llame ni me escriba."

Ahora ya hace bastante tiempo que estoy aquí y no sabes 3 _____ de haber tomado esta decisión. El otro día hablé con mi familia. 4 _____ que estén tan lejos, tengo muchas ganas de verles. Estoy muy contento porque mi madre ya acepta que esté aquí. 5 _____ La verdad es que 6 _____ que a veces mi madre no me apoye.

Con mis compañeros de piso me llevo muy bien. 7 _____ no los conozcas aún, pero como dices que vendrás pronto... 8 _____, ¿vendrás?

Querido Martín, espero que puedas venir muy pronto.

Un abrazo,

Julián.

---

### Ahora puedo:

☐ Transmitir las palabras de otros: información, preguntas, órdenes, peticiones, encargos o indicarle a alguien que transmita una petición a otra persona.
☐ Expresar alegría, sorpresa y pena.
☐ Usar vocabulario sobre los medios de comunicación.

He aprendido otras cosas:

_____
_____
_____
_____
_____

## 1 ¿Puedes señalar la respuesta más adecuada?

**1** Llaman a la puerta.
- [ ] ¿Quién será?
- [ ] ¿Dónde puede estar?
- [ ] Sí, es probable.

**2** Cada año enferman muchas personas a causa de la anorexia y los medios de comunicación no saben cómo tratar el tema.
- [ ] ¡Qué miedo me da la varicela!
- [ ] Tal vez tengas razón; no hay mucha información sobre el tema.
- [ ] ¡Qué raro que estas personas no se vean delgadas!

**3** ¿Te encuentras mejor?
- [ ] No, no encuentro ningún síntoma de gravedad.
- [ ] Sigo igual que antes. No mejoro.
- [ ] No sé si voy a encontrar a Julián.

**4** ¿Te dan miedo las inyecciones?
- [ ] Sí, pero me dan más miedo las operaciones.
- [ ] ¡Tú nunca tienes miedo de nada!
- [ ] Me preocupa que tengan que operar a Eva.

**5** ¿Para qué es bueno el calcio?
- [ ] El agua purifica el cuerpo.
- [ ] ¡Para, que vamos a chocar!
- [ ] Para fortalecer los huesos.

**6** ¿Te importa bajar la tele? Está demasiado alta.
- [ ] No, no me importa no tener vídeo.
- [ ] ¡Qué va! Al contrario, si yo también la encuentro muy alta.
- [ ] De acuerdo, ahora la subo.

**7** Encima de la mesa están mis gafas. ¿Puedes dármelas? Es que no veo sin ellas.
- [ ] Por supuesto, aquí tienes.
- [ ] Si no ves bien, es mejor que vayas al médico.
- [ ] Hacerse unas gafas cuesta muchísimo dinero.

**8** He visto a Lola en la panadería. Dice que si te puedes pasar por su casa el sábado.
- [ ] Así que dice que vaya a su casa el sábado. Perfecto.
- [ ] Así que dice que iré a su casa el sábado. Perfecto.
- [ ] Así que dice que voy a su casa el sábado. Perfecto.

**9** Fui a los sanfermines el año pasado.
- [ ] ¿Dices que vas a los sanfermines el año pasado?
- [ ] ¿Dices que ibas a los sanfermines el año pasado?
- [ ] ¿Dices que fuiste a los sanfermines el año pasado?

## Así puedes aprender

### ¿Buscas ocasiones para practicar el español?

Para aprender mejor la lengua española, es importante buscar ocasiones para practicar el español. Por ejemplo, puedes buscar en Internet páginas en español, ¡hay muchas! Puedes viajar a un país hispanohablante; puedes relacionarte con hispanohablantes que viven en tu país, ¡seguro que hay muchos!; puedes ver películas subtituladas; puedes leer revistas de temas que te interesan; puedes mirar el canal internacional de alguna televisión española o hispanoamericana; puedes escuchar y aprender canciones en español, ¡hay tantas canciones bonitas…!

## Diario de aprendizaje

Antes de empezar este bloque no podía _____

_____

pero ahora sí puedo _____

_____

_____ .

Creo que para aprender más tengo que _____

_____ .

En cuanto a la gramática, al vocabulario, a leer y a escuchar, he descubierto que tengo que practicar más ____

_____

_____ .

He observado que la cultura y las costumbres españolas e hispanoamericanas se parecen a las de mi país porque _____ ,

pero son diferentes en que _

_____

_____ .

He escuchado ____ los audios para observar la pronunciación.

Cuando aprendía español mis estados de ánimo eran

_____

_____ .

Mi objetivo para el próximo nivel es _____

_____

_____ .

**2** Cuando leas este anuncio publicitario de un centro de medicina alternativa, te animarás a probarla. Si lo completas, lo entenderás mejor.

> algún • arrepentirás • encontrarás • encuentras • mejor
> ningún • poco • seguramente • tal vez • tendrás • tengas

¿Te **1**_____ mal pero te da mucho miedo la medicina tradicional y por eso no quieres ir al médico? ¿Deseas probar la medicina alternativa pero no sabes cómo te irá? ¿Qué puede pasarte? No tengas **2**_____ miedo. *Vida Sana y Natural* es tu respuesta. **3**_____, si nos visitas, **4**_____ la solución a tus problemas. ¡No esperes más y visítanos! A lo **5**_____ ha llegado la hora de tu felicidad, pues cuando **6**_____ una buena salud, **7**_____ menos preocupaciones. Si nos visitas, volverás. Probablemente **8**_____ amigo ya te ha hablado de nosotros, o **9**_____ has oído nuestro anuncio en la radio. Nos encontrarás en el centro de la ciudad. Recibirás un buen tratamiento por **10**_____ dinero. Además, tu primera visita será gratis. Ven, no te **11**_____ .

**3** ¿Por qué no completas los siguientes enunciados?

1 • En verano tomo el sol en la terraza de casa.
• ¿En serio? No me lo puedo _____. ¡Si a ti no te gusta el sol!
☐ creer  ☐ saber  ☐ soñar

2 • Lola me ha comentado que vendrá a pasar unos días en Semana Santa.
• ¡No me digas! ¡Es fantástico que venga! Me _____ mucho, de verdad.
☐ contento  ☐ siento  ☐ alegro

3 • ¿Hay _____ que sepa la respuesta?
☐ nadie  ☐ alguien  ☐ ninguno

4 • En los sanfermines bebes demasiado, y luego te duele mucho la cabeza.
• Sí, pero sólo el _____ día. A partir del segundo, te acostumbras.
☐ primer  ☐ primero  ☐ uno

5 • Doctor López, no entiendo _____ que dice.
☐ el  ☐ los  ☐ lo

6 • ¿Me puedes pasar _____ que tienes al lado?
☐ libro  ☐ el libro  ☐ libros

7 • _____ llegues al pueblo, visita a tus tíos.
• Vale, iré el viernes. Antes descansaré.
☐ Mientras  ☐ Si  ☐ Cuando

8 • Han dicho en las noticias que mañana lloverá.
• ¡Cuánto me _____! La tierra está muy seca y necesita agua.
☐ alegro  ☐ emociona  ☐ sabe

9 • Cuando Julián me dijo que iba a ir a los sanfermines, me asusté un poco.
• No, hombre, no pasa nada, pero me _____ que quiera ir. Son unas fiestas agotadoras.
☐ sorprende  ☐ sorprenda  ☐ alegro

10 • El médico dice que mi abuela está muy mal. Me temo que no tiene solución.
• ¡Qué pena! La verdad es que la salud es lo más importante. Lo _____ son tonterías.
☐ resto  ☐ demás  ☐ más

# bloquecuatro4

# Índice

# 10
## leccióndiez 10

## En la ciudad

# En portada

## En la ciudad

Hoy es domingo y hace un día espléndido. ¿Te apetece dar una vuelta por la ciudad? Vístete y acompaña a nuestros amigos al parque.

# En esta lección vas a aprender:

- Estructuras para introducir un tema u opinión
- Expresiones para organizar las partes del discurso
- Formas de indicar acuerdo y desacuerdo

**1a** Primero, observa la foto de la página anterior en la que aparecen nuestros amigos en casa y, a continuación, responde a las preguntas:

1 Begoña ha comido cacahuetes. ¿Dónde ha dejado las cáscaras?
*Encima de la mesa.*

2 ¿Dónde tiene Andrew los pies?
_____

3 ¿Te parece correcto lo que han hecho?
_____

4 ¿Crees que a Lola y a Julián les parece correcto?
_____

**b** Fíjate que en la foto Lola está hablando con Andrew y Julián con Begoña. ¿Quién crees que dice cada una de estas oraciones? ¡Ten cuidado! Hay dos frases que no las dice nadie.

1 _____: Es increíble que tengas tan poco cuidado con la limpieza.

2 _____: Pienso que te tienes que sentar de otra manera.

3 _____: Tal vez sea muy tarde.

4 _____: Sí, ya, pero lo voy a limpiar todo. ¿Por qué te enfadas?

5 _____: Puede que tengas razón pero estoy muy cómodo.

6 _____: Es fantástico que comas cacahuetes.

# Escenas

**2a** Begoña, Julián y Lola han salido en bicicleta por la ciudad, pero han tenido un pequeño accidente y discuten sobre lo sucedido. Lee el diálogo y di si los enunciados que aparecen al final son verdaderos (V) o falsos (F).

BEGOÑA: ¡Julián, yo no vuelvo a montar contigo en un tándem ni loca!

LOLA: La verdad, Begoña, es que cuando te vi en el suelo me asusté mucho. Yo creo que no se debe salir del parque con estas bicicletas. Es peligroso.

JULIÁN: ¿Tú crees? Yo creo que no es peligroso salir del parque. Yo lo he hecho miles de veces y nunca me ha pasado nada. Ha sido culpa de ese taxista chiflado, que iba demasiado deprisa.

BEGOÑA: Hablando de chiflados, ¿tú crees que era necesario frenar así, sin avisar?

LOLA: Begoña, no hace falta enfadarse. No vas a solucionar nada.

BEGOÑA: En eso no estoy de acuerdo. A veces es necesario enfadarse... ¡Y además se pone a hablar con el taxista en vez de ayudarme!

LOLA: ¡No hombre, no! No creo.

JULIÁN: Déjala, Lola. Un día me lo agradecerá. Cuando salimos del parque, ese taxi se nos tiró encima y, si no freno, nos mata.

BEGOÑA: ¡Ni me mata ni nada, bruto, que no iba tan deprisa! Yo creo que teníamos tiempo de girar.

JULIÁN: ¡Qué va! ¡Pero si no había espacio! Además, tú no te diste cuenta de nada, o sea que calla.

|  | V | F |
|---|---|---|
| 1 Lola cree que está bien salir del parque con las bicicletas. |  | ✓ |
| 2 Julián frenó la bicicleta sin avisar a Begoña. |  |  |
| 3 Lola opina que Begoña no debe enfadarse con Julián. |  |  |
| 4 Begoña tiene la misma opinión que Lola. |  |  |
| 5 Begoña quiere ir en tándem con Julián el próximo domingo. |  |  |
| 6 Julián cree que Begoña no se dio cuenta de que el taxi iba muy deprisa. |  |  |

**7, 8**

**b** Busca en el texto estas oraciones y clasifícalas en el cuadro según indiquen acuerdo o desacuerdo con una opinión anterior:

|  | Acuerdo | Desacuerdo |
|---|---|---|
| En eso no estoy de acuerdo. |  | ✓ |
| ¡No hombre, no! |  |  |
| No creo. |  |  |
| ¡Qué va! |  |  |

**3a** Julián y Begoña hablan sobre respetar los parques, pero tienen opiniones diferentes. ¿Quieres saber lo que dicen? Escucha las siguientes expresiones que sirven para introducir una opinión e indica en qué orden aparecen.

**1, 9, 10, 11, 12**

1 Creo que no...     ☐ Pues yo opino que...

☐ Pienso que...     ☐ ... pero a mí parece...

**b** Escucha de nuevo el diálogo y completa estos enunciados que se utilizan para expresar opiniones.

1 Creo que no _debes hacer eso._
2 Pues yo opino que _____ parques.
3 Puede que tengas razón, pero _____ los parques no son importantes.
4 Pienso que es necesario que _____ ciudad.

**4** a Escucha los diálogos y completa las oraciones con las expresiones del cuadro. ¡Cuidado!, porque en el cuadro hay dos expresiones que no aparecen en los diálogos.

> ~~yo creo que~~ • es difícil que • pues yo creo que • estoy seguro de que es imposible que • es necesario que • yo creo que • pienso que me da la impresión de que

**1**

BEGOÑA: _Yo creo que_ , en fin, _____, vaya que, no… así no.

LOLA: Pero… _____ hagas eso.

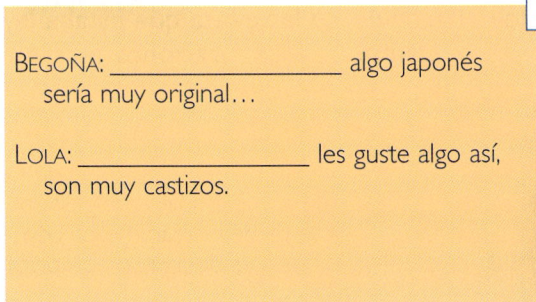

**2**

BEGOÑA: _____ algo japonés sería muy original…

LOLA: _____ les guste algo así, son muy castizos.

**3**

JULIÁN: Una mujer muy interesante. _____ rondando los 40.

LOLA: Ya.

JULIÁN: _____ me hará desnudar.

b ¿Cuáles son las dos expresiones que no aparecen en los diálogos?
_____ y _____.

c ¿En qué diálogo hablan de…?

1 preparar una comida: _Diálogo 2_
2 una pintora: _____

# Primer plano

**5** Lola está leyendo un artículo sobre la ciudad en una revista. Léelo atentamente y complétalo seleccionando la palabra adecuada de las que aparecen al final. Las palabras destacadas te ayudarán.

1, 9, 10, 11, 12

¿Quién no sueña con un mundo sin coches? **Es probable que** no lo **1** *sueñe* todo el mundo (tal vez los pilotos de Fórmula Uno o los locos de la carretera), pero **estoy seguro de que** muchas personas sí lo **2** _____. Estoy a favor de un mundo sin ruido, sin coches y sin contaminación. ¿Veremos ese día? **Me da la impresión de que** no **3** _____ nunca, pero **tal vez 4** _____ motores que funcionen con agua o con placas solares, que contaminen menos y que hagan menos ruido. En el fondo, pienso que no **5** _____ nunca un mundo sin coches, pero tal vez sí **6** _____ uno en el que la gente utilice más la bicicleta, por ejemplo. Así habrá menos ruido y, seguramente, menos accidentes. Me gusta pensar en un mundo con pocos accidentes, menos ruido y, sobre todo, con menos humo.

**1** sueñe / ~~sueña~~    **3** llegue / llegará    **5** exista / existirá
**2** sueñan / sueñen    **4** vemos / veamos    **6** exista / existen

**6a** Nuestros amigos comentan el artículo de la revista que estaba leyendo Lola. Escucha la conversación y completa estas oraciones.

4, 5

**1** Me da la impresión de que este escritor no *ha alquilado* nunca una bicicleta.

**2** Sí, es verdad, pero pienso que, y hablando en serio, los coches no _____ desaparecer.

**3** Sí, y que vengan los Reyes Magos y nos _____ un cochecito de éstos a cada uno por Navidad…

**4** Bueno, en ese caso, creo que _____ razón.

**5** Desgraciadamente, tiene razón. Creo que ese día _____ en llegar.

**6** Si no puedes andar y necesitas llegar a un sitio al que sólo se puede llegar en coche… _____, en momentos así a mí también me gusta pensar que se comercializarán esos coches con motores de agua o con placas solares.

**7** Sí, pero para eso pienso que es necesario que el petróleo se _____ y que empiecen a fabricar coches de estas características.

**8** ¿Por qué no? A mí no me gusta nada conducir. _____, por la ciudad puedes desplazarte en metro o en autobús, o incluso puedes ir andando o en bicicleta.

**b** De las palabras que has escrito, ¿cuáles sirven para conectar oraciones e ideas?

_____ y _____.

c Escucha otra vez el diálogo y responde a estas preguntas:

1 ¿Qué impresión tiene Begoña sobre el escritor?
   *Begoña tiene la impresión de que el escritor no ha alquilado nunca una bicicleta.*

2 ¿Julián opina que los coches deben desaparecer? ¿Por qué?
   _____

3 Según Lola, ¿cuál es la mejor manera de desplazarse por la ciudad?
   _____

4 ¿Qué piensa Julián que es necesario que ocurra para que se comercialicen los motores de agua o de placas solares?
   _____

7a Nuestros amigos siguen hablando. Lee los diálogos y complétalos con la ayuda del cuadro. Ten en cuenta que algunas de las expresiones del cuadro se pueden intercambiar.

3, 4, 5, 6

| además • o sea que • primero • es más • después • así que • total, que |

LOLA: ¿Las colillas no son buenas para las plantas?
BEGOÑA: No.
LOLA: 1 *O sea que / Total, que / Así que* es mejor tirarlas a la basura.
BEGOÑA: Exacto, 2 _____, lo mejor es no fumar.

JULIÁN: Creo que arrancar flores no es peor que ensuciar el suelo.
ANDREW: Tampoco es bueno.
JULIÁN: 3 _____ no puedo llevar flores a casa, ¿no es así?

JULIÁN: ¡Mira qué bien han quedado las flores en el salón!
BEGOÑA: 4 _____, al final, has cortado las flores, ¿eh?
LOLA: Creo que te mereces un castigo por coger flores.
JULIÁN: ¡Pero mujer, si son muy pocas! Y 5 _____ estaban medio secas.
LOLA: No tienes excusa. 6 _____, coges las flores y las tiras a la basura.
   7 _____ te vas a la floristería y compras una hermosa planta.
JULIÁN: Pero, ¿para qué?
LOLA: Para plantarla en el parque.
JULIÁN: Vale. Ahora mismo lo hago.

b Ahora fíjate en las expresiones del cuadro del ejercicio anterior y completa los siguientes enunciados.

3, 4, 5, 6

1 Para reformular una opinión e introducir una conclusión se utilizan las expresiones *o sea que; total, que y así que.*
2 Para añadir información se utilizan las expresiones _____.
3 Para estructurar la información ordenándola se utilizan las expresiones _____
   _____.

# Primer plano

**3**

**8a** ¿Recuerdas que en el diálogo del *ejercicio 2* nuestros amigos estaban discutiendo? ¿Quieres saber qué pasó antes de la discusión? Ordena los siguientes párrafos.

**1  a** Después de comer, nuestros amigos deciden pasear en bicicleta. En primer lugar tienen que alquilarlas porque ninguno de ellos tiene bicicleta.

**b** En cualquier caso, Lola cree que Begoña se enfadará mucho si Julián no deja de discutir y la ayuda a levantarse.

**c** Allí mismo, a la salida del parque, encuentra a Begoña en el suelo y a Julián discutiendo con un taxista. ¿Qué ha pasado? ¿Begoña se ha hecho daño?

**d** Lola va paseando con su bicicleta tranquilamente. Tampoco puede correr mucho porque el parque está lleno de niños jugando.

**e** En segundo lugar, se dirigen al puesto de alquiler. Allí hay muchas bicicletas y un tándem. Como Begoña no ha ido nunca en tándem y le hace mucha ilusión, deciden alquilar uno. Así que, por una parte, van Begoña y Julián y, por otra, va Lola sola.

**f** Después de todo no ha pasado nada grave, sólo ha sido un susto.

**g** De repente, se oye un frenazo y un golpe que vienen de la calle. Sale corriendo del parque para mirar qué pasa.

**h** Después de alquilarlas se dividen: por un lado, Begoña y Julián salen fuera del parque, y por otro, Lola decide quedarse dentro.

**Ahora que tienes el texto ordenado, vamos a repasar lo ocurrido completando estas oraciones con las palabras del cuadro:**

> y por otra • ~~por una parte~~ • en cuanto a • por eso

**1** *Por una parte*, están Begoña y Julián, y **2** _____, Lola.
Fuera hay mucho tráfico, y **3** _____ Begoña y Julián deciden ir despacio.
**4** _____ Lola también va despacio porque el parque está lleno de niños.

**c** **A continuación, completa las siguientes oraciones:**

**1** Para organizar las ideas se utilizan las expresiones: *por una parte y por otra*.
**2** Para introducir una consecuencia se utiliza la expresión: _____.
**3** Para introducir un nuevo tema del que se va a hablar se utiliza la expresión: _____.

**9** Lee las noticias del *Diario Estadístico* y ayuda a Andrew a completar las oraciones que aparecen al final con las expresiones del cuadro.

13

## La ciudad y el transporte

Actualmente, un 80 % de nuestra población reside en las ciudades, el resto vive en el campo. De esa población urbana, sólo un 60 % utiliza el transporte público. Un 20 % se desplaza en moto, un 15 % viaja en coche y un 5 % lo hace en bicicleta.

Como es sabido, centenares o quizá miles de personas que viven en las zonas rurales se desplazan todos los días a los centros urbanos en los que trabajan. De estas personas que viven en el campo y trabajan en la ciudad, sólo un 15 % utiliza el transporte público. El resto prefiere usar su

vehículo particular. Sin embargo, en el futuro se esperan ciertos cambios.

Se calcula que en un par de décadas se producirá un desplazamiento masivo de la población de la ciudad al campo, ya que la compra o el alquiler de la vivienda en la ciudad es cada vez más caro. De este modo, miles de personas se trasladarán al campo para vivir.

Por eso, los responsables del transporte público están mejorando las comunicaciones entre las diversas poblaciones. Según la información que tenemos, el presupuesto anual para la mejora del transporte público ha aumentado un 10 %.

---

viaja en coche. • se desplaza en bicicleta. • invadirán el campo. un 10 %. • utiliza el transporte público. • ~~vive en el campo.~~

---

**1** Un 20 % de la población *vive en el campo.*
**2** Un 60 % _____
**3** Un 15 % _____
**4** Un 5 % _____
**5** Miles de personas _____
**6** El presupuesto anual ha aumentado _____

---

**10** Relaciona la primera parte de la oración con la segunda. Observa que las palabras destacadas sirven para relacionar oraciones.

**1** Un 80 % de la población vive en las ciudades

**2** Hay un 5 % de gente que no viaja **ni** en coche,

**3** El 30 % de la población rural trabaja en centros urbanos

**a** **ni** en moto, **sino** en bicicleta.

**b** **pero** sólo el 15 % va en transporte público.

**c** **y** sólo un 20 % en el campo.

# Recursos

## INTRODUCIR UNA OPINIÓN  §42

- Introduce una opinión presentándola como generalizada:

**Es + [adjetivo]+ que +[oración]** | *Es* necesario *que* los autobuses funcionen.

- Destacan que la opinión procede del hablante:

*Yo **creo que**/ **Pienso que** hay pocos parques en la ciudad.*

- Indica la seguridad del hablante respecto a lo que manifiesta:

***Estoy seguro de que** encontraremos una solución.*

- Indica la inseguridad del hablante respecto a lo que manifiesta:

*Me da la impresión de que eso está mal.*
*Tal vez /Puede que no sea la mejor forma de decir las cosas.*

## INTRODUCIR UN TEMA

- Introducen un tema que ya se ha mencionado antes:

*A **propósito**/ **Hablando de** parques. ¿Has visto el de mi barrio?*

- Introducen un tema que conocen los interlocutores pero que puede que todavía no se haya tratado:

*Yo no voy. **En cuanto a** / **Respecto a** Lola, no sé lo que hará.*

## PONER EJEMPLOS

*Imagina, **por ejemplo**, que la calle es tu casa.*

## HACER ACLARACIONES

*Las flores son seres vivos, **o sea** / **es decir**, que si las arrancas, se mueren.*

## ORGANIZAR PARTES DEL DISCURSO

**En primer lugar… / En segundo lugar… […] /Después… / Por último…**
**Por una parte…por otra parte…/ Por un lado…por otro…**

## DESTACAR IDEAS

- Añade más argumentos a otros que ya se han mencionado: **(Y) además**
- Refuerza lo que se acaba de decir:  **Es más**
- Presenta una conclusión o idea, destacando que lo que viene a continuación es más importante que lo precedente: **En cualquier caso**
- Refuerza una argumentación con un dato sorprendente: **Incluso**
- Se usa para introducir una nueva idea que contrasta con la anterior: **Ahora bien**

*Estoy segura de que Lázaro piensa poco.*

## FINALIZAR UNA INTERVENCIÓN

- Se puede finalizar una intervención aportando el desenlace o una conclusión de lo dicho antes con estas palabras: **Total que…, Así que…, O sea que…**

## EXPRESAR ACUERDO Y DESACUERDO CON UNA IDEA

- Acuerdo total:

**Yo creo que sí**
**Sí, tienes razón**
**Sí, es verdad**
**Estoy a favor, porque…**
**Sí, estoy de acuerdo**

- Desacuerdo total:

**Yo creo que no**
**Pues yo no lo veo así**
**No, no creo**
**Estoy en contra, porque…**
**No, no estoy de acuerdo**

- Acuerdo parcial:

**Sí, quizá sí**
**Puede que tengas razón**

- Desacuerdo parcial:

**No sé, pero yo creo que…**
**Sí ya, pero…**

## EXPRESAR OPINIONES CON INDICATIVO Y SUBJUNTIVO §42

**Creo que**
**Creo que no**
**Pienso que** } + [indicativo]
**Estoy seguro de que**
**Me da la impresión de que**

Se pueden usar formas en indicativo o subjuntivo según se tenga mayor o menor grado de seguridad:

**Tal vez + [indicativo] / [subjuntivo]**
**Es + [adjetivo] + que + [subjuntivo]**

*Creo que nos lo pasaremos muy bien con mis amigos.*

*Yo creo que no.*

*Yo no estoy seguro.*

## CANTIDADES

*Miles de/Centenares de miles/Millones de personas acudieron a la manifestación.*
*El 40 % de las personas no usa el transporte público.*

## PARTITIVOS MÁS FRECUENTES §11

## SISTEMATIZACIÓN DE COORDINADAS

- Las oraciones coordinadas relacionan ideas por adición afirmativa (*y*) o negativa (*ni…ni*), por alternancia (*o*), y por contraposición (*pero*).

- *Lola **y** Andrew van en bicicleta.*
- *Al final no come **ni** Lola **ni** Andrew.*
- *Lola no sabe si comer un bocadillo **o** un helado.*
- *Lola tiene hambre **pero** Andrew no quiere comer.*

## 11

**a** En este fragmento de *El futuro de La Habana* del arquitecto Andrés Duany, se han borrado algunas vocales. Trata de colocarlas debidamente para poder leerlo. ¡No te olvides de los acentos!

"Sólo nos queda La Habana. Los latinoamericanos hemos visto la pérd_da d_ nu_str_s c_ud_d_s c_pital_s. Car_c_s ha d_sap_rec_d_, al igual que Ci_d_d de Méx_c_, B_g_tá y Rí_. Qu_t_ y L_m_ ya no son rec_noc_bles. Incl_so las m_s presumidas, Bu_n_s _ir_s y S_nti_g_ de Ch_l_, _st_n s_endo som_tid_s a un as_lto que las d_str_irá."

Andrés Duany (1997), *The future of Havana*, recogido en *Revista de Occidente*, n.º 230-231/julio-agosto 2000.

**b** ¿Cuáles son las nueve ciudades latinoamericanas que se mencionan en el fragmento del *ejercicio 11a*?

1 *La Habana*    4 _____    7 _____
2 _____    5 _____    8 _____
3 _____    6 _____    9 _____

**c** ¿Qué opinión crees que tiene el autor del fragmento con respecto al cambio que han experimentado las ciudades latinoamericanas?

☐ Está encantado.    ☐ Le es indiferente.    ☐ Le produce tristeza.

## 12 Lee estas definiciones e intenta resolver el crucigrama. ¡Suerte!

**HORIZONTALES**

2 Acción y efecto de contaminar.
5 Perteneciente a la ciudad y no al mundo rural.
7 Corriente de agua que desemboca en el mar.
8 Recipiente para echar papeles inútiles.

**VERTICALES**

3 Máquina destinada a producir movimiento gracias a una fuente de energía.
7 Acción que hace que una cosa pase a un estado mejor.
10 Edificio con maquinaria, herramientas e instalaciones necesarias para la fabricación de productos.
13 Conjunto de personas que habitan la Tierra.

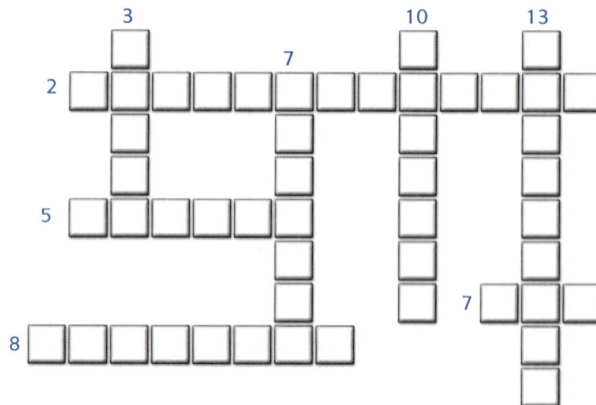

## El futuro de la ciudad hispanoamericana

La ciudad de América Latina presenta una apariencia similar a la de la ciudad norteamericana o británica: hay un **centro comercial** y **cultural** que da paso en sucesivos círculos concéntricos a una **zona residencial**. Pero la realidad social de estos espacios urbanos, el norteamericano y el sudamericano, es muy diferente. Mientras que los **suburbios** de la ciudad norteamericana son habitados por la clase media y la clase alta, los suburbios de la ciudad sudamericana han sido tradicionalmente habitados por los ciudadanos menos favorecidos económicamente.

Sin embargo, en este último cuarto de siglo, la distribución social de las ciudades de América Latina ha sufrido grandes cambios. Por un lado ha podido observarse un progresivo traslado de las clases bajas hacia zonas más cercanas al **centro urbano**, sobre todo de gente joven que busca su oportunidad, y, por otro lado, las clases medias se han trasladado hacia los suburbios. Estos nuevos suburbios de la ciudades latinoamericanas presentan una característica muy especial: se construyen como verdaderas ciudades amuralladas.

Las clases medias que huyen de la ciudad no quieren relacionarse con los antiguos habitantes de los suburbios y, por esta razón, se aíslan de sus vecinos inmediatos. Estas nuevas ciudades-estado poseen todo lo necesario para su existencia: hospitales, supermercados, servicio de vigilancia, escuelas, bomberos, servicio de transporte, etc. De esta manera, la antigua ciudad queda fragmentada y los espacios comunitarios de integración social desaparecen paulatinamente.

Texto inspirado en el de François Ascher y Francis Godard (1999): "Hacia una tercera solidaridad" *Esprit*, 258, recogido en *Revista de Occidente*, nº 230-231/julio-agosto 2000.

13 a **En el siguiente artículo, se recogen reflexiones muy interesantes sobre la historia de las ciudades en Latinoamérica. Primero léelo y después señala a qué aspecto de la ciudad se refieren todas las palabras destacadas.**

Las palabras se refieren a:
Diferentes clases sociales. ☐
Diferentes espacios urbanos de la ciudad. ☐
Diferentes escuelas de la ciudad. ☐

b **¿Sabes a cuál de las palabras destacadas en el artículo se refiere cada una de las siguientes definiciones?**

1 Zona en la que tiene lugar gran parte de la actividad económica, profesional y administrativa de una ciudad: *centro urbano.*
2 Zona alejada del centro de la ciudad: _____.
3 Lugar de la ciudad en el que se puede disfrutar del ocio comprando o asistiendo a algún espectáculo porque hay gran cantidad de comercios, tiendas, restaurantes, museos, cines y teatros: _____.
4 Zona en la que sólo hay viviendas, especialmente de lujo: _____.

c **Este esquema reproduce la estructura de la ciudad latina. ¿Podrías indicar en qué lugar viven las clases medias y en cuál las clases bajas tras los cambios que se han producido en los últimos años?**

1 _____

2 _____

d **Ahora seguro que puedes responder a estas preguntas:**

1 ¿Cómo es la estructura de la ciudad latina?
Hay *un centro comercial y cultural que da paso en sucesivos círculos concéntricos a una zona residencial.*
2 ¿Quién ha habitado tradicionalmente los suburbios de la ciudad sudamericana?
Los _____.
3 ¿Qué cambios se han producido respecto a la distribución social en las ciudades latinoamericanas estos últimos años?
Por una parte, _____ y por otra, _____.
4 En el artículo, ¿qué nombre se les da a los nuevos suburbios y por qué?
Se los llama _____ porque _____.
5 ¿Qué dos consecuencias se derivan del surgimiento de los nuevos suburbios?
La _____ y _____.

**Información sobre Latinoamérica:**
**www.regioneslatinas.com**

**Emisoras de radio:**
**www.afiliate.com/radio**

**Información cultural sobre Latinoamérica:**
**www.galiciaonline.es/latino**

# Evaluación

## 1 ¿Puedes completar las siguientes oraciones con la opción correcta?

**1** _____ inventarán motores de agua.
- [ ] *Yo creo que*
- [ ] *Estoy a favor de que*
- [ ] *Es probable que*

**2** _____ cuidemos los parques.
- [ ] *Es verdad que*
- [ ] *Es necesario que*
- [ ] *Yo pienso que*

**3** _____ haya parques.
- [ ] *Sí, estoy de acuerdo*
- [ ] *Es verdad*
- [ ] *Es fantástico que*

**4** Primero, compraremos una planta y, _____, la plantaremos en el parque.
- [ ] *además*
- [ ] *después*
- [ ] *por un lado*

**5** No debes arrancar flores. _____, deberías recoger los papeles que ensucian el parque.
- [ ] *Es más*
- [ ] *O sea que*
- [ ] *Total, que*

**6** _____ del uso del transporte público.
- [ ] *A propósito*
- [ ] *Estoy a favor*
- [ ] *Por ejemplo*

**7** Imagina, _____, que el parque es tu habitación.
- [ ] *tal vez*
- [ ] *de ninguna manera*
- [ ] *por ejemplo*

**8** En tres décadas, millones de personas invadirán el campo. _____, las ciudades quedarán prácticamente deshabitadas.
- [ ] *No creo*
- [ ] *Sí, quizás sí*
- [ ] *Es decir*

**9** _____ en el año 2030 casi todo el mundo irá en bicicleta.
- [ ] *Estoy segura de que*
- [ ] *En segundo lugar*
- [ ] *Seguidamente*

**10** Ayer perdimos las llaves de casa. _____ tuvimos que llamar a un cerrajero.
- [ ] *Yo creo que*
- [ ] *Es decir,*
- [ ] *Total, que*

**11** 🗨 Los coches con motores de agua nunca llegarán.

🗨 _____, pero yo creo que sí se inventarán, y pronto.
- [ ] *Puede que tengas razón*
- [ ] *Es decir,*
- [ ] *Pienso que*

**12** _____ de la población cree que los coches no contaminan.
- [ ] *Una tercia*
- [ ] *Un tercio*
- [ ] *Una tercera*

## 2 Trata de completar los huecos del siguiente párrafo con estas palabras:

> seguro • continuación • opinión • parece • total • es más • en cuanto
> cree • razón

Hasta ese momento, Andrew no había dicho nada, en su **1**_____, en un futuro próximo no quedarán flores en los parques. Lola cree que tiene **2**_____, pero a Begoña le **3**_____ que exagera un poco. Julián bromea y dice que está **4**_____ de que las pocas flores que quedan las estropeará la gente que va en bicicleta por los parques. Entonces todos ríen, pero Begoña **5**_____ que no tiene ninguna gracia. **6**_____, se enfada y le tira agua a la cara a Julián.
A **7**_____, Julián se levanta, coge una botella de agua y moja a Begoña. **8**_____ a Lola y Andrew, también empiezan a tirar agua a sus amigos **9**_____, que acaban los cuatro empapados, pero sonrientes de nuevo.

---

### Ahora puedo:

- [ ] Introducir un tema o una opinión.
- [ ] Organizar las partes del discurso.
- [ ] Expresar acuerdo y desacuerdo.

### He aprendido otras cosas:

_____
_____
_____
_____
_____

# 11

## lecciónonce 11

## ¡Buen provecho!

# En portada

En esta lección nuestros amigos van a escribir cartas y a hablar de comida. ¿Te apetece acompañerles y preparar algo con ellos? Pues… ¡Buen provecho!

# ¡Buen provecho!

## En esta lección vas a aprender:

- A redactar cartas habituales
- Cómo expresar condiciones
- Cómo disculparte
- Formas de expresar decepción

**1a** Cada uno de los chicos tiene sus preferencias a la hora de comer. ¿Quieres conocerlas? Pues lee la información que aparece en el cuadro y luego marca la opción correcta.

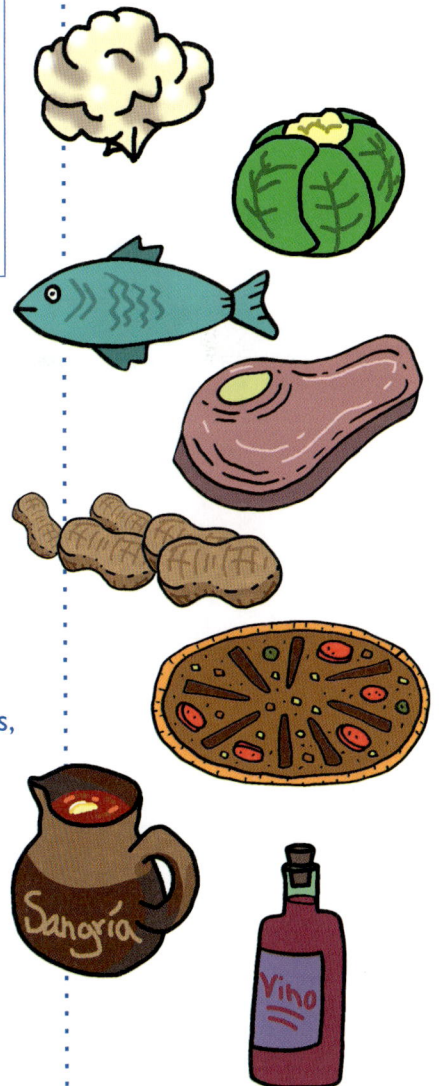

13

- A Julián le encantan las patatas fritas, la carne, los cacahuetes y la sangría.

- A Begoña le encanta el pescado, especialmente el bacalao.

- A Lola le gustan las pizzas, la pasta, especialmente los macarrones, y el vino.

- A Andrew le gustan mucho los platos ligeros, como las sopas, y come mucha verdura: la coliflor le vuelve loco.

1 ¿A quién le encantan los macarrones?
☐ A Begoña        ☑ A Lola

2 _____ le gustan mucho las patatas fritas.
☐ A Andrew        ☐ A Julián

3 ¿Quién de los cuatro prefiere los platos ligeros?
☐ Lola        ☐ Andrew

4 _____ le gusta mucho el bacalao.
☐ A Begoña        ☐ A Lola

**b** Ahora, mira la foto de la página anterior y según lo que has leído antes, responde a las preguntas siguientes:

1 ¿Quién ha preparado la comida hoy?
  *Lola.*

2 ¿Sabes quién ha elegido la bebida?
  _____

3 ¿Qué están bebiendo nuestros amigos?
  _____

4 ¿Te parece indicada esta bebida para comer pizza?
  _____

4

**2a En ocasiones tenemos que pedir disculpas. Observa estas cuatro fotos de nuestros amigos. Luego, lee los diálogos. ¿Podrías relacionar cada foto con su diálogo? Escribe debajo de la foto, la letra del diálogo al que corresponde.**

**a** LÁZARO: ¿Diga?
LOLA: Hola Lázaro, soy Lola. Me dijiste que pasarías por el piso esta mañana, pero ya son las seis de la tarde y aún te estoy esperando…
LÁZARO: Perdóname, es que he estado ocupado con una avería que ha habido en la calle Mirasierra…

1 - c

**b** ANDREW: Julián, ¿dónde está la lechuga… y la leche? No me digas que no las has comprado…
JULIÁN: Lo siento mucho, pero es que no he tenido tiempo; cuando he salido del trabajo, las tiendas ya estaban cerradas, lo siento.

2-

**c** ANDREW: ¿Qué le ha pasado a mi ordenador? ¡No funciona! ¿Quién ha tocado mi ordenador otra vez sin pedirme permiso?
JULIÁN: Siento que esté estropeado, pero no sé qué ha pasado… antes funcionaba bien…

3-

**d** BEGOÑA: Oye Lola. Si vuelve a llamar mi madre, no le expliques toda mi vida, ¿entendido? De eso ya me ocupo yo, que para algo soy su hija.
LOLA: No te enfades, Begoña. Me sabe mal, pero yo no sabía que te molestaba. Ella siempre me pregunta, ¿sabes? Y yo le contesto.

4-

4

**b Vuelve a leer los diálogos del apartado anterior y presta atención a las expresiones que se utilizan para pedir disculpas. Escribe la letra del diálogo en el que aparece cada una de las siguientes expresiones.**

1 [d] Me sabe mal, pero…     3 [ ] Siento que esté…
2 [ ] Perdóname, es que…     4 [ ] Lo siento mucho, pero es que…

4

**c A continuación tienes otras expresiones, ¿para qué crees que sirven? Marca la opción correcta.**

Siento… / Perdona el retraso. / Perdona que llegue tarde. / Disculpa, pero no he oído el teléfono.

[ ] Para pedir diculpas.     [ ] Para agradecer.     [ ] Para expresar decepción.

**d** Ahora, lee estas situaciones y completa las disculpas con ayuda de las palabras del cuadro.

4

| siento • poder • ~~perdona~~ • sabe • siento • disculpe |
|---|

Me **2**_____ mal, pero estoy muy cansado.

**4**_____, ha sido sin querer.

- Habías quedado con Lázaro a las ocho para revisar la instalación eléctrica del piso, pero llegas una hora tarde.
- Andrew te pide que le acompañes a comprar un regalo para Lola, pero tú estás muy cansado.
- Mañana tienes que presentarte a una entrevista muy importante. Hoy es el cumpleaños de un amigo tuyo y te invita a su fiesta.
- Pisas sin querer a un desconocido en el autobús.
- Un amigo te invita a la inauguración de un nuevo restaurante. Tú no te encuentras bien, te duele la cabeza.
- Esta noche has preparado una cena sorpresa a un amiga muy especial. Como no cocinas muy a menudo, la comida no ha salido tan buena como tú esperabas.

**1** *Perdona* el retraso, es que no he podido llegar antes.

Siento no **3**____ ir a tu fiesta, pero es que mañana tengo una entrevista importante.

Lo **5**_____ mucho, pero no puedo acompañarte, es que no me encuentro bien.

**6**_____ que la comida no esté buena, pero como no cocino nunca...

**3a** Begoña está hablando con su novio Chema por teléfono. Escucha la conversación y responde a las preguntas marcando la opción correcta.

5

**1** ¿Qué dice Begoña cuando Chema le pregunta si el fin de semana van a estar juntos?
- ☑ Lo siento Chema, pero es que tengo que quedarme.
- ☐ Me alegro Chema, nos vemos el sábado.
- ☐ ¡Que vaya bien el fin de semana! Chema.

**2** ¿Cómo reacciona Begoña cuando Chema le dice que tiene ganas de verla y hace tiempo que no se ven?
- ☐ Discúlpame por ir a Bilbao.
- ☐ Me sabe mal no poder estar contigo.
- ☐ Perdona que no te llame.

**3** Y Chema, ¿qué le dice?
- ☐ ¡Qué bien que no vengas!
- ☐ Es una lástima que vengas.
- ☐ Es una lástima que no vengas.

**4** ¿Qué dice Begoña cuando Chema le cuenta la cena sorpresa?
- ☐ ¡Qué bien!
- ☐ Muy bien.
- ☐ ¡Qué lástima!

**5** ¿Qué dice Begoña cuando habla de las pruebas para la obra de teatro?
- ☐ Si después no me seleccionan... ¡Qué alegría!
- ☐ Si después no me seleccionan... ¡Qué decepción!
- ☐ Si vienes... ¡Qué sorpresa!

**b** Lee otra vez las respuestas de las preguntas 3, 4 y 5 del apartado anterior. Observa que aparecen tres formas de expresar decepción, ¿cuáles son?

5

*Es una lástima que...*, _____ y _____

# Primer plano

**4a** Lola y Begoña llegan al piso y encuentran una carta. Escucha la conversación y marca la opción correcta.

| | | |
|---|---|---|
| 1 ¿Para quién es la carta? | ✔ Para Begoña. | ☐ Para Lola. |
| 2 ¿De quién es la carta? | ☐ De Chema. | ☐ De otra persona. |
| 3 ¿Cómo empieza la carta? | ☐ Querida… | ☐ Hola… |
| 4 ¿Cómo está quien escribe la carta? | ☐ Contento. | ☐ Enamorado. |
| 5 ¿Cómo termina? | ☐ Mil besos. | ☐ Un abrazo. |
| 6 ¿Qué tipo de carta es? | ☐ Comercial. | ☐ Personal. |
| 7 ¿Cuál es el tema de la carta? | ☐ Las últimas vacaciones. | ☐ Los sentimientos. |
| 8 ¿Cómo reacciona Begoña? | ☐ Le gusta la carta. | ☐ No le gusta la carta. |

b

Querida _____:

Begonia, _____ flor _____, mi ángel _____,
¿recuerdas? Si te vas, _____, dejarás _____
_____ americano _____ y soñando con _____
_____ más _____.

Andrew,

_____ _____

**¿Te atreves a escribir la carta que lee Begoña? Vuelve a escuchar el audio y completa la carta.**

**5a** Los chicos se organizan para preparar una cena sorpresa a Ana y a Lázaro. Escucha la conversación y completa estas oraciones. Sirven para indicar una condición.

1 Si cenan aquí, _tiene_ que estar ordenado.

2 Si queréis, _____ la cena en un restaurante mexicano muy bueno que conozco.

3 Yo si puedo, te _____.

4 Si salgo pronto, _____ a ayudarte.

5 Si vosotros dos os encargáis de la cena, Andrew y yo _____ a comprar la bebida y el postre.

6 Si puedes, _____ nota de los ingredientes que necesitamos.

7 Si todos colaboramos y nos organizamos bien, _____ una cena fantástica.

b Escribe el número de las oraciones anteriores donde aparecen estas estructuras.

| | | |
|---|---|---|
| | [verbo en *presente*] | _1,____ |
| Si + [verbo en *presente*] + | [verbo en *imperativo*] | _____ |
| | [verbo en *futuro*] | _____ |

c Vuelve a escuchar la conversación y completa estas oraciones
con palabras para hablar de un momento en el tiempo.

**6**

1 ¿Os acordáis de que *mañana por la noche* es la cena sorpresa de Ana y Lázaro?
2 Con las pruebas para la obra de teatro de _____ no hemos
tenido tiempo para nada.
3 _____ tengo que ir a la escuela a hablar con Antonio.

d ¿Puedes ahora distinguir los enunciados verdaderos (V) de los falsos (F)?

**13**

|  | V | F |
|---|---|---|
| 1 La cena sorpresa de Ana y Lázaro es dentro de una semana. | ☐ | ✓ |
| 2 Los chicos se organizan en parejas para preparar la cena. | ☐ | ☐ |
| 3 Julián propone encargar la cena en un restaurante mexicano con servicio de comida a domicilio. | ☐ | ☐ |
| 4 Julián y Lola se encargan de avisar a los vecinos. | ☐ | ☐ |
| 5 Los ingredientes que necesitan para preparar la cena son: aguacates, chiles, limón, ajo y cebollas. | ☐ | ☐ |
| 6 Para beber van a comprar tequila. | ☐ | ☐ |

6 ¿Puedes ayudar a Andrew a ordenar este correo electrónico?

**1**

1 Sra. Luisa Blanco
Directora de estudios

2 Andrew White

3 Me llamo Andrew White. Tengo veintisiete años. Soy de Estados Unidos, nací en Los Ángeles. Vine a España hace un tiempo para estudiar los autores del teatro clásico español. Ahora estoy en la escuela de teatro *Talía*.

4 Aprovechando la ocasión, me despido cordialmente de usted,

5 Le solicito que me envíe toda la información disponible sobre su escuela para poder hacer los trámites necesarios.

6 Estimada señora:

7 En el futuro me gustaría aumentar mi formación académica y profesional. Conocer a profesionales de otras ciudades españolas puede ser una experiencia muy importante para mí. Madrid es una magnífica ciudad y por eso me gustaría conocer con más detalle su escuela: qué asignaturas hay, el programa de los cursos, los profesores, los horarios, el sistema de becas y ayudas, el importe de la matrícula, etc.

8 Muchas gracias por su atención.

Orden correcto: [1] [ ] [ ] [ ] [ ] [ ] [ ] [ ]

# Primer plano

**7a** Nuestros amigos escriben mucho: postales, cartas, correos electrónicos…
Lee los tres textos que tienes a continuación. Fíjate en cómo empiezan
y terminan y completa el cuadro con las expresiones que se utilizan.

**A**

14 de agosto de 2001

Querida Silvia:

¿Cómo va todo por tierras andaluzas? ¿Has conocido a mucha gente? Seguro que por la noche en Granada hay mucho ambiente. ¿Es verdad que en los bares, cuando pides algo para beber, también te sirven una tapa de tortilla, de queso, de chorizo…?

El próximo año podemos organizar una ruta por el sur de España durante el mes de septiembre. Seguro que ya conoces muchos sitios interesantes y me podrás hacer de guía.

Saludos a Ignacio de mi parte.

Un fuerte abrazo,

Lola

**B**

3 de mayo de 2001

Distinguidos señores:

Me dirijo a ustedes para comunicarles mi interés por recibir información sobre las becas que concede su organismo para estudiantes extranjeros de teatro. Próximamente, voy a finalizar el último curso de Arte Dramático en la escuela de teatro *Talía* y estoy ansioso por emprender nuevos proyectos y aumentar mi currículo académico y profesional. Espero no ocasionarles ninguna molestia y les doy las gracias por anticipado.

Atentamente, se despide de ustedes,

Julián Santacruz

**C**

26 de abril de 2001

¡Hola Chema!

¿Cómo va todo? Siento mucho no haberte enviado un correo antes, pero esta semana en la escuela nos estamos preparando para unas pruebas y la verdad es que me he olvidado de todo.

Estos últimos días han sido una locura: los chicos y yo no hemos parado. Estamos agotados. Ya no podemos más, ¡suerte que el curso ya termina!

Estoy deseando que lleguen las vacaciones para volver a verte. ¿Qué te parece si nos vamos los dos solos una semanita? ¿Adónde te apetece ir? El sábado si puedo, te mando otro correo, ¿de acuerdo? Y repito, me sabe mal no escribirte más a menudo.

Te quiero. Besos,

Begoña

Para empezar: *Querida* …, _____, _____

Para terminar: *Un fuerte abrazo,* _____, _____

**b** Ahora, vuelve a leer los textos con más detalle. ¿Puedes identificar a cuál de nuestros amigos se refieren estas oraciones? Escribe el nombre de Lola, Julián o Begoña, según corresponda.

1 Tiene una amiga en Granada. *Lola.*
2 Está deseando que lleguen las vacaciones. _____
3 Está interesado/a en recibir información sobre unas becas. _____
4 Esta semana se ha olvidado de todo. _____
5 Quiere organizar una ruta por el sur de España con una amiga. _____

**8a** Vuelve a mirar los textos del *ejercicio 7a*. ¿Puedes relacionar estas direcciones con la carta, la postal o el correo electrónico correspondiente? Fíjate en que hay una dirección sin carta.

1 [A] Silvia Valero Domínguez
c/ Felipe II, n.º 41, 3.º 2.º
C. P. 18001 Granada
España

2 ☐ De: "Begoña"
<begoñarzak@maxmail.com>
Para: "Chema"
<chema@maxmail.com>

3 ☐ Sres. Santacruz
pza. Diego Rivera, n.º 28, entlo. 1.º 2.ª
México, D. F.

4 ☐ ESCUELA NACIONAL DE
TEATRO DE MADRID
av. Marqués de Riscal, edificio K
Universidad Autónoma de Madrid
C. P. 28004 Madrid
España

b Cuando escribimos utilizamos abreviaturas. Busca en las direcciones que aparecen en el apartado anterior las abreviaturas de las siguientes palabras.

1 plaza = _pza._    3 avenida = ____    5 señores = ____
2 calle = ____    4 Distrito Federal = ____    6 código postal = ____

9 Julián quiere escribir una carta a sus padres, pero se le ha estropeado el ordenador y te pide, por favor, que la escribas tú en el tuyo. Él después irá a tu casa para terminarla. ¿Le ayudas? Tiene que aparecer la información que te damos a continuación. Después de escribir, compara tu carta con el modelo que tienes en la solución.

- Saludos a los padres.
- Pregunta por la familia y por la salud de los abuelos.
- Tienes amigos pero echas de menos a la familia.
- Esperas visitarlos a finales de septiembre.
- Besos y abrazos.

10 ¿Por qué no lees los siguientes diálogos? Observa los verbos destacados. Luego, para que te acuerdes, puedes completar el esquema colocando en el lugar correspondiente estas dos opciones: *infinitivo* o *gerundio*.

1 ● ¿Sabes a quién he visto hoy? A Jesús, aquel chico de Zaragoza tan simpático. ¿Lo recuerdas?
● Claro, y ¿qué cuenta?
● **Acaba de llegar** de Italia. Ha estado allí una semana haciendo un curso de teatro de mimo.

2 ● Rosa, ¿verdad que le pediste a Ana la sartén grande la semana pasada?
● Sí, ¿por qué?
● Porque la estoy buscando pero **sigue sin aparecer**.

3 ● ¿Ya has llamado a Raquel para lo del viernes?
● Sí, la estoy llamando, pero todo el rato comunica.
● Prueba otra vez.
● **Sigue comunicando**. ¡Lleva una hora hablando por teléfono!

4 ● ¡Qué frío! Ya está otra vez la puerta abierta. ¿Quién **ha vuelto a abrir** la puerta? Siempre pasa lo mismo. La cierro yo y pasa alguien y la abre.
● Seguro que ha sido Andrew, que es un despistado.

5 ● Chicos, no tenemos nada de comida y mañana es la cena sorpresa de Ana y Lázaro.
● Lo había olvidado. **Hay que ir** a comprar hoy mismo. Andrew, ¿te va bien esta tarde?
● Estupendo. A las cinco y media en el supermercado.

Acabar de
Seguir sin
Volver a     } + [____]
Hay que

Seguir + [____]

# Recursos

*Querido Julián:*
*Te escribo…*

## FÓRMULAS DE CARTAS HABITUALES

- **Fecha:** Valencia, 14 de agosto de 2001 / 14-8-2001

- **Saludos:**

| Formal | Informal |
|--------|----------|
| Sr./Sra. Rueda:<br>Distinguido/s señor/es:<br>Estimado/a señor/señora:<br>Apreciado Señor Matos: | Querida Silvia:<br>Queridos papá y mamá:<br>¡Hola Chema! |

- **Despedidas:**

| Formal | Informal |
|--------|----------|
| Atentamente,<br>Se despide atentamente,<br>Reciban un cordial saludo, | (Muchos) Besos,<br>Un (fuerte) abrazo,<br>Un saludo / Saludos, |

## DISCULPARSE POR ALGO QUE UNO HA HECHO §34

*Lo siento mucho.*

Siento / Perdona + [nombre] — *Siento / perdona el retraso.*

Perdona que / Siento que + [subjuntivo] — *Perdona que llegue tarde.* / *Siento que tengamos que irnos ahora.*

- Para disculparse de forma cordial se suele dar una justificación de por qué se ha hecho algo:

Perdóname/Disculpa + { pero / es que } + *no he oído tu llamada.*

*Me sabe mal, pero es que no he oído tu llamada.*

- Para reaccionar ante una disculpa:

*Bueno, no te preocupes.*
*No importa.*

*Tranquila.*
*Vale, no pasa nada.*

## EXPRESAR DECEPCIÓN

¡Qué lástima!
¡Qué decepción!

*¡Qué lástima!*
*¡Qué decepción si no nos seleccionan!*

¡Qué lástima que...!
Es una lástima que... } + [subjuntivo]

*¡Qué lástima que no venga!*
*Es una lástima que no venga!*

## EXPRESAR CONDICIÓN §54

Si + [presente], + { [presente] / [imperativo] / [futuro] }

*Si queréis, reservo mesa en un restaurante.*
*Si te gusta, toma nota de los ingredientes.*
*Si venís pronto, prepararemos algo para cenar.*

## INDICADORES TEMPORALES

| Mañana | por la mañana<br>por la tarde<br>por la noche | Dentro de un año<br>El año que viene<br>El año próximo | Aquel día<br>A aquella hora<br>En aquel momento<br>Ahora mismo |
|---|---|---|---|

## PRONOMBRES PERSONALES CON VERBOS RECÍPROCOS

Los verbos recíprocos informan que la persona A hace una acción a la persona B, y la persona B hace la misma acción a la persona A:

**nos** = tú y yo; nosotros y vosotros; o nosotros y ellos.

**os** = tú A y tú B; tú y él/ella; o vosotros y ellos.

**se** = él/ella y él/ella; ellos/ellas y ellos /ellas.

*Por el cumpleaños **nos** hacemos un regalo.*

*¿Por qué no **os** habláis?*

*Cada día **se** quieren más.*

Algunos verbos recíprocos son: *hacerse, hablarse, quererse, llamarse, escribirse, enviarse algo, mirarse.*

## PERÍFRASIS VERBALES FRECUENTES §29

Para referirse a…

- Algo que ha sucedido inmediatamente antes.

  **Acabar de + [infinitivo]**

  ***Acaba de llegar** de Italia. Ha estado allí una semana.*

- La repetición de la acción expresada con el infinitivo.

  **Volver a + [infinitivo]**

  *¿Quién **ha vuelto a abrir** la puerta?*

- Para expresar de forma impersonal la necesidad de que cumpla la acción expresada con el infinitivo.

  **Haber que + [infinitivo]**

  ***Hay que ir** a comprar hoy mismo.*

- Una situación que continúa.

  **Seguir + [gerundio]**

  ***Sigue comunicando**. ¡Lleva una hora al teléfono!*

- Una situación que continúa y que se espera que termine pronto.

  **Seguir sin + [infinitivo]**

  *He buscado la sartén varias veces pero **sigue sin aparecer**.*

*Acabamos de ganar el partido.*

## ABREVIATURAS FRECUENTES §67

- Para las direcciones:

| | | | |
|---|---|---|---|
| c/ calle | av. avenida | pza. plaza | n.º número |
| entlo. entresuelo | dcha. derecha | izq. izquierda | tel. teléfono |
| Rte. remitente | C.P. código postal | | |

- Para el tratamiento de las personas:

| | | | |
|---|---|---|---|
| Sr. señor | Sra. señora | Srta. señorita | Dr. doctor |
| D. don | D.ª doña | Ud. usted | Dra. doctora |

## SIGNOS DE PUNTUACIÓN §55-§66

Ver apéndice gramatical.

## ORACIONES SUBORDINADAS ADJETIVAS CON VERBO EN INDICATIVO §45

Ver apéndice gramatical.

# La lengua es un juego

**13**

**11** a Preparar un buen plato no es fácil. Si quieres cocinar bien, sigue todos los pasos de este juego. Primero relaciona los siguientes refranes con la explicación correspondiente.

1 Contigo pan y cebolla.  ☐ e
2 Al pan, pan y al vino, vino.  ☐
3 Ser (o quedarse) más fresco que una lechuga.  ☐
4 Con azúcar y miel todo sabe bien.  ☐
5 Estar sano como una manzana.  ☐

a Tener muy buena salud.
b No tener vergüenza, ser descarado.
c Decir las cosas tal como son, hablar de forma muy clara.
d Con tranquilidad y buenas maneras todo sale bien.
e Querer a una persona pase lo que pase, sin importar el dinero ni las comodidades.

b Ahora, primero subraya los nombres de alimentos y bebidas de los refranes del apartado anterior y después búscalos en esta sopa de letras. Presta atención porque en la sopa de letras aparecen los nombres de tres alimentos que no salen en los refranes; para descubrirlos, fíjate en los dibujos.

```
C R A F G U O J U A P R A W F I
E B H U L I M O N Z Ñ D R L K S
B I F T Y Ñ A O L U H O I U G Y
O U A Ñ V P N R G C Y J T E E O
L Q T P X A Z E I A E U H P A N
L E C H U G A A N R T D Z A U V
A Z U R D I N Q E S Ñ I X E R M
D V I N O W A P Ñ E N A M I E L
```

c ¿Qué tres alimentos aparecen en la sopa de letras pero no en los refranes? Escríbelos.

1 _____    2 _____    3 _____

d De las tres palabras del apartado anterior, ¿cuál es la que tiene tantas letras como cuadros hay aquí abajo? Después de descubrirla, intenta escribir palabras relacionadas con la comida y la bebida (productos, maneras de cocinar, tipos de bebida…) que empiecen por cada una de sus letras. ¡Cuantas más palabras escribas, mejor sabor tendrá tu plato! Mira las puntuaciones.

☐ _____
☐ _____
☐ _____
☐ _____
☐ _____
☐ _____
☐ _____

- De 1 a 5 palabras: tienes que prestar más atención a la receta. Vuelve a intentarlo.
- De 6 a 10 palabras: el plato tiene buen sabor, pero le falta un poco de sal.
- De 11 a 15 palabras: el plato sabe bien pero todavía no llegas al nivel de un cocinero profesional.
- De 16 a 20 palabras: ¡Ya eres un cocinero profesional! ¡Enhorabuena!

# La lengua es un mundo

**12** Argentina, con 3.800.00 km², es conocida por la variedad de sus seis grandes regiones. Una manera de conocerlas es mostrando su gastronomía. Lee el artículo y después intenta adivinar de qué región es cada uno de los platos que aparecen al final. Las palabras destacadas son una pista. ¡Buen viaje y buen provecho!

**13**

### La región de los grandes ríos

Es una extensa zona conocida por sus selvas y sus caudalosos ríos. La cocina muestra la influencia de los tres países con los que limita Argentina al este: Brasil, **Paraguay** y Uruguay. La carne se cocina asada, al estilo brasileño, y los peces de los grandes ríos que cruzan la selva se preparan al horno, a la parrilla o empanados.

### La región de las altas cumbres

La del Aconcagua es la zona de los volcanes nevados y de los desiertos. La cocina de las altas cumbres es algo picante y sus vinos negros son excelentes. La gente del lugar aprecia tanto los salmones que abundan en sus lagos como la carne de **cerdo**. La mayoría de los platos se cocinan con **pimientos** pequeños y **maíz**.

### La región helada

Región formada por la zona sur de Argentina, conocida como *Tierra del fuego*, y la Antártida. Famosa por los patés, los **ahumados** y el **marisco** (gambas, centollos, langostas,...) su exquisita gastronomía ofrece, además, todo tipo de carnes, desde el ciervo hasta el jabalí. A pesar de esta gran variedad, su verdadera especialidad son los chocolates, hay más de 130 variedades.

### La región atlántica

En la costa patagónica se encuentran asados de cordero y todo tipo de pescados. La carne de tiburón es muy apreciada en esta zona y se acostumbra a cocinar a la parrilla. Es muy típico tomar el té con los **dulces de frutas** famosos en la zona.

### La región del gaucho: La Pampa

Extensa llanura de hierba verde que cubre la cuarta parte del territorio argentino. Hay inmensos campos de trigo, maíz y girasol que son a diario cruzados por miles de cabezas de vacuno. La especialidad de esta zona es la carne de vaca asada o a la parrilla. Se conservan también platos de todas las nacionalidades que han habitado la zona, como el **pulpo a la gallega** y la **ensalada alemana** entre otros.

### Buenos Aires

Buenos Aires es una megalópolis de once millones de habitantes. Aunque ofrece un amplio muestrario de la variedad gastronómica argentina, su verdadera especialidad es la cocina internacional ya que se pueden encontrar los mejores platos del mundo. Sus calles están llenas de restaurantes franceses, españoles, alemanes e italianos entre otros. A los bonaerenses les encanta la **pizza**.

**Recetas de cocina:**
**www.cocinadelmundo.com**

**Información sobre Argentina:**
**www.argentinaturistica.com**

**Postales electrónicas:**
**www.es.bluemountain.com**

| Platos típicos | Ingredientes | Región |
|---|---|---|
| pulpo a la gallega | pulpo, pimentón, sal y aceite. | *La Pampa* |
| pizza bonaerense | maíz, ternera, tomate, queso y pimientos. | _____ |
| tarta de frutas | harina, uvas, nueces, naranja y azúcar negro. | _____ |
| charqui | carne de cerdo, pimientos y maíz. | _____ |
| centollo al vapor | centollo. | _____ |
| sopa paraguaya | pan de harina de maíz blanco con queso paraguayo, cebolla y especias. | _____ |

# Evaluación

1 ¿Nos ayudas? ¿Por qué no reconstruyes la carta con las estructuras siguientes?

> por la noche • dentro de una semana • un beso muy fuerte
> querido David • aquel día • lo siento mucho • por la mañana
> ahora mismo • en ese momento • siento no haberte escrito antes

1_____:

2_____, pero es que no te puedes imaginar cómo ha sido mi viaje de vuelta.

Fui muy pronto al aeropuerto, eran más o menos las nueve… ¿Recuerdas que te dije que el avión salía 3_____?

Pues hubo una avería de no sé qué y al final mi vuelo salió 4_____. Sé que 5_____ te podía haber llamado y así haber pasado juntos un rato más, pero es que estaba tan triste… De todas maneras 6_____ y espero que no estés enfadado… es que… 7_____ fue todo demasiado duro para mí.

¡Sabes? 8_____ me arrepiento un poco de no haberte llamado, pero bueno, sé que lo entiendes.

9_____ voy a tener Internet en casa. ¿Me escribirás? Te mandaré mi dirección y si quieres, me escribes.

Bueno David, espero que todo vaya muy bien,

10_____,

Clara.

2 ¿Qué dirías en estas situaciones? Lee con atención las diferentes situaciones que te planteamos y después reacciona utilizando el enunciado más adecuado de los que aparecen en el cuadro.

1 Tiras un vaso de agua encima de alguien. ☐
2 No te has acordado de llamar a tu madre. ☐
3 Llegas tarde a una reunión de trabajo. ☐
4 Tu amigo no puede visitarte este verano. ☐
5 Te olvidas de hacer tus deberes de español. ☐
6 Hace mucho que no has contestado una carta. ☐
7 Tu amigo no puede ir contigo de vacaciones. ☐
8 No has felicitado a tu mejor amigo por su cumpleaños. ☐

> a Perdóname, pero no me he acordado de hacer los deberes.
> b Lo siento, es que no he tenido tiempo de llamarte.
> c Lo siento, se me olvidó que hoy era tu cumpleaños.
> d Lo siento. ¿Te he mojado?
> e Perdona que te escriba después de tanto tiempo.
> f Siento llegar tarde a la reunión.
> g Lamento que no puedas venir. Otra vez será.
> h Me sabe mal que no vengas de vacaciones, pero yo voy a ir porque ya tengo hecha la reserva desde hace dos meses.

## Ahora puedo:

☐ Puedo redactar cartas habituales.
☐ Sé cómo expresar una condición.
☐ Conozco oraciones para disculparme.
☐ Sé cómo expresar decepción.

He aprendido otras cosas:

_____

_____

_____

_____

# 12

## lección doce 12

## ¿Buscas trabajo?

¿Buscas trabajo? Bienvenido al mundo laboral. En esta lección vas a conocer las opiniones de nuestros amigos acerca de los exámenes, los tópicos, los jóvenes y el trabajo. Además, ellos te explicarán cuáles son las cualidades de un buen trabajador y cómo debes preparar un curriculum vitae. Si buscas trabajo, ésta es la lección adecuada.

# ¿Buscas trabajo?

## En esta lección vas a aprender:

- Cómo expresar juicios y valoraciones
- Maneras de expresar sentimientos y preferencias
- A mostrarte a favor o en contra de una propuesta o idea
- Formas de controlar la comunicación

**1a** Mira la foto de la página anterior de Antonio, Ana y Lázaro. ¿Recuerdas a qué se dedican? Completa las oraciones con las palabras del cuadro.

11, 12

> fontanero • portera • profesor • carpintero • ~~director~~ • albañil
> señora de la limpieza • electricista • mecánico

1 Antonio es el _director_ de la escuela de teatro *Talía* y el _____ de Julián, Begoña, Andrew y Lola.

2 Ana es la _____ del piso donde viven nuestros amigos y también la _____ del edificio.

3 Lázaro hace de todo un poco, es _____, _____, _____, _____ y _____.

**b** ¿Qué objeto tienen en la mano cada uno de nuestros amigos? Relaciona el objeto correspondiente con cada uno de ellos.

11, 12

1 Antonio        a un plumero para limpiar el polvo.
2 Ana            b una llave para hacer reparaciones.
3 Lázaro         c un libro de teatro.

**c** ¿Cuáles de estas cualidades crees que son apropiadas para cada una de sus profesiones? Completa la lista de cualidades de cada uno de ellos con ayuda de las palabras del cuadro.

11, 12

> hábil • ~~creativo~~ • organizada • comunicativo • agradable
> experiencia • paciente • observadora • dinámico

Antonio

Ana

Lázaro

_creativo_ _____
_____
_____

_____
_____ con la gente
_____

_____ con las manos
_____
con _____

**11, 12**

**2a** Mañana Lola va a entrevistar en su programa al Sr. Pérez, un sindicalista de la ciudad, sobre el paro. Va a utilizar algunas de estas palabras. ¿Puedes relacionarlas con la definición adecuada? Si lo necesitas, utiliza el diccionario.

| | |
|---|---|
| 1 Inestabilidad laboral | a Fijo. |
| 2 Contrato | b Número de horas de trabajo al día. |
| 3 Estable | c Dividir. |
| 4 Jornada laboral | d No tener trabajo fijo. |
| 5 Salario/sueldo | e Convenio escrito entre el trabajador y el empresario. |
| 6 Repartir | f El dinero que te pagan por tu trabajo. |

**1, 4, 5, 8, 12**

**b** Lee la entrevista y marca si estas oraciones son verdaderas (V) o falsas (F) según la opinión del Sr. Pérez.

LOLA: Sr. Pérez, ¿por qué hay tanto paro en nuestra ciudad?

SR. PÉREZ: En mi opinión, no hay paro. A mí me parece que el problema es la inestabilidad laboral.

LOLA: No sé si lo he entendido bien. ¿Quiere decir que hay trabajo?

SR. PÉREZ: Creo que sí. En otras palabras, para mí el problema es que no se hacen contratos estables. O sea, que una persona trabaja un día en una empresa y no sabe si continuará. Estoy convencido de que la gente se siente insegura.

LOLA: ¿Qué soluciones propone?

SR. PÉREZ: En mi opinión, hay que hacer contratos más estables. Pero, además, considero que hay que reducir la jornada laboral.

LOLA: ¿Quiere decir que hay que trabajar menos y ganar menos?

SR. PÉREZ: No, no, no quería decir eso. Desde mi punto de vista, hay que repartir el trabajo pero el salario tiene que ser el justo para vivir dignamente.

LOLA: Me parece que no lo he entendido bien.

SR. PÉREZ: Lo que quiero decir es que muchos empresarios están de acuerdo en reducir la jornada pero dicen que sólo si conlleva una reducción de salario. ¡Es espantoso! Los españoles tienen ya problemas con sus sueldos de jornada completa. Los alquileres, la comida, todo sube y sube. ¿Lo ve?

LOLA: A mí me parece que lo que dice es muy difícil.

SR. PÉREZ: Mejor dicho, yo me refería a que un sueldo bajo es una injusticia social.

| | V | F |
|---|---|---|
| 1 No hay paro. | ✓ | |
| 2 Un contrato inestable crea inseguridad. | | |
| 3 No se debe reducir la jornada laboral. | | |
| 4 Si reducimos la jornada laboral, el salario debe bajar. | | |
| 5 Un sueldo bajo es una injusticia social. | | |

**1, 4, 5, 12**

**c** Ahora mira el cuadro con las estructuras que utilizan los dos durante la entrevista. ¿Te atreves a clasificarlas?

estoy convencido de que • en mi opinión • no quería decir eso • desde mi punto de vista • lo que quiero decir es que • mejor dicho, yo me refería a • para mí • en otras palabras • considero

**Expresar opinión:** *En mi opinión,* _____, _____, _____ y _____.

**Corregir o aclarar:** _____, _____, _____ y _____.

3 ¿Quieres saber lo que opinan nuestros amigos sobre algunos temas?
Escucha e indica el número del diálogo en el que se tratan los siguientes temas.

1, 4, 5

4 Sobre los jóvenes y los contratos basura.
☐ Sobre las vacaciones.
☐ Sobre cambiar de trabajo.

☐ Sobre los contratos basura y los problemas sociales.
☐ Sobre la liberación de la mujer.
☐ Sobre cómo reducir el paro.

4 a Hoy nuestros amigos han realizado las pruebas de teatro. Ahora están hablando sobre cómo les han ido. ¿Puedes escuchar la conversación y señalar la respuesta adecuada en cada caso?

1, 2, 3, 4, 5

1 Begoña está convencida de que hizo las pruebas _____.
☐ muy bien          ✓ fatal          ☐ bien

2 Andrew _____.
☐ está de acuerdo      ☐ no dice nada          ☐ no está de acuerdo

3 Para Begoña hoy es _____.
☐ un día normal      ☐ el mejor día de su vida      ☐ el peor día de su vida

4 A Begoña las pruebas _____.
☐ no le gustan nada   ☐ le encantan          ☐ le alegran

5 Según la conversación, Begoña no quiere oír _____.
☐ a Lola              ☐ los programas de la TV   ☐ los resultados de las pruebas

b Vuelve a escuchar el diálogo y completa el texto con las expresiones del cuadro.

1, 2, 3, 4, 5

no estoy de acuerdo • no soporto las pruebas • estoy convencida
es el peor día • no quiero oírlos • quieres decir que

BEGOÑA: Lo hice fatal. 1 Estoy convencida . Estoy segura. ¿A que sí?
ANDREW: No, no, no. 2_____.
BEGOÑA: Me temblaban la voz y las piernas, me temblaba todo. 3 _____ de mi vida. 4 _____.
LOLA: No te tortures…
BEGOÑA: 5 _____ he fracasado, ¿no?
LOLA: No… quiero decir que… me preocupa verte así.
BEGOÑA: Déjalo. No tengo futuro aquí. Me voy a Bilbao.
LOLA: Begoña, espera, espera. Esta tarde sabremos los resultados.
BEGOÑA: 6 _____.
LOLA: Además ¿qué voy a hacer si te vas? ¿Compartir piso con estos dos? Me alegraría oír que te quedas.

# Primer plano

2, 3

**5** Los siguientes diálogos están incompletos. En el cuadro tienes las intervenciones que faltan. ¿Sabes a qué diálogo corresponde cada una?

> a Me molesta mucho que no friegues los platos.
> b Me preocupa que no encuentres un trabajo bien pagado.
> c Me alegra que estés aquí.
> d Me irrita la desorganización de los cursos.
> e Me gusta oír esta canción a todo volumen.
> f Me preocupa que no se actúe seriamente contra el paro.
> g Me interesa saber qué pasa en el mundo.
> h En verano, me molestan las moscas.

**1** BEGOÑA: Andrew, estoy muy contenta de verte. *Me alegra que estés aquí.* He preparado una cena especial para los dos.

**2** BEGOÑA: Lola, ¿qué opinas tú sobre el problema del paro?
LOLA: _____
_____

**3** JULIÁN: Andrew, ¿tú lees todos los días el periódico?
ANDREW: Sí claro. _____
_____

**4** JULIÁN: Mi padre siempre me dice: "_____
_____" porque sabe que para los jóvenes es muy difícil encontrar un buen trabajo, con contrato y estable.

**5** BEGOÑA: ¿Cuál es tu estación favorita, Lola? La mía es el verano. El buen tiempo me alegra, estoy muy contenta.
LOLA: Pues a mí _____
Prefiero el invierno.

**6** LOLA: Si tenemos que vivir juntas, opino que lo mejor es que seamos sinceras y nos digamos lo que pensamos.
BEGOÑA: Estoy de acuerdo contigo. A ver, Lola, ¿a ti que te molesta de mí?
LOLA: Pues mira _____

**7** ANDREW: _____
No hay quien se aclare.
JULIÁN: No están desorganizados. Lo que pasa es que tienen muchísimo trabajo.

**8** JULIÁN: Perdona Begoña, ¿el volumen está muy alto?
BEGOÑA: No, no te preocupes. _____
_____

## 6a Nuestros amigos están hablando ¿quieres saber qué dicen? Lee el diálogo y contesta a las preguntas que aparecen al final del ejercicio.

BEGOÑA: Vaya caras… Chicos, es el mejor día de mi vida.
LOLA-JULIÁN-ANDREW: ¿Sí?
BEGOÑA: Pues sí. Bueno. Tengo noticias. ¿Estáis preparados? Me quedo.
ANDREW: ¿Te… quedas? ¿De verdad?
BEGOÑA: De verdad. Y me gustaría deciros por qué. Lo primero… por una carta preciosa. Y lo… primero también… por una compañera de piso que necesita… pues eso, una compañera de piso. Y… más primeros… por un mexicano cantarín y… el mejor profesor del mundo. Me quedo por vosotros y por mí.
LOLA: ¿Qué os parece si montamos una fiesta para celebrarlo? Y bailamos toda la noche.

1 ¿Para Begoña hoy ha sido un buen día?
Sí, para Begoña hoy ha sido _____ su vida.
2 ¿Qué piensa Begoña de Antonio?
Piensa que es _____

## b Lee otra vez la conversación y di si las siguientes oraciones son verdaderas (V) o falsas (F).

|  | V | F |
|---|---|---|
| 1 Lola, Andrew y Julián están tristes al principio de la conversación. | ✓ |  |
| 2 Begoña piensa que hoy es el peor día de su vida. |  |  |
| 3 Begoña ha decidido irse a Bilbao. |  |  |
| 4 Begoña piensa que su profesor es el mejor del mundo. |  |  |
| 5 Lola propone celebrar una fiesta. |  |  |

## 7a Escucha cómo nuestros amigos opinan sobre diversos temas. A continuación, tienes algunas oraciones extraídas de los diálogos, ¿puedes completarlas?

1 ¿Qué *piensas acerca* de los sueldos españoles, Andrew?
2 En _____ están bien, no sé de qué se quejan los trabajadores.
3 No sé si lo _____ bien.
4 ¿Qué _____ la dieta mediterránea, Julián?
5 En _____ no es tan buena y sana como dicen.
6 ¿Qué _____ de los tópicos, Andrew?
7 Yo _____ a que la mayoría de los tópicos tienen algo de cierto.
8 A mi _____ los exámenes son una pérdida de tiempo, no sirven para nada.
9 ¿Quieres _____ a los alumnos no se les tiene que evaluar?

## b Ahora, fíjate en estas opiniones y subraya los grupos de verbos que encuentres.

1 A mí me empieza a gustar España. En mi opinión aquí se vive muy bien.
2 Yo dejaré de comer ajos. Me sientan fatal.
3 Yo pienso viajar mucho para descubrir si los tópicos son verdad.
4 Los profesores tienen que valorar otros factores además de los exámenes, como la asistencia a clase, el esfuerzo, etc.

# Primer plano

**8a** Aquí tienes la divertida biografía de Jaime Águilas Estrella. ¿Por qué no la lees? Luego escribe su currículo.

1 de agosto de 2005
Águilas

Yo, Jaime Águilas Estrella con DNI 56.743.678, nací una estrellada noche en Águilas (Murcia, España) un 1 de enero de 1970. Terminé los estudios primarios en 1984. Empecé la enseñanza secundaria, pero dejé de estudiar dos años después. Como tenía que trabajar, así lo hice, y empecé a repartir flores a domicilio, fui repartidor. Muchos de los encargos eran de un enamorado para su novia y todos los ramos de flores llevaban notas de amor, de perdón, de reconciliación, etc. Lo sé porque por el camino las leía y vi que no tenían mucha calidad. Así que tenía que escribirlas yo de nuevo para mejorarlas. Incluso escribí algunas en catalán, alemán y francés. Cuando llevaba repartiendo un año, los clientes empezaron a pedir más y más flores, estaban encantados. Tuve que dejar de repartir para ser redactor y escribir todo el día esas maravillosas notas de amor. En 1988, un año después de empezar a escribir a tiempo completo, fundé mi propia floristería: *Flores Extrarrosas*. El negocio empezó a ir viento en popa y tres años más tarde abrí más floristerías. Desde 1991 cuento con una cadena de veinte floristerías por toda España. Fue entonces cuando tuve que dejar de escribir para dedicarme exclusivamente a dirigir mi negocio. Ahora estoy aburrido y cansado y quiero cambiar de trabajo, quiero volver a escribir notas de amor otra vez. Pueden localizarme en el siguiente número de móvil 678 903 456 o en la calle Flora Tristán, n.º 12.

**CURRICULUM VITAE**

**Datos personales:**
*Jaime Águilas Estrella.*
_____
_____
_____
_____
_____

**Estudios:**
_____

**Idiomas:**
_____
_____
_____

**Experiencia laboral:**
_____
_____
_____
_____

**9 b** Vuelve a leer la biografía y responde a estas preguntas.

1 ¿Cuándo terminó los estudios primarios?
Terminó los estudios primarios *en 1984.*

2 ¿Cuándo dejó de estudiar?
Dejó de estudiar _____

3 ¿Qué tenía que hacer?
_____

4 ¿Qué empezó a hacer para ganar dinero?
_____

5 ¿Qué tenía que hacer con las notas?
_____

6 ¿Qué empezaron a pedir los clientes?
_____

7 Cuando llevaba un año repartiendo, ¿qué tuvo que dejar de hacer?
_____

8 ¿Desde cuándo no escribe?
_____

**9 c** Fíjate en las estructuras que aparecen en las preguntas del apartado anterior y completa.

| Dejar de |
| Tener que | + _____ |
| Empezar a |

## 9a ¿Sabes dónde tienen lugar los diferentes diálogos? Relaciona el lugar con el diálogo correspondiente.

7, 8, 9, 10

> En el bar de una escuela de idiomas • En una consulta médica
> En una oficina • En el salón de una casa • En un taller mecánico
> En una estación de autobuses

**Diálogo n.º 1**
- Te invito a otro café. ¿Quieres?
- Vale, gracias.
- Oye, tú llevas mucho tiempo viviendo en España, ¿no?
- Desde hace un año.
- ¿De verdad? Pues hablas español muy bien, pero que muy bien.
- Gracias. Empecé a estudiar español hace dos años, en mi país.
  *En el bar de una escuela de idiomas*

**Diálogo n.º 2**
- Bueno, Pili, ¿ya has analizado el informe?
- ¡Qué va! Llevo trabajando tres tardes en él y no hay manera, no es fácil.
- ¡Pues tiene que estar para mañana!

**Diálogo n.º 3**
- Perdone señora, ¿sabe si ha salido ya el último autobús para Sevilla?
- ¡Qué va! Llevo esperando desde las tres y todavía no ha pasado.
- Siempre con retraso. La próxima vez pienso viajar en tren.

**Diálogo n.º 4**
- Venga Juan, deja de hablar ya por teléfono. Llevas más de media hora hablando. ¡Verás qué factura!
- Ya voy mamá.

**Diálogo n.º 5**
- Buenas, venía a por el coche ¿ya está arreglado?
- ¡Uf! ¡Qué va! Llevo toda la mañana y aún queda mucho.
- Pero si tenía que estar hoy.
- Sí, sí, ya lo sé, pero hace falta más tiempo, pase mañana.

**Diálogo n.º 6**
- Perdone, ¿lleva mucho tiempo esperando al doctor Gómez?
- Ay sí, desde las cinco.
- Lo siento. El doctor Gómez empezará a visitar pacientes enseguida.

## b Ahora, vuelve a leer los diálogos del ejercicio anterior y anota la cantidad de tiempo de la que hablan en cada uno de ellos.

7, 8

**Diálogo n.º 1:** lleva viviendo en España *un año.*
**Diálogo n.º 2:** lleva trabajando _____.
**Diálogo n.º 3:** lleva esperando el autobús _____.
**Diálogo n.º 4:** lleva hablando _____.
**Diálogo n.º 5:** lleva arreglándolo _____.
**Diálogo n.º 6:** lleva esperando al doctor _____.

## c ¿Por qué no buscas en los diálogos las perífrasis que aparecen en cada uno de ellos?

9, 10

**Diálogo n.º 1:** *empecé a estudiar*      **Diálogo n.º 4:** _____
**Diálogo n.º 2:** _____      **Diálogo n.º 5:** _____
**Diálogo n.º 3:** _____      **Diálogo n.º 6:** _____

# Recursos

## EXPRESAR JUCIOS Y VALORES §42

- Pedir una opinión:

*¿Qué opinas del* nuevo horario?      *¿Cuál es tu opinión sobre* mi propuesta?

- Expresar una opinión o una valoración:

SER + [nombre] + (muy) [adjetivo]      *Es* una *propuesta* muy *inteligente.*

El hablante expresa su opinión personal sobre el tema.

*Para mí / En mi opinión / A mí modo de ver / Desde mi punto de vista*
                 *las mujeres trabajan muchas horas.*

Se puede destacar con *yo* o *a mí*, un contraste frente a las opiniones de los demás.

*(A mí) Me parece que / (Yo) Opino que*   este trabajo no está bien pagado.

- Para indicar una idea con seguridad total:

*Estoy convencido de que / Está claro que*   la gente no tiene seguridad.

- Presentar una idea como poco segura:

*Tengo la impresión de que* algunas personas no quieren trabajar.

## EXPRESAR SENTIMIENTOS Y PREFERENCIAS §43

| (A mí) me | | interesa | | |
|---|---|---|---|---|
| (A tí) te | | preocupa | | |
| (A él / usted) le | + | molesta | + | [nombre singular] |
| (A nosotros) nos | | alegra | | [infinitivo] |
| (A vosotros) os | | irrita | | [subjuntivo] |
| (A ellos / ustedes) les | | gusta | | |

*A nosotros nos preocupa esta situación* tan insegura.
*Me interesa asistir* a la reunión de dirección.
*Me molesta que tarden* tanto en dar una respuesta.

- Si el sustantivo es plural, el verbo también está en plural:   Nos molesta**n los** ruido**s**.

## MOSTRARSE A FAVOR DE UNA IDEA

*Exacto*              *Claro que sí*
*Por supuesto*        *Sin ninguna duda*
*Sin duda*            *Desde luego*

🗨 Me parece que ir a la playa no es una buena idea.
🗨 **Desde luego**. Hoy no hace buen día.

- Para indicar un acuerdo absoluto:

*Estoy* **completamente a favor.**
*Estoy* **totalmente de acuerdo.**

## MOSTRARSE EN CONTRA DE UNA IDEA

🗨 *Creo que va a llover*      🗨 **Yo creo que no.**

- Rechazar una idea enérgicamente:

*Yo* **no estoy en absoluto de acuerdo** *con tu propuesta. No me parece justa.*
*Yo* **estoy totalmente en contra de** *la ampliación de horarios comerciales.*
*No voy a ir con Eva.* **De ninguna manera.**

*Opino que deberíais estudiar más.*

• Desacuerdo enérgico ante una información que no coincide con la que tenía el hablante:

¡Cómo que + [repetición de la idea]!

🗩 ¿Quedamos mañana?
🗩 ¡Cómo que mañana!

## CORREGIR LO QUE UNO MISMO HA DICHO

• Aclarar lo que uno mismo dice porque el otro hablante no lo entiende:

*Yo no me refería a eso, yo me refería a* que tienen que ser responsables.
*No quería decir eso, sino que* tenemos esforzarnos un poco más.
*Me parece que Juan no te conviene. Lo que quiero decir es que* es un chico raro.

• La persona que habla se siente insatisfecha por la manera como da la información:

*Todo el mundo tiene problemas para encontrar trabajo. Mejor dicho, bastante gente.*

• Expresar con otras palabras la misma idea para asegurarse de que el otro hablante la entiende:

*Tienen que reducir los impuestos. En otras palabras, que la gasolina sea más barata.*

## ASEGURARSE DE QUE SE HA ENTENDIDO LO QUE HA DICHO OTRO

• Se repite con otras palabras la información que ha dicho otro:

¿Quieres decir que + [frase]?

*No sé si / Me parece que no / A ver si* lo he entendido bien.

## MANTENER ACTIVA LA CONVERSACIÓN EN CASO DE DUDAS

• Para asegurarse de que se ha entendido el mensaje:

*¿Lo has entendido?*
*¿Me entiendes? ¿Lo ves?*

• Solicitar la confirmación del otro hablante:

*¿Vale? ¿De acuerdo?*
*¿No crees? ¿Verdad? ¿No?*

## LOCUCIONES PREPOSITIVAS §13

Ver apéndice gramatical.

## SUPERLATIVO RELATIVO §6

Ver apéndice gramatical.

## INDICAR DURACIÓN §31

Ver apéndice gramatical.

## PERÍFRASIS VERBALES §29

Ver apéndice gramatical.

*¿Lo has entendido? ¿No?*

*Mmmm…*

# La lengua es un juego

**10** Bienvenido al último juego del nivel intermedio. Para jugar escucha el audio y contesta a las preguntas (deja en blanco las que no sepas). Cuando acabes, suma los puntos y comprueba tu clasificación. Recuerda que puedes repetir la carrera cuando quieras. ¡Buena suerte!

10-14 pts.
15-19 pts.
20-24 pts.
25-26 pts.
29-32 pts.
33-36 pts.

*menos de 10 pts. Te falta gasolina, vuelve a empezar*

36 35 34 33 32 31 30 29 28 27 26 25 24 23 22 21 20 19 18 17 16 15 14 13 12 11 10 9 8 7 6 5 4 3 2 1

SALIDA

á

A

# La lengua es un mundo

**11a** Si buscas trabajo este artículo te interesa. Léelo y, después, intenta responder a esta pregunta: ¿cuáles son los pasos que hay que seguir para formar parte de una ciberagencia?

✎ 11, 12

**INTERNET: Sitios para conseguir empleo**

Internet puede ser una buena ventana para asomarse cuando se está buscando trabajo. Con el *curriculum vitae* preparado, es posible conseguir empleo desde casa en alguna de las numerosas agencias de empleo virtuales que ofrecen sus servicios en la Red.

Es necesario aclarar que, aunque las oportunidades de éxito en la búsqueda de un trabajo son reales, ninguna **compañía** garantiza una respuesta inmediata ni el interés que el trabajo pueda tener para el candidato.

Por lo general, las agencias procuran cubrir todo el mercado laboral, pero están principalmente orientadas hacia áreas como la administración, las finanzas, la tecnología y el **márketing**.

Para formar parte de la base de datos de estas ciberagencias hay que **registrarse** como usuario y luego completar una solicitud de empleo señalando el área profesional en la que se está buscando trabajo, el lugar de residencia y una dirección de correo electrónico. Con todos estos datos se elabora una ficha que sirve para clasificar al usuario y agilizar la búsqueda de los **contratantes**.

Una vez que el currículo ha sido cargado en el sitio sólo queda esperar a que alguna empresa se muestre interesada. Si esto ocurre, la agencia se encargará de coordinar una entrevista.

En los próximos años se espera no sólo que estas agencias gestionen gran parte de los nuevos contratos laborales, sino que, además, sirvan de apoyo a los jóvenes que buscan su primer trabajo.

Adaptado de Marcello Bellucci, *Buscadores de trabajo*, en *Clarín*, 22 de marzo de 2000.

Para formar parte de una ciberagencia:

1.º Hay que _____.          2.º _____.

**b** ¿Eres capaz de encontrar en el artículo palabras relacionadas con Internet? Fíjate en las letras que te proporcionamos, te dan la pista.

1 a*gencias* de e*mpleo* v*irtuales*          6 c_____
2 r_____          7 u_____
3 b_____          8 d_____ d___ c_____ e_____
4 t_____          9 c_____
5 b_____ d___ d_____          10 s_____

**c** Ahora, fíjate en las palabras destacadas en el artículo. ¿De cuál de las palabras que tienes a continuación son sinónimas cada una de ellas?

1 empresa: _____          3 empresarios: _____
2 técnicas de venta: _____          4 inscribirse: _____

**Búsqueda de trabajo *on line*:**
www.trabajando.com

**Preparación del currículo:**
www.cvfuturo.com.ve/curri.html

**Emisora de televisión mexicana:**
www.televisa.com

# Evaluación

### Ahora puedo:

- [ ] Sé cómo expresar juicios y valoraciones.
- [ ] Soy capaz de expresar sentimientos y preferencias.
- [ ] Puedo mostrarme a favor o en contra de una idea.
- [ ] Conozco algunas formas de controlar la comunicación.

### He aprendido otras cosas:

_____
_____
_____
_____
_____

**1** Para comprobar que dominas bastante bien lo que has trabajado en esta lección, elige la respuesta correcta.

**1** Es la mejor idea _____ todas.
- [ ] por  - [ ] de  - [ ] que

**2** Begoña _____ de llorar. Me estás poniendo nerviosa.
- [ ] dejar  - [ ] llevas  - [ ] deja

**3** Paco, cállate ya, ___ hablando tres horas.
- [ ] tienes  - [ ] llevas  - [ ] piensas

**4** No me molesta que no salgas, yo _____ salir de todos modos.
- [ ] tengo  - [ ] dejo  - [ ] pienso

**5** ____ cinco meses que conozco a Julián.
- [ ] De hace  - [ ] Hace  - [ ] Desde

**6** Llevo _____ en México tres años.
- [ ] viviendo  - [ ] vivir  - [ ] vivió

**7** No, Andrew, eso no está bien. _____ que hacerlo así.
- [ ] Dejas  - [ ] Tienes  - [ ] Llevas

**8** Trabajo en la clínica *Plas* ___ diez años.
- [ ] desde hace  - [ ] desde  - [ ] de

**9** ¿A qué hora _____ a trabajar?
- [ ] empiezas  - [ ] dejas  - [ ] piensas

**10** _____ si te puedes llevar el coche, mi respuesta es no.
- [ ] Acerca  - [ ] Desde hace  - [ ] En cuanto a

**2** Aquí tienes el diálogo entre el equipo directivo de una empresa que tiene problemas de competitividad y está buscando soluciones. En la conversación faltan algunas palabras, colócalas en el sitio correcto.

> lo que quiero decir es que • cómo que • tenemos que • empezamos
> en cuanto a • hace • estoy totalmente de acuerdo contigo
> ¿me entiendes? • a mí me preocupa • tengo la impresión

SRA. RICO: Opino que debemos ampliar la plantilla, si no perderemos competitividad.

SR. BUENO: A ver, **1** _____ ampliar el número de trabajadores hay varios problemas, el más importante es que no tenemos recursos.

SRA. RICO: ¡**2** _____ no tenemos recursos! Los tenemos, pero hay que invertirlos en personal.

SR. BUENO: Me parece muy bien, pero **3** _____ más el tema de la informatización de la empresa.

SRA. RICO: Desde luego, pero **4** _____ tres semanas que no podemos aceptar más pedidos por falta de personal. Vamos a perder a los clientes alemanes.

SR. BUENO: **5** _____ si modernizamos la empresa vamos a ser más competitivos.

SRA. RICO: No está claro que vayamos a serlo. Al menos, no de inmediato. Es una cuestión muy urgente, **6** _____

SR. BUENO: Sí, sí te entiendo, pero pienso que **7** _____ a perdernos. Según lo dicho **8** _____ de que hay dos soluciones sobre la mesa: una es contratar más personal y la otra es la informatización, ¿no?

SRA. RICO: Sí, tú piensas que **9** _____ invertir en informática y yo en personal.

SR. BUENO: Como no nos ponemos de acuerdo pediremos al asesor que nos desarrolle un informe. Podemos pasarlo a la junta y allí se decidirá.

SRA. RICO: **10** _____.

SR. BUENO: Perfecto.

## 1 ¿Puedes señalar la respuesta más adecuada?

**1** ¿Crees que llevas una vida sana?
- ☐ Estoy segura de que el pan engorda.
- ☐ Con tanta polución, la ciudad me mata.
- ☐ Yo creo que sí. Hago mucho deporte.

**2** ¿Qué encabezamiento te parece mejor para escribir una carta comercial?
- ☐ Distinguidos señores:
- ☐ Fabulosos señores:
- ☐ Un fuerte abrazo:

**3** Begoña, ¿tú qué opinas de la dieta mediterránea?
- ☐ Bueno, yo creeré que es muy sana.
- ☐ A mí me parece que es muy sana.
- ☐ A mí me pareció que es muy sana.

**4** ¿Crees que vendrá Begoña a la charla sobre comida sana?
- ☐ Tienes razón, lleva una vida muy sana.
- ☐ A mí me ha dicho que si puede, vendrá.
- ☐ Total, que la gastronomía no es lo suyo.

**5** Begoña llega tarde, ¿cómo crees que se disculpa?
- ☐ ¡Qué lástima que no vengáis!
- ☐ A mí me parece extraordinaria.
- ☐ Perdonadme. No ha sido culpa mía. El bus tardó mucho en llegar.

**6** ¿Sabes cuántos japoneses visitan la Sagrada Familia?
- ☐ Todos la visitaron mañana.
- ☐ El 40 % de la población sólo habla japonés.
- ☐ Creo que unos 3.000 japoneses al año.

**7** ¿Conoces algún sitio donde dormir?
- ☐ El hotel donde dormí la última vez estaba muy bien.
- ☐ Las agencias que buscan alojamiento son muy caras.
- ☐ Si vas a Burgos, te visitaré.

**8** Un famoso cantante suspende su concierto. El público se queja:
- ☐ ¡Qué decepción! ¡Que nos devuelvan el dinero!
- ☐ Me sabe mal, pero no llevo dinero.
- ☐ Pues a mí me gustó.

**9** ¿Estás a favor de la dieta vegetariana?
- ☐ A mi modo de ver, la carne está muy cara.
- ☐ Estoy en contra porque creo que es insuficiente.
- ☐ Sí, quizás sí, pero me gustará más la carne.

## Así puedes aprender

**Un texto es más fácil de comprender si ya conoces el tema. Por eso,** es mejor que elijas temas de los que ya conozcas algo **o que te motiven.**

**Intenta predecir la información** que puede aparecer. Si lees el título, observas el formato y la foto, seguro que puedes predecir bastante información. Si el texto tiene dibujos o gráficos, préstales mucha atención, te pueden ayudar a entenderlo.

**Observa cómo está organizada la información,** si las ideas están claramente ordenadas y si el texto tiene diferentes partes.

Muchas veces no necesitamos comprenderlo todo y sólo necesitamos obtener una idea general. Para ello, puedes **leer por encima** atendiendo sólo a las **palabras clave.** En otras ocasiones, sin embargo, necesitamos encontrar datos concretos.

## Diario de aprendizaje

Antes de empezar este bloque no podía _____ _____

pero ahora sí puedo _____ _____ _____.

Creo que para aprender más tengo que _____ _____.

En cuanto a la gramática, al vocabulario, a leer y a escuchar, he descubierto que tengo que practicar más ____ _____ _____.

He observado que la cultura y las costumbres españolas e hispanoamericanas se parecen a las de mi país porque _____ _____,

pero son diferentes en que _ _____ _____.

He escuchado _____ los audios para observar la pronunciación.

Cuando aprendía español mis estados de ánimo eran _____ _____.

Mi objetivo para el próximo nivel es _____ _____ _____.

**2** Olga ha asistido a una conferencia sobre vida sana y ahora está escribiendo esta carta a sus padres. ¿La ayudas llenando los huecos en blanco?

> así que • culpa • después • incluso • llevo • creo • hablando
> tarde • opinión • segura • parece • parecen

Queridos padres:

Os echo de menos y es probable que vaya a veros pronto. 1_____ ya un año trabajando aquí y 2_____ que por fin tendré dos semanitas de vacaciones, que me iré de maravilla para reponerme –¡estoy agotada!–. Y, 3_____ de reponerme, ayer asist a una conferencia sobre vida sana. El conferenciante era un homeópata muy conocido. Su charla empezó como todas: "Distinguidos señores, siento llegar 4_____, pero ha sido 5_____ del metro, que funciona fatal." 6_____ estuvo más interesante, 7_____ dijo algunas cosas que a mí me 8_____ fantásticas. En su 9_____, es recomendable dormir en el suelo y ducharse con agua fría durante todo el año. Estoy 10_____ de que dormir en el suelo es fabuloso para la espalda, pero me 11_____ exagerado lo de ducharse todos los días con agua fría.

Bueno, tengo que trabajar, 12_____, os dejo ya.

Muchos besos de vuestra hija,

Olga.

**3** ¿Por qué no completas estas frases?

**1** Yo creo que es sanísima. Es _____, creo que es la mejor.
☐ total  ☐ más  ☐ menos

**2** ¿Cuánta gente crees que vivía en el campo en la Edad Media?
No sé, centenares de ____. La mayoría de las personas vivía en el campo.
☐ mil  ☐ cientos  ☐ miles

**3** A mí el plato que _____ es el cocido.
☐ menos me gustas
☐ más me gusta
☐ más me gustan

**9** ¿Recuerdas el hotel _____ dormimos en Londres?
☐ que  ☐ donde  ☐ cuando

**10** ¡Es increíble! ¡El _____ de la población fuma!
☐ 60%  ☐ mitad  ☐ sesenta

**6** La persona con ____ hablé me dijo que me corresponden cuatro meses de paro.
☐ quien  ☐ cual  ☐ quién

**7** Si sigue _____ así, no podremos salir de casa.
☐ llovido  ☐ llover  ☐ lloviendo

**8** Creo que vendré el miércoles, _____ no estoy segura.
☐ ni  ☐ pero  ☐ y

**4** Mañana por la _____, sobre las diez, iré a tu casa.
☐ mañana  ☐ madrugada  ☐ tarde

**5** ¿Todavía te ves con Begoña?
Ahora no nos vemos tanto, pero _____ llamamos todas las semanas.
☐ me  ☐ os  ☐ nos

# redes de palabras

En esta sección te mostramos una forma de organizar el léxico que te puede ayudar a memorizarlo. Solemos recordar las palabras relacionando unas con otras, para que esto suceda de una forma más completa te presentamos las siguientes redes de palabras.

El globo rosa destaca el tema de la red. En azul aparecen las palabras directamente relacionadas con el globo principal. Los globos amarillos, que proceden de los azules, crean pequeños grupos de palabras que se asocian con el asunto temático del globo azul. Los globos verdes están ligados a los amarillos, bien porque son palabras que derivan de las anteriores, bien porque están relacionadas por el significado. Por último, los globos naranja (si los hay) están estrechamente relacionados con los verdes por derivación o por tema.

En estas redes encontrarás algunos globos vacíos: te invitamos a que los completes. Por supuesto, también puedes ampliar las redes y crear las tuyas propias.

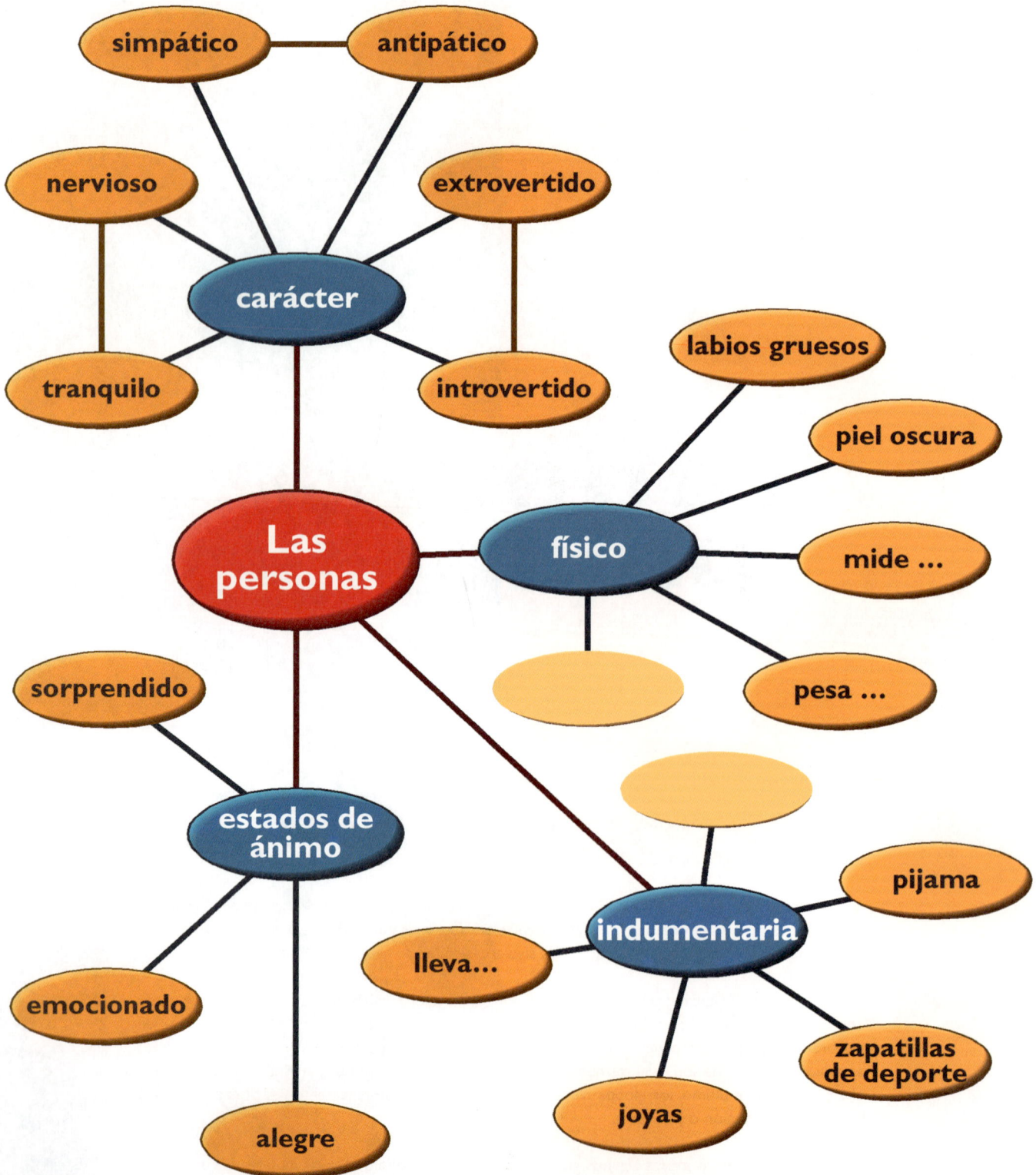

simpático — antipático

nervioso

extrovertido

carácter

tranquilo

introvertido

labios gruesos

piel oscura

físico

mide …

Las personas

pesa …

sorprendido

estados de ánimo

indumentaria

pijama

lleva…

emocionado

zapatillas de deporte

joyas

alegre

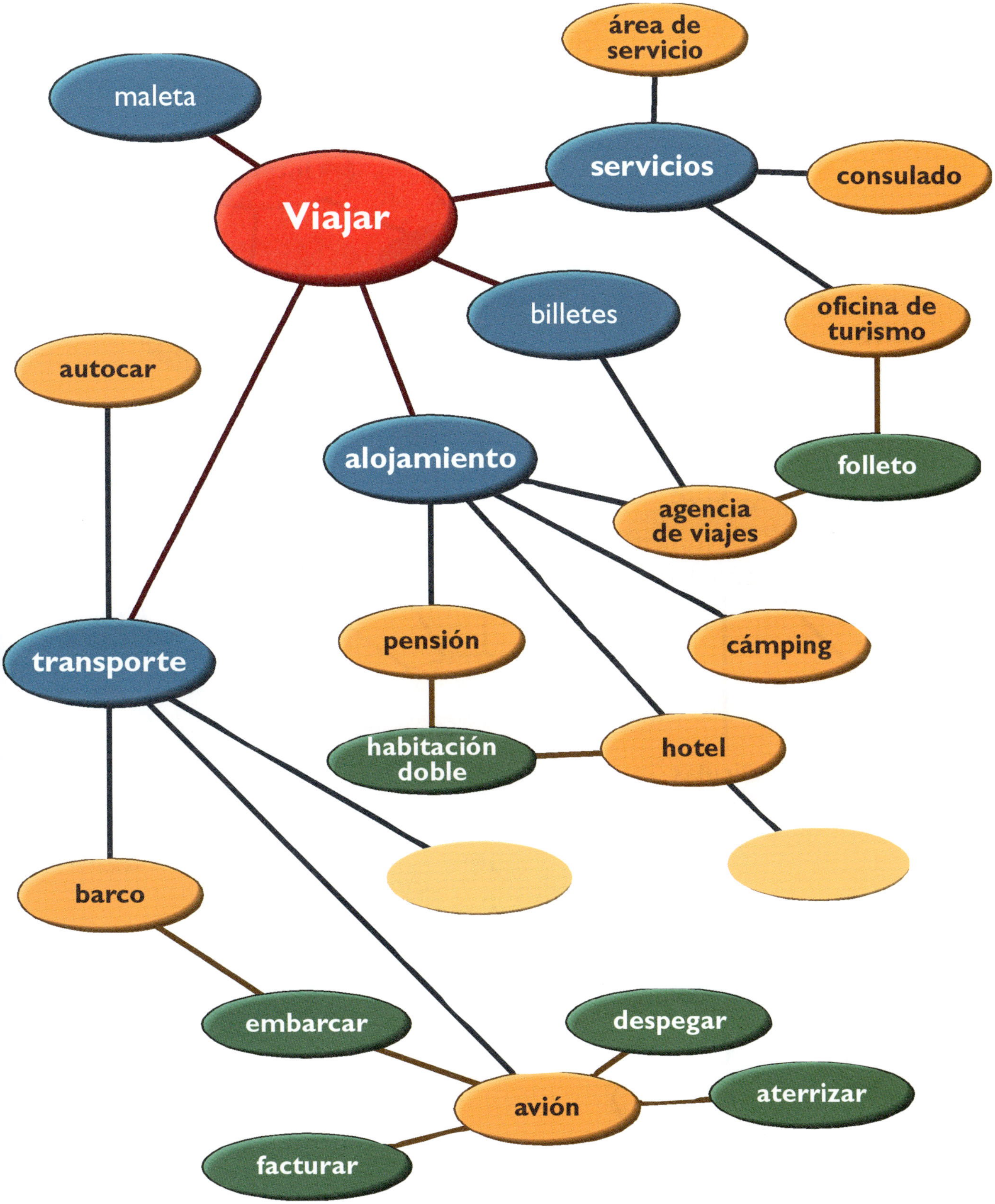

maleta

Viajar

área de
servicio

servicios

consulado

autocar

billetes

oficina de
turismo

alojamiento

folleto

agencia
de viajes

pensión

cámping

transporte

habitación
doble

hotel

barco

embarcar

despegar

aterrizar

avión

facturar

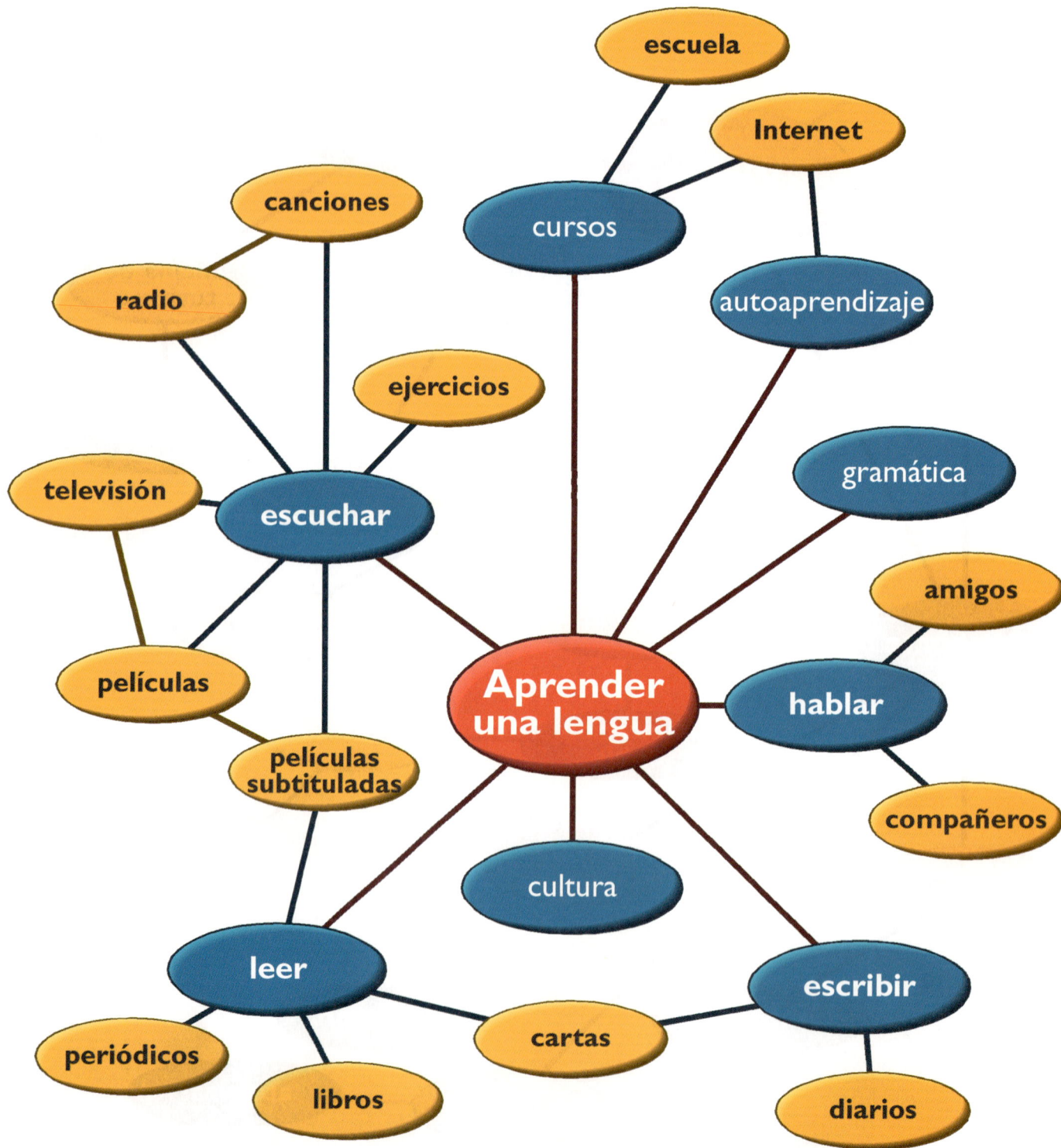

escuela

Internet

canciones

cursos

radio

autoaprendizaje

ejercicios

gramática

televisión

escuchar

amigos

**Aprender una lengua**

hablar

películas

compañeros

películas subtituladas

cultura

leer

escribir

periódicos

cartas

diarios

libros

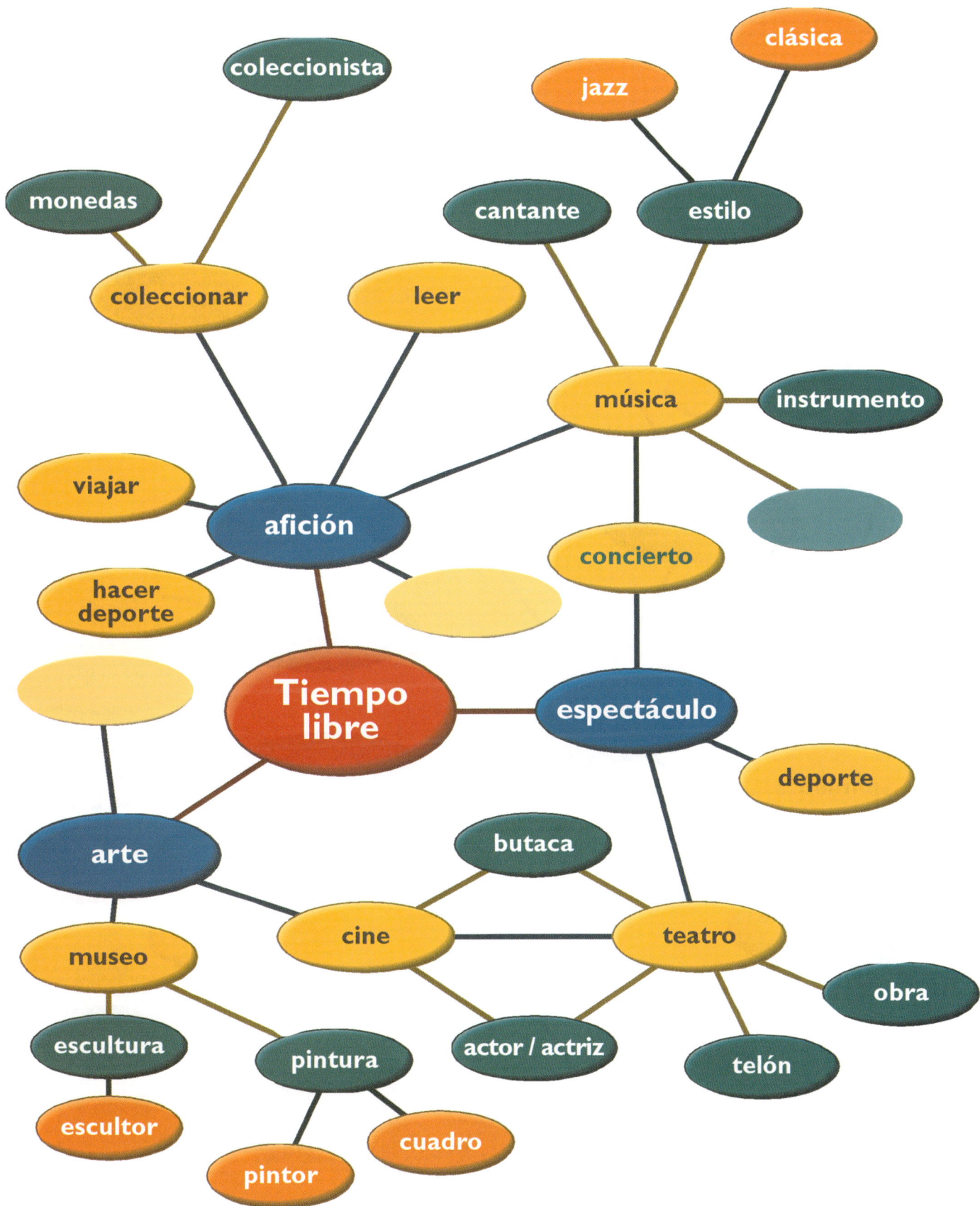

coleccionista

monedas

coleccionar

leer

jazz

clásica

cantante

estilo

viajar

aficíon

música

instrumento

hacer deporte

concierto

Tiempo libre

espectáculo

deporte

arte

butaca

museo

cine

teatro

obra

escultura

pintura

actor / actriz

telón

escultor

pintor

cuadro

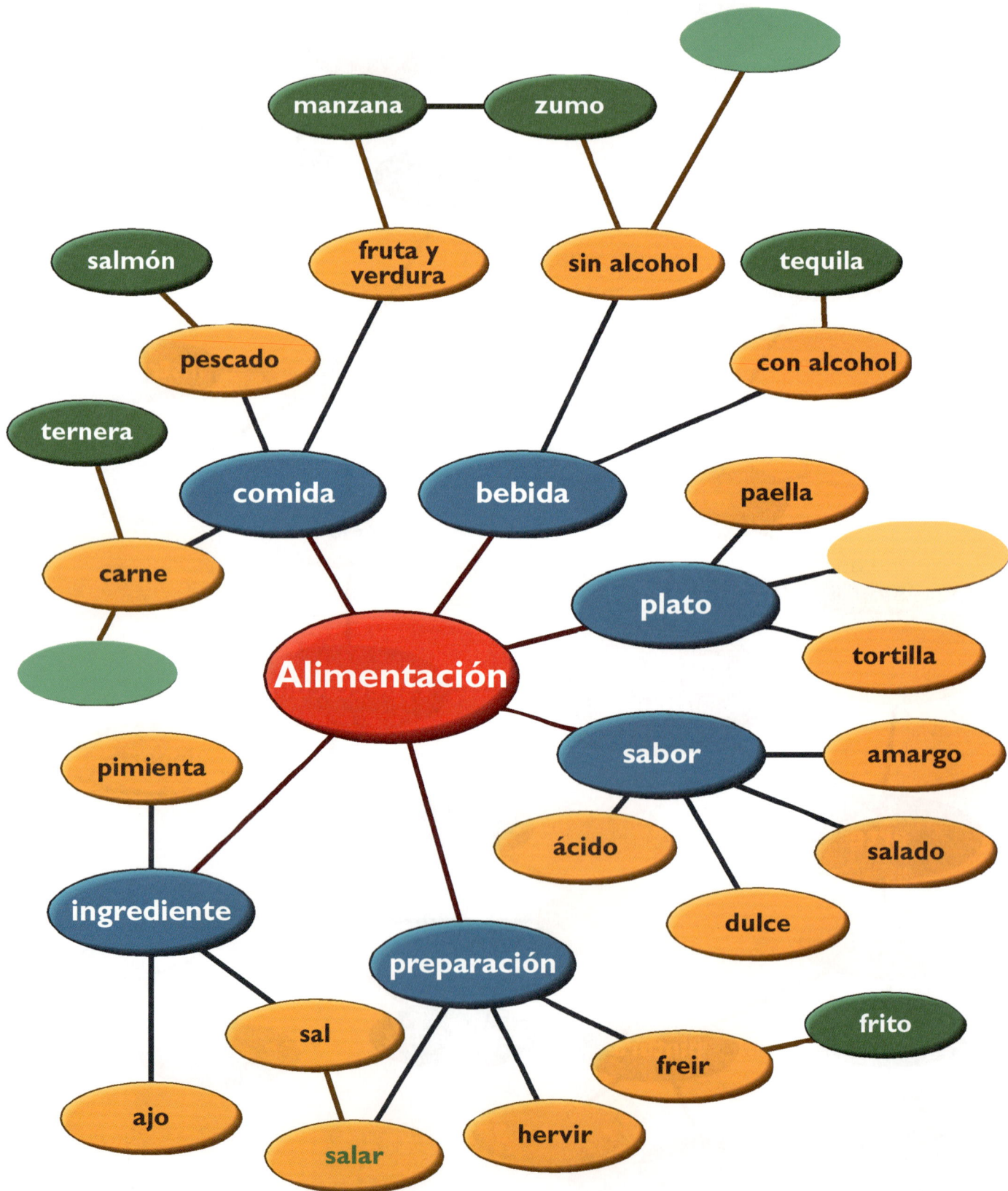

manzana — zumo

salmón

fruta y verdura

sin alcohol

tequila

pescado

con alcohol

ternera

comida

bebida

paella

plato

carne

tortilla

**Alimentación**

sabor

amargo

pimienta

ácido

salado

ingrediente

dulce

preparación

sal

frito

freir

ajo

hervir

salar

anestesia

operación

quirófano

hospital

aspirina

jarabe

pastillas

antibiótico

medicina

farmacia

infección

enfermedad

estar en forma

Salud

resfriado

gripe

síntoma

estornudo

tos

dolor de ...

fiebre

mareo

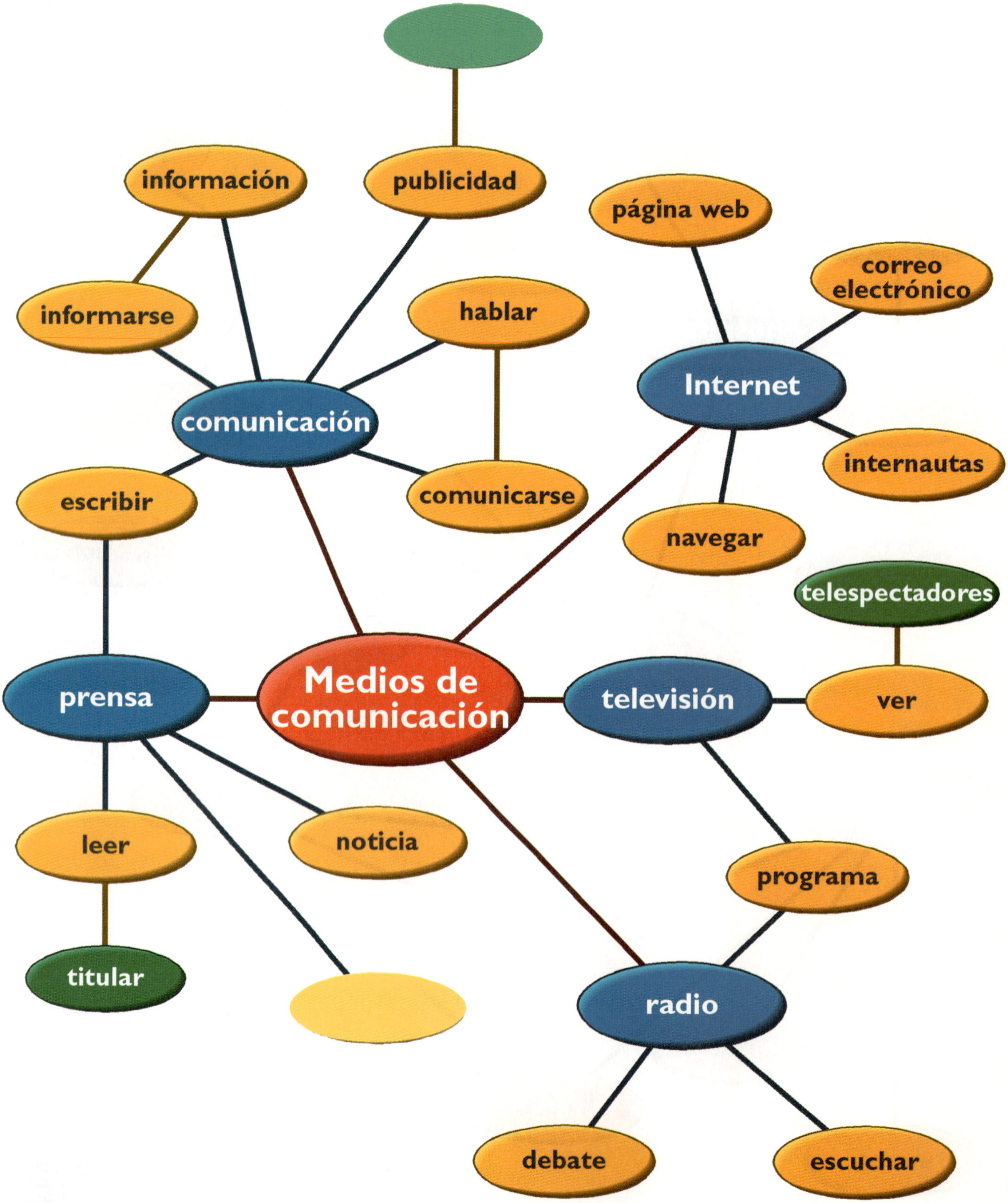

información

publicidad

página web

correo electrónico

informarse

hablar

Internet

comunicación

internautas

escribir

comunicarse

navegar

telespectadores

prensa

Medios de comunicación

televisión

ver

leer

noticia

programa

titular

radio

debate

escuchar

# apéndice gramatical

# ÍNDICE DEL APÉNDICE GRAMATICAL

## ■ ACENTO Y ENTONACIÓN (§1-§2)

### §1 ACENTUACIÓN

La mayoría de las palabras españolas tiene una sílaba llamada tónica, que se pronuncia con más intensidad que las otras, llamadas átonas. Fíjate en las siguientes palabras en las que la sílaba tónica está destacada: **ca**.sa, re.**loj**, **ár**.bo.les, pa.**pe**.les.

El acento de intensidad (la mayor fuerza y duración con que se pronuncia una sílaba) en español sirve para distinguir palabras con significado distinto: a.**bra**.zo, a.bra.**zó**.

En determinadas ocasiones este acento de intensidad (fonético) se representa en la escritura con una tilde ( ´ ) sobre la vocal de la sílaba tónica. A continuación, vamos a ver cuáles son las reglas de acentuación gráfica (de representación con la tilde).

En primer lugar, tenemos que saber cuál es la sílaba tónica de la palabra. Según el lugar de la sílaba tónica tendremos:

**1**. Palabras **agudas**: la sílaba tónica es la primera de la palabra empezando a contar por la derecha: re.**loj**, ca.**mión**

**2**. Palabras **llanas**: la sílaba tónica es la segunda empezando a contar por la derecha: **ma**.pa, **há**.bil

**3**. Palabras **esdrújulas**: la sílaba tónica es la tercera empezando a contar por la derecha: **rá**.pi.do, **mé**.di.co

**4**. Palabras **sobreesdrújulas**: la sílaba tónica es la cuarta empezando a contar por la derecha: **bé**.be.te.lo, **có**.me.te.la

Las palabras agudas llevan tilde cuando acaban en *vocal*, *n* o *s* (*papá, camión, verás*); las palabras llanas llevan tilde cuando no acaban ni en *vocal*, ni en *n*, ni en *s* (*hábil, lápiz*); todas las palabras esdrújulas y sobreesdrújulas, cualquiera que sea su terminación, llevan tilde (*música, mágico, bébetelo*).

Cuando una vocal cerrada [i, u] manifiesta el acento de la palabra y aparece delante o detrás de cualquier otra vocal [e, a, o] lleva siempre tilde o acento ortográfico en la escritura: *María, raíz, Raúl, confíe, feísimo, Eloísa, envío, acentúa, actúe, continúo, aúlla, reúne.*

### §2 LA ENTONACIÓN DE LA FRASE

La entonación es la línea melódica con que se pronuncia una frase y constituye un rasgo particular de las lenguas y de los hablantes. La entonación manifiesta la intención de la frase: aseverativa, interrogativa o de exclamación, por ejemplo, o también el estado de ánimo del hablante.

La frase puede estar constituida por uno o varios grupos fónicos, que son partes del enunciado comprendidas entre dos pausas o cambios de inflexión.

Como las diferencias significativas de la entonación se manifiestan en la dirección descendente o ascendente de la curva melódica o inflexión, desde la última sílaba tónica hasta el final del grupo fónico, se suele representar mediante distintos símbolos, para indicar la dirección y el grado de descenso o altura de la curva, colocados al final del grupo fónico.

Símbolos de representación de la entonación:

**1**. Inflexión en cadencia, [ ⇓ ] : la entonación desciende al máximo.

**2**. Inflexión en semicadencia, [ ↓ ] : la entonación desciende en menor grado que en la cadencia.

**3**. Inflexión en anticadencia, [ ⇑ ] : la entonación asciende al máximo.

**4**. Inflexión en semianticadencia, [ ↑ ] : la entonación asciende en menor.

**5**. El símbolo [ # ] indica una pausa, más o menos breve, en el enunciado.

En los cuadros siguientes se resume la inflexión melódica de las principales clases de frases, de manera que para recordarlo mejor se agrupan por el número de grupos fónicos y por los distintos significados de los ejemplos.

En los ejercicios de pronunciación del libro, centrados en la entonación, se utilizan los mismos símbolos para representar la inflexión melódica y están grabados en los audios para hacer ejercicios de imitación. Te aconsejamos que leas en voz alta los ejemplos y que te fijes en la melodía.

## Frases de un grupo fónico

### Inflexión descendente

| Entonación | Significado / Intención | Ejemplos |
|---|---|---|
| [ ⇓ ] | Expresiones aseverativas cortas | – Está en casa ⇓.<br>– No vive aquí ⇓. |
| | Interrogación pronominal | – ¿Cómo se llaman ⇓?<br>– ¿Cuándo vinieron ⇓? |
| | Exclamación | – ¡Qué frío hace ⇓!<br>– ¡Cómo llueve hoy ⇓! |
| | Expresión de mandato o enfado | – ¡Abre la puerta ⇓!<br>– ¡Márchese de aquí ⇓! |
| | Ruegos y fórmulas de cortesía | – Buenas tardes ⇓, Juan ⇓.<br>– Hasta la vista ⇓.<br>– Usted perdone ⇓. |

### Inflexión ascendente

| Entonación | Significado / Intención | Ejemplos |
|---|---|---|
| [ ⇑ ] | Interrogación absoluta | – ¿Trabajas mucho ⇑?<br>– ¿Vives en Madrid ⇑? |
| | Interrogación absoluta que sigue a una afirmación | – Trabajas mucho ⇓ ¿no ⇑?<br>– Yo me llamo Begoña ⇓ ¿y usted ⇑? |
| | Expresiones aseverativas en suspenso | – En ese caso...⇑<br>– Si yo fuera usted...⇑ |

### Inflexión ascendente y descendente

| Entonación | Significado / Intención | Ejemplos |
|---|---|---|
| [ ↑ ⇓ ] | Interrogación reiterada | – ¿Que si te gusta la fruta ↑ ⇓? |
| | Interrogación para confirmar respuesta | – ¿Que si has pagado la factura ↑⇓? |
| | Interrogación hipotética o de suposición | – Entonces, ¿te quedas ↑ ⇓?<br>– ¿De modo que no sales ↑ ⇓? |
| | Interrogación de sorpresa | – ¿Estarán enfermos ↑ ⇓?<br>– ¿Habrán hablado con el jefe ↑ ⇓? |

## Frases de dos grupos fónicos

### Inflexión ascendente y descendente

| Entonación | Significado / Intención | Ejemplos |
|---|---|---|
| [....⇑ ....⇓] | Oraciones aseverativas | – En el mercado nuevo ⇑ , se vende mucha fruta ⇓.<br>– Las ventanas de mi casa ⇑ estaban cerradas ⇓.<br>– Estaban cerradas ⇑ las ventanas de mi casa ⇓ . |
| | Oraciones aseverativas con una proposición subordinada | – Cuando nos veamos ⇑, te lo contaré ⇓.<br>– En cuanto se reúnen ⇑, empiezan a discutir ⇓.<br>– Empiezan a discutir ⇑ en cuanto se reúnen ⇓. |
| | Oraciones aseverativas unidas por conjunción | – Llegaron a casa ⇑ y se pusieron a estudiar ⇓.<br>– Gritaban mucho ⇑, pero no tenían razón ⇓. |
| | Oraciones interrogativas de dos disyuntivas | – ¿Comes con nosotros ⇑ o comes fuera ⇓?<br>– ¿Vamos al cine⇑ o vamos al teatro ⇓? |

## Frases de tres o más grupos fónicos

### Inflexión ascendente y descendente

| Entonación | Significado / Intención | Ejemplos |
|---|---|---|
| [...⇑ ....↑ ....⇓ ] | Expresiones aseverativas de tres grupos fónicos | – El anciano soldado⇑ tenía fija en su mente ↑ la batalla de Berlín ⇓. |
| [⇑ ...↓, ...↓, ...↑ y ...⇓] | Enumeración en posición final del enunciado | – En las casas del pueblo⇑ había vacas ↓, caballos ↓, perros pastores ↑ y otros animales domésticos ⇓. |

## ■ EL ARTÍCULO: PRESENCIA / AUSENCIA (§3-§4)

Los sustantivos en español pueden aparecer precedidos de alguna palabra que lo determine (artículos, posesivos, demostrativos, numerales e indefinidos) o sin ningún tipo de determinante. Aquí nos referimos a los artículos en particular. La presencia del artículo delante del nombre a veces es obligatoria; otras veces, es posible la alternancia entre la presencia o ausencia del artículo para expresar diferentes matices en la significación del nombre.

## §3 PRESENCIA OBLIGATORIA DEL ARTÍCULO

**1**. Con nombres comunes (no propios) que aparezcan en la expresión de sujeto delante del verbo.
> *El estudiante ya ha llegado.*
> *Los estudiantes han llegado.*
> *El vecino tiene el coche estropeado.*
> *Los vecinos tienen los coches en el garaje.*

**2**. Con nombres comunes (no propios) que aparezcan en la expresión de sujeto detrás del verbo.
> *A María le duele la cabeza.*
> *A Juan le interesan los libros.*
> *A María le gusta la tortilla de patatas.*

**3**. Con nombres contables en singular con función de complemento directo.
> *Quiero un lápiz.*
> *Quiero el libro grande.*

**4**. Los nombres que se refieren a una persona por el apellido precedidos de un nombre genérico (*señor, señora, familia*) o cuando se refieren a los miembros de una familia o grupo de gente con el mismo nombre.
> *La señora Pérez no ha venido.*
> *La familia Martínez no ha venido.*
> *Los Fernández se han ido de vacaciones.*

**5**. La mayoría de los nombres propios de accidentes geográficos usan habitualmente artículo con manifestación o no del nombre común.
> *El (río) Ebro*
> *El (mar) Cantábrico*
> *Los (montes) Pirineos*

**6**. En la construcción siguiente se usa *lo* para referirse de forma genérica a una idea conocida, o bien para referirse a una cosa o idea que el hablante no quiere o no puede nombrar:
lo que + [verbo]
> *Me extraña lo que dices.*
> *He pensado en todo lo que hablamos ayer.*
> *Lamento lo que le ha hecho Ricardo.*

## §4 PRESENCIA / AUSENCIA DEL ARTÍCULO

**1**. Se usa el artículo cuando ya se ha hablado de algo. No se usa el artículo al hablar de algo en plural por primera vez si aparece detrás del verbo:
> *Por cierto, ya tienes las camisas planchadas.*
> *¿Tienen (Ø) camisas de manga larga?*

**2**. Para referirse a cosas concretas usamos el artículo. No se usa para destacar el género o la clase de cosas y no referirse a un elemento concreto:
> *¿Dónde hay un teléfono?*
> *He visto un cuadro precioso.*
> *Dame el pan.*

> *¿Tienes (Ø) teléfono móvil?*
> *¿Tienes (Ø) pan?*
> 💬 *¿A qué te dedicas?*
>> 💬 *Vendo (Ø) cuadros.*

**3**. Se usa el artículo para referirse a una hora concreta o para indicar un espacio de tiempo con las preposiciones *desde...hasta* entre dos horas. No se usa cuando se expresa un espacio de tiempo entre dos horas con las preposiciones *de...a*:
> *Es la una y media.*
> *Son las cuatro menos cuarto.*
> *Trabajo desde las cuatro hasta las ocho.*

> *Trabajo de (Ø) cuatro a las ocho.*

**4**. Con nombres de profesiones se usa el artículo cuando se añade más información a la profesión. No se usa para clasificar a una persona en una profesión:
> *Aquél es el periodista que escribe tan bien.*
> *Te presento a mi hermano. Es (Ø) economista.*

**5**. Con los días de la semana, no se usa el artículo con la estructura ser + [día]. Sí se usa en los demás casos:
> *Hoy es (Ø) martes.*
> *¿Nos vemos en tu casa el martes?*

**6**. Cuando nos referimos a la edad se usa el artículo con la preposición *a*, pero no en los demás casos:
> *Juan se casó a los veinte años.*

*Juan se casó **con (Ø)** veinte años.*
*Juan tenía **(Ø)** veinte años.*

**7**. Si nos dirigimos directamente a la persona no se usa el artículo. Cuando no nos dirigimos directamente a la persona no se usa el artículo:
*Encantado, **(Ø)** señora Pérez.*
*Buenos días, **(Ø)** señor Canosa.*
*¿Puedo hablar con **el** señor Canosa?*

**8**. Los nombres propios de ciudades, países y continentes no suelen llevar artículo, pues ya están individualizados. Llevan artículo cuando están especificados por un adjetivo o complemento:
***(Ø) América** es un continente muy extenso.*
*Ahora vivo en **(Ø) Madrid**.*

***La América occidental** tiene muchos parques naturales.*
*Le encanta leer novelas ambientadas en **el Madrid de los Austrias**.*
***La Barcelona de principios de siglo** era muy acogedora.*
***La María que tú conoces** es muy guapa.*

Hay algunas excepciones de ciudades o países en los que el artículo forma parte del nombre: *El Cairo, Estados Unidos y Los Estados Unidos, La Habana, La Haya, Los Emiratos Árabes Unidos,...*

## ■ EL ADJETIVO (§5-§6)

## §5 EL ADJETIVO: POSICIÓN Y FORMAS APOCOPADAS

El adjetivo puede colocarse delante o detrás del nombre, según el tipo de que se trate.

### Adjetivos especificativos y gentilicios
Los adjetivos que especifican al nombre, que reducen el conjunto de referentes significados por el nombre, y los gentilicios, que indican el lugar de procedencia, como *español, brasileño, americano...*, siempre van pospuestos al nombre.

*Ha llegado el alumno brasileño.*
*Ha llegado el ~~brasileño alumno~~.*

*Es un trabajo literario.*
*Es un ~~literario trabajo~~.*

### Adjetivos explicativos
Los adjetivos explicativos, que **no** reducen el conjunto de referentes significados por el nombre, manifiestan una cualidad objetiva del nombre o de todos los referentes significados por el nombre (*rojo, interesante, guapo, agradable, alto,...*) generalmente van pospuestos. En los casos en los que el adjetivo aparece antepuesto suele haber un cambio de significado.

A veces el cambio reside en presentar la cualidad como subjetiva, sin valor restrictivo.

*Ha recibido una carta maravillosa (y no horrorosa)*
*Ha recibido una maravillosa carta (~~y no horrorosa~~)*

También pueden anteponerse algunos adjetivos con un valor explicativo, no restrictivo.

*Todo esto pasó en los campos verdes de Galicia.*
*(No todos los campos son verdes en Galicia)*
*Todo esto pasó en los verdes campos de Galicia.*
*(Todos los campos de Galicia son verdes)*

Ciertos adjetivos cambian totalmente su significado según precedan o sigan al nombre.

*Un pobre hombre (desgraciado)*
*Un hombre pobre (sin dinero)*
*Un gran hombre (destacado)*
*Un hombre grande (de tamaño )*
*Un buen pastel (grande, bien hecho)*
*Un pastel bueno (de sabor)*

Fíjate en que los adjetivos *bueno* y *grande* (igual que algunos indefinidos) cuando preceden al sustantivo se apocopan (*buen, gran*), es decir, pierden la última sílaba.

## §6 ADJETIVO SUPERLATIVO RELATIVO

Sirve para indicar que un elemento destaca por ser superior o inferior en comparación con otro elemento o un conjunto de elementos mediante una de las estructuras siguientes:

**1**. [ser] + [artículo] + que + [verbo] + más / menos + de + [nombre]
*Carlos **es el que** tiene más amigos **de los dos**.*
*Isabel **es la que** lleva menos dinero **de las tres**.*

**2**. [artículo] + [nombre] + más / menos + [adjetivo] + (que + [verbo]) / (de todos)
*Es el trabajo **más interesante que conozco**.*

*Es el trabajo **menos interesante que conozco**.*
*Es el trabajo **más interesante de todos**.*
*Es el trabajo **menos interesante de todos**.*

**3**. [artículo] + [nombre] + mejor / peor + [adjetivo] +
(de + [nombre]) / (de todos)
*El trabajo **mejor de todos** es el de jefe de ventas.*
*El trabajo **mejor pagado de la empresa** es el de dirección.*
*El trabajo **peor de todos** es el de jefe de compras.*
*El trabajo **peor pagado de la empresa** es el de secretaria.*

**4**. [artículo] + mejor / peor + [nombre] + que + [verbo]
/ (de todos) / (de [nombre])
*Hoy ha sido **el mejor** día **de todos**.*
*Hoy ha sido **el mejor** día **de** mi vida.*
*Hoy ha sido **el peor** día **que** recuerdo.*

**5**. [artículo] + [nombre] + que + más / menos + [verbo]
+ [oración]
*El **problema que más me preocupa** es el trabajo.*
*El **libro que menos interesa** es el de Juan.*

## ■ DEMOSTRATIVOS Y POSESIVOS (§7-§8)

## §7 DEMOSTRATIVOS NEUTROS

Los demostrativos poseen variación de género (*este, esta,...*) y número (*estos, estas,...*) en todas sus formas. Adoptan estas formas según el nombre al que sustituyen o al que acompañan. Recuerda que en español no hay palabras de género neutro, pero se usan las formas pronominales *esto, eso, aquello*, llamadas neutras. Se usan en los casos siguientes:

**1**. Cuando se desconocen la identidad o características de lo señalado o mostrado.
  💬 *¿Qué es **esto**?*
    💬 ***Eso** parece papel mojado.*
  💬 *¿Qué te parece que es **aquello**?*
    💬 *No lo sé.*

**2**. Cuando se hace referencia a una oración o a parte del texto o discurso.
*  **Aquello** que me dijo no lo he podido volver a repetir.*
*  **Esto** no está bien escrito.*
*  **Eso** no me gusta nada.*

El uso de las formas neutras cuando se refieren a personas es peyorativo.

## §8 ADJETIVOS Y PRONOMBRES POSESIVOS

Las formas posesivas pueden aparecer precediendo (determinantes) o siguiendo (adjetivos) al nombre al que acompañan o bien pueden utilizarse sin que esté explícito el nombre al que se refieren. Cuando no aparece el nombre al que se refieren, se denominan *pronombres posesivos*. Tanto los pronombres posesivos y los determinantes posesivos como los adjetivos posesivos se utilizan para indicar la relación de pertenencia entre el nombre al que se refieren, explícito o no, y el poseedor.

En el siguiente cuadro se recogen las distintas formas que adoptan los posesivos según la posición que ocupan (delante o detrás del nombre), según la concordancia con el nombre, y por la persona a la que se refieren.

| POSESIVO | determinante | | adjetivo | | pronombre | |
|---|---|---|---|---|---|---|
| poseedor | Singular | Plural | Singular | Plural | Singular | Plural |
| yo | mi libro | mis libros | el libro **mío** | los libros **míos** | el **mío** | los **míos** |
| | mi mesa | mis mesas | la mesa **mía** | las mesas **mías** | la **mía** | las **mías** |
| tú | tu libro | tus libros | el libro **tuyo** | los libros **tuyos** | el **tuyo** | los **tuyos** |
| | tu mesa | tus mesas | la mesa **tuya** | las mesas **tuyas** | la **tuya** | las **tuyas** |
| él / ella / usted | su perro | sus perros | el perro **suyo** | los perros **suyos** | el **suyo** | los **suyos** |
| | su casa | sus casas | la casa **suya** | las casas **suyas** | la **suya** | las **suyas** |
| nosotros / nosotras | nuestro libro | nuestros libros | el libro **nuestro** | los libros **nuestros** | el **nuestro** | los **nuestros** |
| | nuestra mesa | nuestras mesas | la mesa **nuestra** | las mesas **nuestras** | la **nuestra** | las **nuestras** |
| vosotros / vosotras | vuestro libro | vuestros libros | el libro **vuestro** | los libros **vuestros** | el **vuestro** | los **vuestros** |
| | vuestra mesa | vuestras mesas | la mesa **vuestra** | las mesas **vuestras** | la **vuestra** | las **vuestras** |
| ellos / ellas / ustedes | su perro | sus perros | el perro **suyo** | los perros **suyos** | el **suyo** | los **suyos** |
| | su casa | sus casas | la casa **suya** | las casas **suyas** | la **suya** | las **suyas** |

Recuerda que la forma *nuestro* significa un conjunto de poseedores donde se incluye al hablante *yo*. La forma *vuestro*, significa un conjunto de poseedores donde se excluye la presencia del hablante *yo* y se incluye al menos un oyente *tú*. Y las formas *su* referidas a varios poseedores significan un conjunto donde se excluye la presencia del hablante y del oyente.

Fíjate en que los determinantes posesivos no aparecen precedidos del artículo determinado (*Mi casa* y no ~~la~~ *mi casa*); mientras que los adjetivos posesivos siempre van precedidos del nombre más el artículo determinado, *la mesa mía*, u otro elemento determinante: **una** *mesa mía,* **dos** *mesas mías,* **esa** *mesa mía,* etc. A veces, no aparece el nombre, que se entiende por el contexto: *Ésta es tu mesa y ésa es la [mesa] mía.*

Las formas pronominales siempre llevan el artículo determinante (*el mío, la mía,* etc.). Cuando aparecen con otros elementos (*uno mío, dos míos, esos míos,* etc.), no son pronombres sino adjetivos. Los pronombres posesivos en enunciados atributivos, con el verbo *ser,* pueden aparecer sin el artículo determinante o con él, indicando en este caso el conocimiento previo del referente por parte de los interlocutores.

*Esta casa es* **tuya.**
*Esta casa es* **la tuya.**
*Estas monedas son* **nuestras.**
*Estas monedas son* **las nuestras.**

## ■ LOS NUMERALES E INDEFINIDOS (§9-§12)

Los numerales son una clase de palabras que permiten expresar el número y la cantidad de seres u objetos (numerales cardinales) y el orden o disposición de los elementos de un conjunto (numerales ordinales). Pueden funcionar como determinantes, como adjetivos y como pronombres.

## §9 LOS NUMERALES CARDINALES

Recuerda que los numerales cardinales pueden usarse como adjetivos o como determinantes colocados siempre delante del sustantivo, o bien como pronombres. Los cardinales son invariables, pero los que se componen de *uno* manifiestan el género del sustantivo al que se refieren o de su referente. Los masculinos usados como adjetivos adoptan la forma *un, veintiún, treinta y un,* etc. El artículo determinado puede aparecer delante del numeral cardinal tanto si el nombre está explícito como si no.

*En la estantería hay* **veintiún libros** *y* **veintiuna rosas.**
*En la estantería hay* **veintiuno / veintiuna.**
**Los cuatro chicos** *pasean por la calle.*
**Cuatro chicos** *pasean por la calle.*
**Cuatro** *pasean por la calle.*
**Los cuatro** *pasean por la calle.*

A continuación se adjunta el cuadro en el que se recogen los numerales cardinales.

| Cifra | cardinal | Cifra | cardinal | Cifra | cardinal | Cifra | cardinal |
|---|---|---|---|---|---|---|---|
| 1 | Un(o) / una | 22 | veintidós | 800 | ochocientos / as | 10.111 | diez mil ciento once |
| 2 | dos | ... | ... | ... | ... | 10.112 | diez mil ciento doce |
| 3 | tres | 31 | treinta y un(o) / a | 900 | novecientos / as | ... | ... |
| 4 | cuatro | ... | ... | ... | ... | 10.120 | diez mil ciento veinte |
| 5 | cinco | 100 | cien | 1.000 | mil | 10.121 | diez mil ciento veintiun(o) / a |
| 6 | seis | 101 | ciento un(o) / a | ... | ... | | |
| 7 | siete | 102 | ciento dos | 1.200 | mil doscientos / as | ... | ... |
| 8 | ocho | ... | ... | ... | ... | 10.200 | diez mil doscientos |
| 9 | nueve | 200 | doscientos / as | 2.000 | dos mil | | |
| 10 | diez | 201 | doscientos un(o) / a | ... | ... | 12.120 | doce mil ciento veinte |
| 11 | once | ... | ... | 2.120 | dos mil ciento veinte | 12.121 | doce mil ciento veintiun(o) / a |
| 12 | doce | 300 | trescientos / as | 2.121 | dos mil ciento veintiun(o) / a | | |
| 13 | trece | ... | ... | | | ... | ... |
| 14 | catorce | 400 | cuatrocientos / as | ... | ... | 100.000 | cien mil |
| 15 | quince | ... | ... | 2.200 | dos mil doscientos | ... | ... |
| 16 | dieciséis | 500 | quinientos / as | ... | ... | 110.000 | ciento diez mil |
| 17 | diecisiete | ... | ... | 3.000 | tres mil | ... | ... |
| 18 | dieciocho | 600 | seiscientos / as | ... | ... | 200.000 | doscientos / as mil |
| 19 | diecinueve | ... | ... | 10.101 | diez mil ciento un(o) / a | ... | ... |
| 20 | veinte | 700 | setecientos / as | ... | ... | 1.000.000 | un millón |
| 21 | veintiun(o) / a | ... | ... | 10.110 | diez mil ciento diez | 1.000.001 | un millón un(o) / a |

# Apéndice gramatical

## §10 NUMERALES ORDINALES

Recuerda que los numerales ordinales manifiestan el género y número del nombre al que se refieren; concuerdan con él. Colocados delante o detrás del nombre no cambian de significado, y los de 1 y 3 cambian de forma: *primer* o *tercer*, si aparecen delante del nombre, y *primero* y *tercero*, si aparecen detrás del nombre.

Los numerales ordinales admiten la presencia o no de cualquier determinante: **El primer** *premio.*/ **Un** *premio* **tercero.**/ **Este** *premio* **primero.**/ *Puesto* **segundo.**/ **Tercer** *capítulo.*

También admiten la ausencia del nombre, interpretado por el contexto: *El capítulo* **tercero** *del libro trata sobre los bosques y el* **cuarto** *[capítulo], sobre los desiertos.*

Los numerales ordinales más usados se ofrecen a continuación:

| Cifra | Ordinal | Cifra | Ordinal |
|---|---|---|---|
| 1 | primer(o)/ a / os / as | | |
| 2 | segundo / a / os / as | 30 | trigésimo / a / os / a |
| 3 | tercer(o) / a / os / as | 31 | trigésimo primero / a / os / as |
| 4 | cuarto / a / os / as | | |
| 5 | quinto / a / os / as | ... | ... |
| 6 | sexto / a / os / as | 40 | cuadragésimo / a / os / as |
| 7 | séptimo / a / os / as | 41 | cuadragésimo primero / a / os / as |
| 8 | octavo / a / os / as | | |
| 9 | noveno / a / os / as | ... | ... |
| 10 | décimo / a / os / as | 50 | quincuagésimo / a / os / as |
| 11 | undécimo / a / os / as | | |
| 12 | duodécimo / a / os / as | 51 | quincuagésimo primero / a / os / as |
| 13 | decimotercer(o) / a / os / as | | |
| 14 | decimocuarto / a / os / as | ... | ... |
| 15 | decimoquinto / a / os / as | 60 | sexagésimo / a / os / as |
| 16 | decimosexto / a / os / as | ... | ... |
| 17 | decimoséptimo / a / os / as | 70 | septuagésimo / a / os / as |
| 18 | decimoctavo / a / os / as | ... | ... |
| 19 | decimonoveno / a / os / as | 80 | octogésimo / a / os / as |
| 20 | vigésimo / a / os / as | ... | ... |
| 21 | vigésimo primero / a / os / as | 90 | nonagésimo / a / os / as |
| | | ... | ... |
| | | 100 | centésimo / a / os / as |
| | | 101 | centésimo primero / a / os / as |
| | | ... | ... |

## §11 NUMERALES PARTITIVOS

Los numerales partitivos indican una parte, fracción o porción respecto al todo. No hay una única manera de formación de los numerales partitivos, depende del número al que se refieran. Del 4 al *10* y paralelos referidos a *100* y a *1000* se utilizan las formas ordinales:

1/2: medio, mitad(es)
1/3: tercio(s)
1/4: cuarto
1/5: quinto
1/6: sexto
1/7: séptimo
1/8: octavo
1/9: noveno
1/10: décimo
1/100: centésimo
1/1000: milésimo
1/100.000: cienmilésimo

A partir del *10*, se forman añadiendo –avo al numeral cardinal:

1/11: onceavo
1/12: doceavo
1/13: treceavo
1/14: catorceavo
1/15: quinceavo
[...]
1/20: veinteavo
[...]
1/30: treintavo
[...]
1/36: treintaiseisavo
[...]
1/200: doscientosavo

Los partitivos a partir del *4* admiten variación de género y número:
*Compró un* **cuarto** *de kilo de queso.*
*La* **cuarta** *parte de los alumnos ya lo sabía.*
*Sólo se ven tres* **quinceavas** *partes del iceberg.*

El numeral partitivo va precedido de un numeral cardinal, que es el que indica la fracción, o del artículo definido:
*Ha traducido* **la mitad** *del libro.*
*Ha traducido* **dos tercios** *del texto.*

También pueden utilizarse con la palabra *parte*, tal como se aprecia en los ejemplos:
*Tiene* **la veinteava parte** *de la empresa.*
*Tiene* **dos décimas partes** *de la compañía.*

Para expresar el porcentaje de una cantidad se usa el **número + el signo %** y se lee así:
*dos por ciento: 2%*       *diez por ciento: 10%*
*tres por ciento: 3%*      *veinte por ciento: 20%*
**¡ATENCIÓN!** *cien por cien: 100%*

# §12 LOS INDEFINIDOS

| Forma | Ejemplo |
|---|---|
| algun(o) / alguna / algunos / algunas | *Julián tiene **algunas** novelas.* |
| ningun(o) / ninguna | *No tengo **ninguna** taza rota.* |
|  | *Este año no tengo **ningún** libro.* |
| bastante / bastantes | *Ya tengo **bastantes** recetas de cocina.* |
| demasiado / demasiada / demasiados / demasiadas | *Según Andrew, Begoña tiene **demasiadas** camisetas.* |
| mucho / mucha / muchos / muchas | *Lola tiene **muchos** vestidos.* |
| poco / poca / pocos / pocas | *Ana tiene **pocos** pantalones.* |
| más | *Begoña tiene **más** camisetas que Lola.* |
| menos | *Begoña tiene **menos** vestidos que Lola.* |
| otro / otra / otros / otras | *Quiero **otro** helado.* |
| todo / toda / todos / todas | *Ya sé **todas** las preguntas.* |
| un(o) / una / unos / unas | *He encontrado **unas** fotos antiguas.* |
| varios / varias | *Tenemos que arreglar **varias** cosas.* |
| los / las demás | *Juan y Pedro pueden quedarse; **los demás** alumnos pueden irse.* |

Son formas que significan una cantidad imprecisa y funcionan como determinantes cuando acompañan al sustantivo (*He comprado **algunos** libros*) y como pronombres cuando el sustantivo no está explícito (*He comprado **algunos***). En ambos casos concuerdan en género y número con el sustantivo al que acompañan o al que se refieren.

En el cuadro de arriba tienes una referencia rápida de ejemplos de uso de los indefinidos.

Los indefinidos *alguien, nadie, algo* y *nada* funcionan sólo como pronombres y son invariables:

🗨 *¿Hay **alguien**?*
    🗨 ***Nadie** ha contestado.*
🗨 *¿Ves **algo**?*
    🗨 *No veo **nada**.*

*Alguien - nadie* se utilizan para las personas. *Algo - nada* se utilizan para hacer referencia a cosas.

Los indefinidos que pueden funcionar como pronombres y como determinantes son los que se indican en el cuadro de más arriba.

Las formas *uno, alguno, ninguno* cuando aparecen delante del nombre pierden la *o* final, es decir, se apocopan.

*Tengo **un** libro.* → *Tengo **uno**.*

*Tengo **algún** libro.* → *Tengo **alguno**.*

*No tengo **ningún** libro de física.* → *No tengo **ninguno**.*

Fíjate en que cuando los indefinidos negativos *ningún, nada* y *nadie* aparecen detrás del verbo, el verbo es precedido por el adverbio negativo *no*.

***Ningún** libro le gustó a Juan.* → *Juan **no** compró **ningún** libro.*

***Nada** le gustaba a Juan.* → *A Juan **no** le gustaba **nada**.*

***Nadie** sabía la dirección.* → *La dirección **no** la sabía **nadie**.*

## ■ EXPRESIONES Y LOCUCIONES (§13)

## §13 LOCUCIONES

En español tenemos algunas expresiones o locuciones cuyo sentido y función conviene aprender. Según la naturaleza y la función con que suelen emplearse, se distinguen varias clases: nominales, verbales, adverbiales y preposicionales. Tienes que aprender a buscarlas en el diccionario. A continuación, te presentamos algunas de esas locuciones de uso más frecuente, señalando su significado y destacando el elemento que las explica en el diccionario.

**1.** Locuciones nominales
— ***ama** de casa* ('mujer que se dedica a las labores del hogar'): *María es **ama de casa** y cuida de sus hijos.*
— ***arco** iris* ('bandas de colores que aparecen en el cielo después de la lluvia'): *Después de la*

lluvia siempre sale el **arco iris** en el cielo.
— **escalera** de caracol ('tipo de escalera de forma circular'): *Se sube a la torre por una* **escalera de caracol**.

**2**. Locuciones verbales
— *dar a* **luz** ('parir'): *María* **dio a luz** *en el hospital*.
— *echar la* **culpa** ('culpar'): *Juan* **echó la culpa** *del accidente a la niebla*.
— *prestar* **atención** ('atender'): *Carlos no* **presta atención** *en clase de conversación*.

**3**. Locuciones adverbiales
— *a lo* **mejor** / *tal* **vez** ('quizá'): *No responde al teléfono,* **a lo mejor (tal vez)** *no está en casa*.
— *por lo* **general** ('generalmente'): *Los sábados* **por lo general** *vamos al cine*.

**4**. Locuciones preposicionales
— *a* **causa** *de* ('por'): *El barco se hundió* **a causa de** *la tormenta*.
— *a* **partir** *de* ('desde'): **A partir de** *mañana se cierra por las tardes*.
— *a* **través** *de* / *por* **medio** *de* ('por'): *Conoció a María* **a través de** *(por medio de) su prima*.
— *con* **vistas** *a* ('para'): *Estudia español* **con vistas a** *viajar por América del Sur*.

## ■ EL VERBO (§14-§17)

A los tiempos tratados en el nivel anterior, se han añadido los que se presentan y trabajan en este nivel.

| Formas no personales | 1.ª conjugación | 2.ª conjugación | 3.ª conjugación |
|---|---|---|---|
| Infinitivo | estudiar | beber | vivir |
| Gerundio | estudiando | bebiendo | viviendo |
| Participio | estudiado | bebido | vivido |

## §14 FORMAS DEL TEMA DE PRESENTE

| Presente de indicativo | ESTUDIAR | BEBER | VIVIR |
|---|---|---|---|
| yo | estudio | bebo | vivo |
| tú | estudias | bebes | vives |
| él / ella / usted | estudia | bebe | vive |
| nosotros / nosotras | estudiamos | bebemos | vivimos |
| vosotros / vosotras | estudiáis | bebéis | vivís |
| ellos / ellas / ustedes | estudian | beben | viven |

| Presente de subjuntivo | ESTUDIAR | BEBER | VIVIR |
|---|---|---|---|
| yo | estudie | beba | viva |
| tú | estudies | bebas | vivas |
| él / ella / usted | estudie | beba | viva |
| nosotros / nosotras | estudiemos | bebamos | vivamos |
| vosotros / vosotras | estudiéis | bebáis | viváis |
| ellos / ellas / ustedes | estudien | beban | vivan |

| Imperativo | ESTUDIAR | BEBER | VIVIR |
|---|---|---|---|
| tú | estudia | bebe | vive |
| usted | estudie | beba | viva |
| vosotros / vosotras | estudiad | bebed | vivid |
| ustedes | estudien | beban | vivan |

## §15 FORMAS DEL TEMA DE PRETÉRITO

| Pretérito indefinido | ESTUDIAR | BEBER | VIVIR |
|---|---|---|---|
| yo | estudié | bebí | viví |
| tú | estudiaste | bebiste | viviste |
| él / ella / usted | estudió | bebió | vivió |
| nosotros / nosotras | estudiamos | bebimos | vivimos |
| vosotros / vosotras | estudiasteis | bebisteis | vivisteis |
| ellos / ellas / ustedes | estudiaron | bebieron | vivieron |

| Pretérito imperfecto de indicativo | ESTUDIAR | BEBER | VIVIR |
|---|---|---|---|
| yo | estudiaba | bebía | vivía |
| tú | estudiabas | bebías | vivías |
| él / ella / usted | estudiaba | bebía | vivía |
| nosotros / nosotras | estudiábamos | bebíamos | vivíamos |
| vosotros / vosotras | estudiabais | bebíais | vivíais |
| ellos / ellas / ustedes | estudiaban | bebían | vivían |

## §16 FORMAS DEL TEMA DE FUTURO

| Futuro simple | ESTUDIAR | BEBER | VIVIR |
|---|---|---|---|
| yo | estudiaré | beberé | viviré |
| tú | estudiarás | beberás | vivirás |
| él / ella / usted | estudiará | beberá | vivirá |
| nosotros / nosotras | estudiaremos | beberemos | viviremos |
| vosotros / vosotras | estudiaréis | beberéis | viviréis |
| ellos / ellas / ustedes | estudiarán | beberán | vivirán |

## §17 FORMAS COMPUESTAS

A cada forma simple le corresponde una forma compuesta integrada por el participio del verbo y la correspondiente forma conjugada del verbo *haber*.

| Pretérito perfecto de indicativo | ESTUDIAR | BEBER | VIVIR |
|---|---|---|---|
| yo | he estudi**ado** | he beb**ido** | he viv**ido** |
| tú | has estudi**ado** | has beb**ido** | has viv**ido** |
| él / ella / usted | ha estudi**ado** | ha beb**ido** | ha viv**ido** |
| nosotros / nosotras | hemos estudi**ado** | hemos beb**ido** | hemos viv**ido** |
| vosotros / vosotras | habéis estudi**ado** | habéis beb**ido** | habéis viv**ido** |
| ellos / ellas / ustedes | han estudi**ado** | han beb**ido** | han viv**ido** |

| Pretérito pluscuamperfecto de indicativo | ESTUDIAR | BEBER | VIVIR |
|---|---|---|---|
| yo | había estudi**ado** | había beb**ido** | había viv**ido** |
| tú | habías estudi**ado** | habías beb**ido** | habías viv**ido** |
| él / ella / usted | había estudi**ado** | había beb**ido** | había viv**ido** |
| nosotros / nosotras | habíamos estudi**ado** | habíamos beb**ido** | habíamos viv**ido** |
| vosotros / vosotras | habíais estudi**ado** | habíais beb**ido** | habíais viv**ido** |
| ellos / ellas / ustedes | habían estudi**ado** | habían beb**ido** | habían viv**ido** |

## ■ CONJUGACIÓN DE LOS VERBOS IRREGULARES (§18-§23)

Los verbos irregulares presentan variaciones en alguna de las formas de su conjugación. Las formas irregulares se manifiestan sistemáticamente en los temas de cada tema.

Los distintos tipos de irregularidades afectan a formas del tema de presente, del tema de pretérito o bien a formas del tema de futuro.

Hay unos verbos que presentan una irregularidad mixta en los tiempos del tema de presente y del tema de futuro. Para recordarlas y entenderlas mejor las presentamos según los temas afectados.

Pero también tienes que tener presente que los verbos irregulares pueden manifestar la irregularidad que corresponda en las formas de:

- un tema (presente, como *contar*; pretérito, como *andar*),

- dos temas (presente y pretérito, como *dormir*),

- tres temas (presente, pretérito y futuro, como *poder, decir*, etc.).

## §18 PRESENTE IRREGULAR (e > ie)

Verbos que cambian [e] de la raíz por [ie] en algunas formas del **presente**, cuando el acento de intensidad recae sobre esa sílaba de la raíz verbal. Son muy raras las condiciones para el uso de las formas del imperativo señaladas con un asterisco (*).

Algunos verbos con la misma irregularidad son: *acertar, apretar, empezar, encender, cerrar, negar, perder*, y otros menos comunes.

|  | PENSAR | QUERER |
|---|---|---|
| **Indicativo** | | |
| yo | p**ie**nso | qu**ie**ro |
| tú | p**ie**nsas | qu**ie**res |
| él / ella / usted | p**ie**nsa | qu**ie**re |
| nosotros / nosotras | pensamos | queremos |
| vosotros / vosotras | pensáis | queréis |
| ellos / ellas / ustedes | p**ie**nsan | qu**ie**ren |
| **Subjuntivo** | | |
| yo | p**ie**nse | qu**ie**ra |
| tú | p**ie**nses | qu**ie**ras |
| él / ella / usted | p**ie**nse | qu**ie**ra |
| nosotros / nosotras | pensemos | queramos |
| vosotros / vosotras | penséis | queráis |
| ellos / ellas / ustedes | p**ie**nsen | qu**ie**ran |
| **Imperativo** | | |
| tú | p**ie**nsa | qu**ie**re* |
| usted | p**ie**nse | qu**ie**ra* |
| vosotros / vosotras | pensad | quered* |
| ustedes | p**ie**nsen | qu**ie**ran* |

| | ENTENDER | PREFERIR |
|---|---|---|
| **Indicativo** | | |
| yo | entiendo | prefiero |
| tú | entiendes | prefieres |
| él / ella / usted | entiende | prefiere |
| nosotros / nosotras | entendemos | preferimos |
| vosotros / vosotras | entendéis | preferís |
| ellos / ellas / ustedes | entienden | prefieren |
| **Subjuntivo** | | |
| yo | entienda | prefiera |
| tú | entiendas | prefieras |
| él / ella / usted | entienda | prefiera |
| nosotros / nosotras | entendamos | prefiramos |
| vosotros / vosotras | entendáis | prefiráis |
| ellos / ellas / ustedes | entiendan | prefiráis |
| **Imperativo** | | |
| tú | entiende | prefiere* |
| usted | entienda | prefiera* |
| vosotros / vosotras | entended | preferid* |
| ustedes | entiendan | prefieran* |

## §19 PRESENTE IRREGULAR (o / u > ue)

Manifiestan esta irregularidad los verbos que cambian [o] o [u] de la raíz por [ue] en algunas formas del **presente** cuando el acento de intensidad recae sobre esa sílaba de la raíz. Son muy raras las condiciones para el uso de las formas del imperativo señaladas con un asterisco (*).

Algunos verbos con la misma irregularidad: *sonar, acostarse, colgar, volar, doler*, y otros menos comunes.

| | VOLVER | PODER | JUGAR |
|---|---|---|---|
| **Indicativo** | | | |
| yo | vuelvo | puedo | juego |
| tú | vuelves | puedes | juegas |
| él / ella / usted | vuelve | puede | juega |
| nosotros / nosotras | volvemos | podemos | jugamos |
| vosotros / vosotras | volvéis | podéis | jugáis |
| ellos / ellas / ustedes | vuelven | pueden | juegan |
| **Subjuntivo** | | | |
| yo | vuelva | pueda | juegue |
| tú | vuelvas | puedas | juegues |
| él / ella / usted | vuelva | pueda | juegue |
| nosotros / nosotras | volvamos | podamos | juguemos |
| vosotros / vosotras | volváis | podáis | juguéis |
| ellos / ellas / ustedes | vuelvan | puedan | jueguen |

| | VOLVER | PODER | JUGAR |
|---|---|---|---|
| **Imperativo** | | | |
| tú | vuelve | puede* | juega |
| usted | vuelva | pueda* | juegue |
| vosotros / vosotras | volved | poded* | jugad |
| ustedes | vuelvan | puedan* | jueguen |

## §20 OTROS VERBOS IRREGULARES EN EL PRESENTE

a) **Verbos irregulares en la primera persona del presente.** Son verbos de presente de subjuntivo irregular, como la primera persona singular del presente de indicativo. Las formas del imperativo para *tú, usted* y *ustedes* de los verbos *salir, poner* y *hacer* son también irregulares.

Como **salir** son *sobresalir, valer* y *equivaler*; como **poner** son *componer, exponer, imponer, oponer, posponer, proponer, reponer* y *suponer*; y como **hacer**, *deshacer, rehacer* y *satisfacer*.

| | SALIR | PONER | HACER |
|---|---|---|---|
| **Indicativo** | | | |
| yo | salgo | pongo | hago |
| tú | sales | pones | haces |
| él / ella / usted | sale | pone | hace |
| nosotros / nosotras | salimos | ponemos | hacemos |
| vosotros / vosotras | salís | ponéis | hacéis |
| ellos / ellas / ustedes | salen | ponen | hacen |
| **Subjuntivo** | | | |
| yo | salga | pongo | haga |
| tú | salgas | pongas | hagas |
| él / ella / usted | salga | ponga | haga |
| nosotros / nosotras | salgamos | pongamos | hagamos |
| vosotros / vosotras | salgáis | pongáis | hagáis |
| ellos / ellas / ustedes | salgan | pongan | hagan |
| **Imperativo** | | | |
| tú | **sal** | **pon** | **haz** |
| usted | salga | ponga | haga |
| vosotros / vosotras | salid | poned | haced |
| ustedes | salgan | pongan | hagan |

Como **caer** es *recaer*; como **traer** son *atraer* y *distraer*; y como **saber** es *caber* (yo quepo, tú cabes,... / yo quepa, tú quepas,...).

| | CAER | TRAER | SABER |
|---|---|---|---|
| **Indicativo** | | | |
| yo | caigo | traigo | **sé** |
| tú | caes | traes | sabes |
| él / ella / usted | cae | trae | sabe |
| nosotros / nosotras | caemos | traemos | sabemos |
| vosotros / vosotras | caéis | traéis | sabéis |
| ellos / ellas / ustedes | caen | traen | saben |

|  | CAER | TRAER | SABER |
|---|---|---|---|
| **Subjuntivo** | | | |
| yo | caiga | traiga | sepa |
| tú | caigas | traigas | sepas |
| él / ella / usted | caiga | traiga | sepa |
| nosotros / nosotras | caigamos | traigamos | sepamos |
| vosotros / vosotras | caigáis | traigáis | sepáis |
| ellos / as / ustedes | caigan | traigan | sepan |
| **Imperativo** | | | |
| tú | cae | trae | sabe |
| usted | caiga | traiga | sepa |
| vosotros / vosotras | caed | traed | sabed |
| ustedes | caigan | traigan | sepan |

Como **conducir** son *deducir, introducir, producir, reducir, relucir, seducir* o *traducir*; como **agradecer** son *parecer, conocer, merecer, nacer* o *reconocer*; y como **construir** son los verbos acabados en –**uir**, como *atribuir, concluir, constituir, disminuir* o *huir*.

|  | CONDUCIR | AGRADECER | CONSTRUIR * |
|---|---|---|---|
| **Indicativo** | | | |
| yo | conduzco | agradezco | construyo |
| tú | conduces | agradeces | construyes |
| él / ella / usted | conduce | agradece | construye |
| nosotros / nosotras | conducimos | agradecemos | construimos |
| vosotros / vosotras | conducís | agradecéis | construís |
| ellos / ellas / ustedes | conducen | agradecen | construyen |
| **Subjuntivo** | | | |
| yo | conduzca | agradezca | construya |
| tú | conduzcas | agradezcas | construyas |
| él / ella / usted | conduzca | agradezca | construya |
| nosotros / nosotras | conduzcamos | agradezcamos | construyamos |
| vosotros / cosotras | conduzcáis | agradezcáis | construyáis |
| ellos / ellas / ustedes | conduzcan | agradezcan | construyan |
| **Imperativo** | | | |
| tú | conduce | agradece | construye |
| usted | conduzca | agradezca | construya |
| vosotros / vosotras | conducid | agradeced | construid |
| ustedes | conduzcan | agradezcan | construyan |

*El verbo **construir** se recoge aquí por su apariencia externa, por su pronunciación, pero es **regular**. Se puede ver mejor sabiendo que su raíz acaba en la vocal [i] **construi**+ir; y que esta vocal se simplifica cuando le sigue otra igual: *construi+ir > construi; construi+ís > construís; construi+imos > construimos*; que esa vocal de la raíz se mantiene, cuando le sigue una consonante: *construi+d > construid*; y que se convierte en la consonante [y] cuando le sigue una vocal distinta: *construi+o > construyo; construi+es > construyes; construi+e > construye; etc.*

**b) Verbos que reúnen dos irregularidades en el presente.** Unos pocos verbos, como *decir* y *tener*, además de la irregularidad del subjuntivo según la primera persona del presente de indicativo, también manifiestan una alteración vocálica (e>i, en **decir**) y (e>ie, en **tener**) en la segunda y tercera persona del singular y en la tercera persona del plural del presente de indicativo. El verbo *oír* sólo tiene irregular la primera persona del singular del presente como *construir*.

Como **decir** son *bendecir, maldecir* y *predecir*, de imperativos regulares: *bendice, predice, maldice*. Como **venir** son *intervenir, prevenir*.

|  | DECIR | VENIR |
|---|---|---|
| **Indicativo** | | |
| yo | digo | vengo |
| tú | dices | vienes |
| él / ella / usted | dice | viene |
| nosotros / nosotras | decimos | venimos |
| vosotros / vosotras | decís | venís |
| ellos / ellas / ustedes | dicen | vienen |
| **Subjuntivo** | | |
| yo | diga | venga |
| tú | digas | vengas |
| él / ella / usted | diga | venga |
| nosotros / nosotras | digamos | vengamos |
| vosotros / vosotras | digáis | vengáis |
| ellos / ellas / ustedes | digan | vengan |
| **Imperativo** | | |
| tú | **di** | **ven** |
| usted | diga | venga |
| vosotros / vosotras | decid | venid |
| ustedes | digan | vengan |

Como **tener** son *contener, detener, entretener, mantener, obtener, retener* y *sostener*; y como **oír**, *desoír*.

|  | TENER | OÍR |
|---|---|---|
| **Indicativo** | | |
| yo | tengo | oigo |
| tú | tienes | oyes |
| él / ella / usted | tiene | oye |
| nosotros / nosotras | tenemos | oímos |
| vosotros / vosotras | tenéis | oís |
| ellos / ellas / ustedes | tienen | oyen |
| **Subjuntivo** | | |
| yo | tenga | oiga |
| tú | tengas | oigas |
| él / ella / usted | tenga | oiga |
| nosotros / nosotras | tengamos | oigamos |
| vosotros / vosotras | tengáis | oigáis |
| ellos / ellas / ustedes | tengan | oigan |
| **Imperativo** | | |
| tú | **ten** | **oye** |
| usted | tenga | oiga |
| vosotros / vosotras | tened | oíd |
| ustedes | tengan | oiga |

# Apéndice gramatical

## §21 IRREGULARIDADES DEL TEMA DE PRETÉRITO

**a) Irregularidad de todas las formas del pretérito.** Un conjunto de verbos presenta irregularidades especiales en todas las formas del **pretérito indefinido**. Se acentúan en la raíz en la primera y tercera persona del singular.

Fíjate en que algunos gerundios manifiestan la misma irregularidad que la forma de tercera persona del plural de ese pretérito.

| Pretérito indefinido de indicativo | ANDAR | DECIR | PODER |
|---|---|---|---|
| yo | anduve | dije | pude |
| tú | anduviste | dijiste | pudiste |
| él / ella / usted | anduvo | dijo | pudo |
| nosotros / nosotras | anduvimos | dijimos | pudimos |
| vosotros / vosotras | anduvisteis | dijisteis | pudisteis |
| ellos / ellas / ustedes | anduvieron | dijeron | pudieron |
| Gerundio | andando | diciendo | pudiendo |

| Pretérito indefinido de indicativo | PONER | QUERER | SABER |
|---|---|---|---|
| yo | puse | quise | supe |
| tú | pusiste | quisiste | supiste |
| él / ella / usted | puso | quiso | supo |
| nosotros / nosotras | pusimos | quisimos | supimos |
| vosotros / vosotras | pusisteis | quisisteis | supisteis |
| ellos / ellas / ustedes | pusieron | quisieron | supieron |
| Gerundio | poniendo | queriendo | sabiendo |

| Pretérito indefinido de indicativo | TRAER | VENIR | TENER |
|---|---|---|---|
| yo | traje | vine | tuve |
| tú | trajiste | viniste | tuviste |
| él / ella / usted | trajo | vino | tuvo |
| nosotros / nosotras | trajimos | vinimos | tuvimos |
| vosotros / vosotras | trajisteis | vinisteis | tuvisteis |
| ellos / ellas / ustedes | trajeron | vinieron | tuvieron |
| Gerundio | trayendo | viniendo | teniendo |

**b) Irregularidad de las formas de tercera persona del pretérito.** Se manifiesta en las formas de terceras personas, de singular y del plural del **pretérito indefinido** y en el gerundio de algunos verbos muy usados.

| Pretérito indefinido de indicativo | PEDIR | SERVIR | REIR |
|---|---|---|---|
| yo | pedí | serví | reí |
| tú | pediste | serviste | reíste |
| él / ella / usted | pidió | sirvió | rió |
| nosotros / nosotras | pedimos | servimos | reímos |
| vosotros / vosotras | pedisteis | servisteis | reísteis |
| ellos / ellas / ustedes | pidieron | sirvieron | rieron |
| Gerundio | pidiendo | sirviendo | riendo |

| Pretérito indefinido de indicativo | SENTIR | DORMIR |
|---|---|---|
| yo | sentí | dormí |
| tú | sentiste | dormiste |
| él / ella / usted | sintió | durmió |
| nosotros / nosotras | sentimos | dormimos |
| vosotros / vosotras | sentisteis | dormisteis |
| ellos / ellas / ustedes | sintieron | durmieron |
| Gerundio | sintiendo | durmiendo |

## §22 IRREGULARIDAD MIXTA EN EL TEMA DE PRESENTE

En los verbos del cuadro siguiente, a la irregularidad de presente (e>i, e>ie, o>ue, cuando el acento de intensidad recae sobre esa sílaba de la raíz) se le añade la de las terceras personas del pretérito (e>i, o>u) en la primera y segunda personas del plural del presente de subjuntivo.

| Presente de indicativo | PEDIR | REPETIR |
|---|---|---|
| yo | pido | repito |
| tú | pides | repites |
| él / ella / usted | pide | repite |
| nosotros / nosotras | pedimos | repetimos |
| vosotros / vosotras | pedís | repetís |
| ellos / ellas / ustedes | piden | repiten |
| Presente de subjuntivo | | |
| yo | pida | repita |
| tú | pidas | repitas |
| él / ella / usted | pida | repita |
| nosotros / nosotras | pidamos | repitamos |
| vosotros / vosotras | pidáis | repitáis |
| ellos / ellas / ustedes | pidan | repitan |
| Imperativo | | |
| tú | pide | repite |
| usted | pida | repita |
| vosotros / vosotras | pedid | repetid |
| ustedes | pidan | repitan |

| Presente de indicativo | PREFERIR | DORMIR |
|---|---|---|
| yo | prefiero | duermo |
| tú | prefieres | duermes |
| él / ella / usted | prefiere | duerme |
| nosotros / nosotras | preferimos | dormimos |
| vosotros / vosotras | preferís | dormís |
| ellos / ellas / ustedes | prefieren | duermen |

| Presente de subjuntivo | | |
|---|---|---|
| yo | prefiera | duerma |
| tú | prefieras | duermas |
| él / ella / usted | prefiera | duerma |
| nosotros / nosotras | prefiramos | durmamos |
| vosotros / vosotras | prefiráis | durmáis |
| ellos / ellas / ustedes | prefieran | duerman |

| Imperativo | | |
|---|---|---|
| tú | prefiere | duerme |
| usted | prefiera | duerma |
| vosotros / vosotras | preferid | dormid |
| ustedes | prefieran | duerman |

De la misma irregularidad que **pedir** son *reír, seguir, vestir* y otros menos comunes. Como **preferir** son *advertir, arrepentirse, divertir, herir, hervir, mentir, sentir, sugerir* y otros derivados de estos, o menos comunes. Como **domir** es *morir*.

## §23 IRREGULARIDAD DEL TEMA DE FUTURO

Algunos verbos de uso muy común manifiestan diferentes irregularidades en las formas del tema de futuro: futuro simple y condicional, tal como se aprecia en el cuadro: se borran algunos elementos (e > ∅) y aparecen otros (∅ > d).

| | CABER | QUERER |
|---|---|---|
| Modelo de irregularidad | e > ∅ | e > ∅ |
| yo | cabré | querré |
| tú | cabrás | querrás |
| él / ella / usted | cabrá | querrán |
| nosotros / nosotras | cabremos | querremos |
| vosotros / vosotras | cabréis | querréis |
| ellos / ellas / ustedes | cabrán | querrán |

| | PONER | HACER | DECIR |
|---|---|---|---|
| Modelo de irregularidad | e > ∅ + ∅ > d | e > ∅ + c > ∅ | ci > ∅ + e > i |
| yo | pondré | haré | diré |
| tú | pondrás | harás | dirás |
| él / ella / usted | pondrá | hará | dirá |
| nosotros / nosotras | pondremos | haremos | diremos |
| vosotros / vosotras | pondréis | haréis | diréis |
| ellos / ellas / ustedes | pondrán | harán | dirán |

Tienen la misma irregularidad que **caber**, en las formas de futuro, los verbos **querer** (que recogemos en el cuadro por su fonética distinta a la que resulta en los otros verbos de esta clase) *haber, saber* y *poder*.

Tienen la misma irregularidad que **poner**, en las formas de futuro, los verbos *tener, valer*. En *salir, venir* hay una diferencia: i > ∅ + ∅ > d

No hay otros verbos como *hacer, decir*, con la misma irregularidad en las formas de futuro

## §24 VERBOS *IR*, *SER*, *ESTAR*, Y PARTICIPIOS ESPECIALES DE LA CONJUGACIÓN DE ALGUNOS VERBOS

Irregularidad especial de los verbos *ir, ser* y *estar*, que son especialmente irregulares.

| Presente de indicativo | IR | SER | ESTAR |
|---|---|---|---|
| yo | voy | soy | estoy |
| tú | vas | eres | estás |
| él / ella / usted | va | es | está |
| nosotros / nosotras | vamos | somos | estamos |
| vosotros / vosotras | vais | sois | estáis |
| ellos / ellas / ustedes | van | son | están |

| Presente de subjuntivo | | | |
|---|---|---|---|
| yo | vaya | sea | esté |
| tú | vayas | seas | estés |
| él / ella / usted | vaya | sea | esté |
| nosotros / nosotras | vayamos | seamos | estemos |
| vosotros / vosotras | vayáis | seáis | estéis |
| ellos / ellas / ustedes | vayan | sean | estén |

| Pretérito imperfecto | | | |
|---|---|---|---|
| yo | iba | era | estaba |
| tú | ibas | eras | estabas |
| él / ella / usted | iba | era | estaba |
| nosotros / nosotras | íbamos | éramos | estábamos |
| vosotros / vosotras | ibais | erais | estabais |
| ellos / ellas / ustedes | iban | eran | estaban |

| Pretérito indefinido | | | |
|---|---|---|---|
| yo | fui | fui | estuve |
| tú | fuiste | fuiste | estuviste |
| él / ella / usted | fue | fue | estuvo |
| nosotros / nosotras | fuimos | fuimos | estuvimos |
| vosotros / vosotras | fuisteis | fuisteis | estuvisteis |
| ellos / ellas / ustedes | fueron | fueron | estuvieron |

# Apéndice gramatical

Algunos verbos, para formar los tiempos compuestos, tienen una forma particular en el participio que se ha de recordar. A continuación, te mostramos unos ejemplos.

| Personas | VOLVER | ESCRIBIR |
|---|---|---|
| yo | he **vuelto** | he **escrito** |
| tú | has **vuelto** | has **escrito** |
| él / ella / usted | ha **vuelto** | ha **escrito** |
| nosotros / nosotras | hemos **vuelto** | hemos **escrito** |
| vosotros / vosotras | habéis **vuelto** | habéis **escrito** |
| ellos / ellas / ustedes | han **vuelto** | han **escrito** |

Los participios irregulares más comunes de este tipo son: **visto** (ver), **puesto** (poner), **dicho** (decir), **hecho** (hacer), **abierto** (abrir), **descubierto** (descubrir), **muerto** (morir).

## ■ USO DE ALGUNOS TIEMPOS Y PERÍFRASIS (§25-§29)

A continuación, te recordamos los usos más comunes de los tiempos verbales que has aprendido a usar en este nivel.

## §25 EL PRETÉRITO PLUSCUAMPERFECTO

Se suele usar para expresar acciones anteriores a otro momento del pasado que le sirve de referencia.

*Luis salió a las 10. Juan llamó a las 12. Cuando Juan llamó Luis ya **había salido**.*
*Ya **había terminado** de trabajar cuando me llamaron para ir a una reunión.*

## §26 EL FUTURO SIMPLE

Es uno de los tiempos usados para expresar las acciones que se van a realizar en un futuro.

*Esta noche **iré** al teatro a ver una obra de Valle Inclán.*

1. Se usa para expresar predicciones o suposiciones.
***Cambiarás** de trabajo muy pronto.*
*Creo que no **terminará** a tiempo.*

2. También se utiliza para expresar órdenes de manera rotunda.
***Harás** esto porque te lo mando yo.*

## §27 USOS DEL IMPERATIVO

1. Usamos el imperativo para ordenar o pedir que haga algo el interlocutor.

***Arregla** la habitación.*
***Abre** la ventana por la noche.*

2. Se usa el imperativo para ofrecer cosas.
***Toma** un poco de café.*
***Coge** otro bombón.*

3. También sirve para conceder permiso.
🗨 *¿Puedo abrir la puerta?*
   🗨 *No, **abre** la ventana.*

4. Para expresar ordenes, ofrecimientos o permisos en forma negativa, se utilizan las formas del presente de subjuntivo.
*No **cantes**... (tú)*
*No **cante**... (él / ella / usted)*
*No **cantéis**... (vosotros / vosotras)*
*No **canten**... (ellos / ellas / ustedes)*

## §28 USOS DEL PRESENTE DE SUBJUNTIVO

Se usan las formas del presente de subjuntivo, entre otros motivos, para significar las siguientes intenciones:

1. Para manifestar deseos en distintas circunstancias.
*¡Qué **descanses**!*
*¡Qué lo **pases** bien!*
*¡Ojalá me **escriba** Juan!*

***Deseo** que **vuelvas** pronto.*
***Espero** que Juan **se cure** pronto.*
***Espero** que **haga** buen tiempo en Madrid.*

2. Para expresar suposiciones con elementos como *quizá*, *tal vez*, que significan duda.
***Quizá** Juan **conozca** a María.*
***Tal vez** Juan **sepa** donde vive María.*

3. Con elementos como *qué raro*, *qué extraño*, *es raro*, etc., para expresar preocupación.
*Qué raro que Juan **llame** por teléfono a estas horas.*
*Es extraño que Juan **no diga** cómo se encuentra.*
*Me preocupa que Juan **no diga** dónde está.*

4. En las repeticiones de un mensaje imperativo.
*Come todo lo del plato. No me has oído. (Te he dicho) Que **comas** todo.*
*Abre la ventana. Que **abras** la ventana (me ha dicho Juan).*

**5**. En la estructura siguiente también se usa el presente de subjuntivo: es + [adjetivo] + que + [subjuntivo]

*Es interesante que visites* el museo.
*Es difícil que llegues* a las cinco, si sales ahora.

## §29 PERÍFRASIS VERBALES

Ya sabes que en español podemos expresar distintos sentidos y matices de la acción en infinitivo (*estudiar*), en gerundio (*estudiando*) mediante distintos verbos (*tener, haber, deber, empezar, andar*, etc.) conjugados en el tiempo correspondiente y unidos al otro verbo con enlace (*que, a, de*) o unidos directamente a la forma invariable de infinitivo, gerundio o participio. A continuación, se reúnen algunas de esas construcciones más frecuentes:

**1**. Indica el inicio de una acción:
— **empezar a** + [infinitivo].
    *El lunes empiezo a estudiar en la universidad.*
— **poner(se) a** + [infinitivo].
    *Juan se puso a escribir la carta al instante.*
— **comenzar a** + [infinitivo].
    *Juan comenzó a escribir el cuento en la clase.*
— **acabar de** + [infinitivo].
    *Juan acaba de salir a pasear con María.*

**2**. Indica el final de una acción:
— **terminar de** + [infinitivo].
    *Juan terminó de escribir el cuento en casa.*
— **dejar de** + [infinitivo].
    *La semana pasada dejé de ir al médico porque ya estaba recuperada.*

**3**. Para expresar la obligación de hacer algo:
— **tener que** + [infinitivo].
    *Hoy tengo que terminar el informe.*

**4**. Para hablar de proyectos de futuro:
— **pensar** + [infinitivo].
    *Pienso viajar a Marruecos para estudiar árabe.*

**5**. Para manifestar una necesidad u obligación:
— **tener que** + [infinitivo].
    *Tengo que viajar a Marruecos para estudiar árabe.*
— **deber** + [infinitivo].
    *Debo viajar a Marruecos para estudiar árabe.*

**6**. Para manifestar una acción en proceso:
— **seguir** + [gerundio].
    *Jane sigue estudiando español para hablar mejor.*

— **estar** + [gerundio].
    *Juan está viajando por Marruecos para aprender árabe.*

## ■ REFERENCIAS ESPACIALES Y DE DURACIÓN (§30-§31)

## §30 REFERENCIAS ESPACIALES

La localización espacial se puede establecer en relación a algo que se menciona en el discurso o en relación al hablante.

Para localizar espacialmente un objeto se utilizan distintas formas y estructuras lingüísticas. Los localizadores espaciales más frecuentes son:
    *Cerca / lejos (de)*
    *Dentro / fuera (de)*
    *Delante / detrás (de)*
    *Encima / debajo (de)*
    *Enfrente (de)*
    *Al otro lado (de)*
    *A la derecha / a la izquierda (de)*
    *En el centro (de)*
    *En medio (de)*
    *Alrededor (de)*
    *Al lado (de)*

La disposición general de los elementos en la oración es la siguiente:

**1**. Localizador espacial + (**de** + (determinante) + nombre)
    *El cine está lejos del auditorio y cerca de mi casa.*
    *Sácalo de dentro de la bolsa y déjalo fuera.*
    *Luis está delante de Juana.*
    *Detrás del sillón está la pelota.*
    *Tus zapatos están debajo de la cama.*
    *El cenicero está encima de la mesa.*
    *Mira al otro lado de la calle.*
    *Lola está enfrente de Julián.*

No aparece la preposición **de** cuando se ha mencionado o ya se conoce el entorno de referencia del localizador:
    *El cine está lejos y el teatro, cerca.*
    *Sácalo de dentro y déjalo fuera.*
    *Luis está delante y Juana detrás.*

**2**. *En / a / sobre* + (determinante) + [nombre]
    *Su primo está en la oficina.*
    *Su prima está en casa.*
    *Su casa está a la derecha.*

*La cartera está **sobre** la mesa = La cartera está **encima de** la mesa.*

La preposición *en* sitúa al objeto en un espacio. Los valores que adquiere son diversos y se recogen en el diccionario:
*Juan está **en** Barcelona.*
*El ejercicio está **en** la página 10.*
*Vive **en** las afueras.*
*Hay un reloj **en** la pared de la cocina.*
*El libro está **en** la mesa.*

No es tan usada la preposición *a* para indicar situación o lugar, pero tiene ese sentido (*junto a, cerca de*) en expresiones comunes:
*Juan está **a** la puerta de la calle.*
*María vive **a** la orilla del mar.*

*Entre* sitúa algo entre dos puntos de referencia. Cuando sólo se menciona un entorno de referencia significa *en medio de*:
*El perro está **entre** tu hermano y mi prima.*
*El museo está **entre** la catedral y el ayuntamiento.*
*El recibo está **entre** los papeles.* (en medio de)

*Aquí, ahí* y *allí* también localizan en el espacio, pero a diferencia de los localizadores anteriores, sitúan con respecto a los interlocutores, el hablante o el oyente:
*El perro está **aquí**.* (cerca del hablante)
*El perro está **ahí**.* (un poco lejos del hablante)
*¿Llegaste bien a Roma? ¿Qué tal por **ahí**?* (cerca del oyente, al teléfono, por ejemplo)
*El gato está **allí**, en la esquina.* (lejos del hablante)

## §31 INDICAR DURACIÓN

Para indicar duración de una acción, de un proceso, de una situación o de un estado se emplean distintas construcciones o indicadores en español:

**1**. llevar + [gerundio] + [cantidad de tiempo]
🗨 *¿Cuánto tiempo llevas viviendo aquí?*
　　🗨 ***Llevo viviendo cinco años** en Madrid.*
***Llevo corriendo dos horas** y ya estoy cansado.*

**2**. llevar + [cantidad de tiempo] + [gerundio]
***Llevo cinco años viviendo** en Madrid.*
***Llevo quince años trabajando** en la misma empresa.*

Con la preposición *desde* podemos indicar el principio de una acción, proceso, situación o estado: en forma concreta, como en **3**; o bien con una expresión equivalente a un momento que no sabemos o no mencionamos, como en **4**:

**3**. desde + [fecha determinada]
🗨 *¿Cuánto tiempo lleváis viviendo en España?*
　　🗨 *Yo **desde** 1997.*
　　🗨 *Y yo desde hace tres semanas.*

🗨 *¿Cuánto tiempo llevas esperando aquí?*
　　🗨 ***Desde las tres**.*

**4**. desde hace + [cantidad de tiempo]
🗨 *¿Cuánto tiempo lleváis viviendo en España?*
　　🗨 *Yo desde 1997*
　　🗨 *Y yo **desde hace tres semanas**.*

🗨 *¿Cuánto hace que estudias español?*
　　🗨 *Estudio español **desde hace tiempo** y ya lo domino.*

## ■ LA CONCORDANCIA

## §32 LA CONCORDANCIA

En español algunas palabras de la frase manifiestan las mismas formas de género (masculino o femenino) y número (singular o plural) que el nombre al que acompañan; y el verbo expresa las formas de número y persona de un nombre, sujeto gramatical de la frase. A esto se le llama concordancia. A continuación, se reúnen los casos más frecuentes que has de tener en cuenta:

**1**. El nombre y el determinante (artículo, posesivo, demostrativo, indefinido) que lo especifica concuerdan en género y número:
*El **profesor** ha leído **las poesías**.*
*Esta **profesora** ha leído **la poesía**.*
*Algunos **profesores** han leído **el poema**.*
*Nuestras **profesoras** han leído **los poemas**.*

**2**. El adjetivo y el nombre al que se refiere o modifica también manifiestan el mismo género y número, aunque pueden estar separados en la expresión.
*He conocido a un **chico alto** y a dos **chicas delgadas**.*
*La **chica** es **atractiva**.*
*Las **chicas** son **atractivas**.*
*El **chico** y la **chica** son **atractivos**.*
***Julián** anda **despistado** últimamente.*
***Begoña** y **Lola** andan **despistadas** últimamente.*
***Julián** y **Andrew** andan **despistados** últimamente.*

**3**. El verbo concuerda en número y persona con el sujeto gramatical colocado delante o detrás del verbo.

*Julián está* ensayando.
*Begoña tiene* un novio de Bilbao.
*Julián y Begoña estudian* en una escuela de teatro.
*Los chicos estudian* español en Internet.
En España *la gente cena* a las nueve.
*Todo el mundo se acuesta* tarde.
*Mucha gente pasa* el fin de semana fuera.
*Muchas personas disfrutan* del sol y de la playa en verano.
Me *gusta* mucho *este libro*.
*Este libro* me *gusta* mucho.
Me *gustan las revistas*.
*Las revistas* me *gustan*.

**4**. Las formas de tratamiento *tú*, *usted* y otras expresiones que pueden referirse a la segunda persona tanto pueden concordar con masculino como en femenino. La concordancia se establece según el sexo del referente.

*Tú* estás *enfadado*. *Te* veo *enfadado*.
*Tú* estás muy *enfadada*. *Te* veo muy *enfadada*.

**5**. El sujeto se suele colocar detrás de los verbos *gustar*, *encantar*, *interesar*, concordando en singular si es un infinitivo o un nombre en singular, y en plural, si es un nombre en plural.

Me *gusta salir*.
Le *encanta comer* fruta.
Me *encantan* las *patatas* fritas.
¿Te *gustan* los *caramelos*?
Nos *interesa* el *cine*.
Les *interesan* los *problemas* sociales.

**6**. El verbo *encontrar* se puede referir a cualquier persona (*yo*, *tú*, *él*, *ella*, *usted*, etc.) y se construye con adjetivos que concuerdan como cuando se usa el verbo *ser*.

–[Est**e** jersey] **Lo** encuentro car**o**. = Encuentro que el jersey es caro.
–[Est**a** falda] ¿**La** encuentras car**a**? = ¿Encuentras que esta falda es cara?
–[Est**os** pantalon**es**] **Los** encontramos car**os**. = Encontramos que estos pantalones son caros.
–[Est**as** gaf**as**] **Las** encuentran car**as**. = Encuentran que las gafas son caras.

**7**. El verbo *parecer* establece concordancias como el verbo *ser*.

Est**e** cuadr**o** me *parece* car**o**.
¿Est**a** fald**a** te *parece* car**a**?
Est**os** cuadr**os** le *parecen* car**os**.
Est**as** fald**as** le *parecen* car**as**.

## ■ MODALIDAD DEL ENUNCIADO (§33-§43)

En todos los enunciados de la lengua se manifiesta una intención del hablante: decir o informar de algo, preguntar por alguien o por algo, expresar una orden. Estas son las intenciones más generales; pero se pueden distinguir otras de sentido particular o específico. A continuación, te presentamos las diferentes formas y los procedimientos más comunes para manifestar algunas de esas consideraciones más frecuentes en los actos comunicativos.

## §33 PREVENIR Y ADVERTIR

Para prevenir o advertir en español se pueden usar estructuras como las siguientes:

**1**. Si + [verbo en presente] + poder [en presente]+ [infinitivo]
*Si Juan come tanto puede enfermar.*

**2**. ¡Ojo! / ¡Cuidado! + [oración]
*¡Ojo! / ¡Cuidado! El suelo está mojado.*

**3**. ¡Ojo con / Cuidado con + [objeto] !
*¡Ojo con / Cuidado con las tormentas tropicales!*

**4**. Tener cuidado con + [objeto]
*Ten cuidado con las calles poco iluminadas.*

**5**. [Imperativo (afirmativo o negativo)]
*Id a ver la catedral de León.*
*No os perdáis el anfiteatro.*

## §34 DISCULPARSE

Para pedir disculpas por algo que se ha hecho o por un posible inconveniente que se pueda haber causado se pueden usar construcciones o estructuras como las siguientes:

**1**. Perdona / Siento + [nombre]
*Siento el retraso.*
*Perdona la equivocación.*

**2**. Perdona / Siento que + [subjuntivo]
*Perdona que llegue tarde.*
*Siento que tengamos que irnos ahora.*

**3**. Perdóname / Discúlpame / Me sabe mal + (pero) (es que) + [oración]
*Perdóname el retraso, es que hay mucho tráfico.*

*Discúlpame, pero* no he oído tu llamada.
*Me sabe mal, pero es que* hoy me duele la cabeza.

Este último caso tiene un sentido cordial que añade una oración con la explicación o justificación de por qué se ha hecho algo.

## §35 EXPRESAR PROBABILIDAD Y FORMULAR HIPÓTESIS

Para expresar la probabilidad de algo o manifestar suposiciones o hipótesis sobre algo se pueden usar indicadores como los siguientes:

**1**. *A lo mejor* presenta información que el hablante considera posible, aunque sea negativa. Va seguida por un verbo en indicativo: futuro, presente o pasado.
    *A lo mejor* conoce a María.
    *A lo mejor* ha perdido el tren.

**2**. *Seguro que / Seguramente* sirven para indicar que el hablante no tiene total seguridad, pero le parece muy probable lo que dice. Van seguidas por un verbo en indicativo: futuro, presente o pasado.
    *Seguro que* volverán pronto.
    *Seguramente* iré a Pamplona.

**3**. *Supongo que / Creo que / Me imagino que*. También van seguidas por un verbo en indicativo: futuro, presente o pasado.
    *Supongo que* llamará mañana.
    *Creo que* está trabajando en ello.
    *Me imagino que* vino ayer.

**4**. *Igual* se usa en un contexto informal. Es una posibilidad que el hablante no espera que se cumpla.
    *Igual* no viene a casa.

**5**. *Quizá / Tal vez / Probablemente* pueden ir seguidas por un verbo en indicativo o en subjuntivo para indicar más o menos firmeza en la suposición.
    *Quizá* están / estén en el bar de la esquina.
    *Tal vez* tiene / tenga algún problema.
    *Probablemente* llamó / llame a casa.

**6**. *Puede ser que / Es probable que* sólo pueden ir con un verbo en subjuntivo.
    *Puede ser que* no funcione el teléfono.
    *Es probable que* no quiera.

## §36 EXPRESAR TEMOR

Para expresar temor se pueden usar las estructuras siguientes. Fíjate en la concordancia con el nombre.

**1**. Me da(n) miedo / ¡Qué miedo me da(n) / Me horroriza(n) + [nombre] /[infinitivo]
    *Me da miedo* equivocarme en esto.
    *¡Qué miedo me da* este hombre!
    *Me horroriza* ir al dentista.

    *Me dan miedo* las inyecciones.
    *¡Qué miedo me dan* las inyecciones!
    *Me horrorizan* los hospitales.

**2**. Tener miedo +  a / de que / de + [nombre] / [subjuntivo] / [infinitivo]
    *Tengo miedo a* los perros grandes.
    *Tengo miedo de que lleguemos* tarde.
    *Tengo miedo de llegar* tarde.

## §37 EXPRESAR PREOCUPACIÓN

Para expresar preocupación se puede usar la estructura siguiente:

Me preocupa + [nombre] / [infinitivo] / que + [subjuntivo]
    *Me preocupa* tu actitud.
    *Me preocupa* llegar tarde mañana.
    *Me preocupa que* no diga nada.

## §38 EXPRESAR POSIBILIDAD E IMPOSIBILIDAD

Para preguntar si algo es o no posible y responder afirmativamente (con *sí*) o negativamente (con *no*) se pueden usar construcciones o estructuras como las siguientes:

**1**. ¿Poder + [infinitivo]?
    *¿Puedo* coger tu chaqueta?

**2**. ¿Se + puede(n) + [infinitivo]?
    *¿Se puede* ir en tren hasta allí?
    *¿Ya se pueden* reservar los billetes de avión?

**3**. Sí, / Claro, + [imperativo]
    *Sí, abre* la botella.
    *Claro, ábrela.*

**4**. No + [imperativo negativo]
*No, no abras la botella.*

**5**. No se + puede + [infinitivo]
*No se puede ir en tren, pero en coche sí.*

**6**. No + poder + [infinitivo]
*No podéis quedaros en mi casa.*

## §39 DAR INSTRUCCIONES

Para dar instrucciones sobre cómo hacer algo se pueden usar construcciones o estructuras como las siguientes:

**1**. No + hace falta + [infinitivo]
*No hace falta correr. Tenemos tiempo.*

**2**. No + tener + que + [infinitivo]
*No tienes que estar nerviosa. Estamos de vacaciones.*

**3**. [Imperativo (afirmativo o negativo)]
*Relájate Lola, estamos de vacaciones.*
*No corran tanto, por favor.*

## §40 ACONSEJAR

Para aconsejar sobre algo o una acción que deba hacer el interlocutor se pueden usar construcciones o estructuras como las siguientes:

**1**. ¿Por qué no + [oración en presente de indicativo]?
*¿Por qué no estudias un poco más?*

**2**. Intenta / Procura + [oración en infinitivo]
*Intenta estudiar más.*
*Intenta estudiar por las noches.*

**3**. Si [oración], + [imperativo] / (No) debes + [infinitivo]
*Si estás muy cansado, descansa.*
*Si tienes colesterol, no comas huevos fritos.*
*Si estás muy cansado, no debes trabajar más.*

**4**. Cuando [contexto], (no) es conveniente / (no) debes / (no) conviene + [infinitivo]
*Cuando se tiene colesterol, no es conveniente comer huevos.*
*Cuando se tiene colesterol, hay que comer verdura.*
*Cuando se tiene colesterol, no conviene comer muchas grasas.*

**5**. Es + [adjetivo] + [infinitivo]
*Es bueno pasear por el campo.*
*Es necesario estudiar español.*
*Es interesante trabajar en grupo.*
*Es importante pensar en los demás.*
*Es recomendable comer mucha fruta.*
*Es conveniente abrir las ventanas por la noche.*

**6**. Te aconsejo + [infinitivo]
*Te aconsejo tener un poco de paciencia.*

**7**. Yo que tú / vosotros, + [imperfecto]
*Yo que tú, hacía más deporte.*

**8**. Yo en tu lugar / vuestro lugar + [imperfecto]
*Yo en tu lugar, hacía más deporte.*

## §41 EXPRESAR DUDAS

Para expresar duda o ignorancia sobre algo o una circunstancia se emplea la primera construcción (**1**) y para manifestar indecisión ante dos opciones o posibilidades la siguiente (**2**):

**1**. No sé + si / cuándo / dónde / cómo / cuánto + [oración]
*No sé si vive con María.*
*No sé cuándo llegó Juan a la reunión.*
*No sé dónde perdí la cartera.*
*No sé cómo había tanta gente.*
*No sé cuánto cuesta el billete de avión.*

**2**. No sé si + A o B
*No sé si ha ido a casa de Juan o de Enrique.*
*No sé si María estudia o trabaja.*
*No sé si ir a la calle o quedarme en casa.*

## §42 EXPRESAR OPINIONES Y VALORACIONES

Para expresar opiniones o valoraciones sobre algo se pueden usar indicadores como los siguientes:

**1**. Destacando con *yo* o *a mí*, un contraste frente a las opiniones de los demás.
*(A mí) Me parece que las mujeres ganan menos que los hombres.*
*(Yo) Opino que este trabajo no está bien pagado.*
*Para mí, el número de horas semanales de trabajo tiene que ser 35.*
*En mi opinión, las mujeres trabajan muchas horas.*

*A mi modo de ver*, el mercado laboral es muy rígido.
*Desde mi punto de vista*, atravesamos un buen momento económico.

**2**. Presentando una idea como poco segura.
*Tengo la impresión de que* algunas personas no quieren trabajar.

**3**. Manifestando seguridad total en lo dicho con el verbo en indicativo.
*Estoy convencido de que* la gente no **tiene** seguridad.
*Está claro que* la reducción de la jornada laboral **es** una buena idea.
*Creo que llegará* pronto.
*Creo que no llegará* pronto.
*Pienso que hay* pocos parques en la ciudad.
*Estoy seguro de que* ha venido mucha gente.
*Me da la impresión de que* nunca has ido en bicicleta.

**4**. En indicativo o subjuntivo según se tenga mayor o menor grado de seguridad.
*Tal vez quiere / quiera* hablar con nosotros.
*En el futuro tal vez* todo el mundo **viva** en grandes ciudades.

**5**. Con la estructura siguiente:
es + [adjetivo] + que + [subjuntivo]
*Es fantástico que haya* parques.
*No es necesario que vengas* esta tarde.
*Es probable que* no lo **haga** nadie.

## §43 EXPRESAR SENTIMIENTOS Y PREFERENCIAS

Para expresar sentimientos y preferencias se emplea la estructura siguiente, de modo que si el sustantivo es plural, el verbo también está en plural:

```
(a mí) me        ⎫  ⎧ interesa  ⎫     ⎧ [nombre singular]
(a ti) te        ⎪  ⎪ preocupa  ⎪     ⎪ [infinitivo]
(a él / ella / usted) le ⎬+⎨ molesta  ⎬ + ⎨ [subjuntivo]
(a nosotros / as) nos ⎪  ⎪ alegra   ⎪     ⎩
(a vosotros / as) os ⎪  ⎪ irrita   ⎪
(a ellos / ellas / ustedes) les ⎭ ⎩ gusta   ⎭
```

*Me interesa asistir* a la reunión de dirección.
*Te preocupa que tarden* tanto en dar una respuesta.
*Le molestan los ruidos*.
*A nosotras nos alegra esta visita* tan inesperada.
*Os irrita viajar* en segunda clase.
*A ellas les gusta que vayan* tan elegantes.

## ■ FRASES DE AGENTE INDEFINIDO (§44)

## §44 FRASES DE AGENTE INDEFINIDO

Este tipo de oraciones permite presentar la información sin mencionar el agente o mencionándolo pero sin relacionar directamente la información con él. En ocasiones no se conoce el agente, en otras ocasiones se conoce, pero no se quiere decir quién es. En la estructura primera el hablante se refiere a sí mismo, pero dando un sentido general. En la segunda, la persona que habla quiere implicar al interlocutor, pero da un sentido general. En la tercera se presenta la información con valor universal, sin excluir a nadie.

**1**. Si + uno + [verbo en 3.ª persona del singular]
*Si uno* no vigila, le puede pasar cualquier cosa.

**2**. Cuando + [verbo en 2.ª persona del singular]
*Cuando estás* nervioso no te puedes concentrar.

**3**. Se puede / No se puede + [infinitivo]
*(No) se puede* llegar tarde.

**4**. Se + [verbo]
*Se dice* que Lola y Andrew salen juntos.
*Se supone* que el avión llega a las cinco ¿no?

**5**. Dicen que + [oración]
*Dicen que* éste es el mejor bar de la ciudad.

**6**. Hace falta + [infinitivo]
*Hace falta* llegar pronto.

## ■ PROPOSICIONES ADJETIVAS O DE PRONOMBRE RELATIVO (§45)

## §45 PROPOSICIONES ADJETIVAS O DE PRONOMBRE RELATIVO

Este tipo de proposiciones hacen la función de un adjetivo y van introducidas por un pronombre relativo (*que*, referido a personas o cosas; *quien*, referido a personas) o un adverbio relativo (*donde*, referido a un lugar; *cuando*, referido a un momento; *como*, referido a una manera o modo; y *cuanto*, referido a una cantidad).

Observa la transformación en las oraciones de abajo para decir la información que aparece en las dos de arriba.

*Sale **con un chico**. **El chico** parece muy buena persona.*

⇩

*El chico **con el que** sale parece muy buena persona.*
*Sale **con un chico** que parece muy buena persona.*

**1**. Si hay una preposición acompañando al relativo *que*, suele llevar intercalado un artículo:

[preposición] + [artículo] + que
*El bar **al que** van es muy tranquilo.*
*No encuentro el bolígrafo **con el que** escribí la carta.*
*El restaurante **en el que** están ofrece un espectáculo de magia.*

**2**. Si se suprime el sustantivo, se usa un artículo delante de *que*:

[artículo] + que
🗨 *¿Qué camisa quieres?*
   🗨 ***La que** vi ayer.*

**3**. No aparece ningún artículo entre las preposiciones (*a, con, para, por, …*) y los pronombres *quien* ni *donde*:

*Este es el chico **a quien** di los papeles.*
*¿Tú eres la chica **con quien** hablé por teléfono?*
*En esta foto verás al hombre **para quien** trabajo.*

*Este es el sitio **de donde** salen los camiones.*
*Este es el lugar **desde donde** saqué la foto.*
*Esta es la calle **por donde** pasamos cada día para ir al trabajo.*

### ■ PREGUNTAR / EXPRESAR SI SE SABE ALGO O SI SE CONOCE A ALGUIEN (§46-§47)

### §46 PREGUNTAR SI SE SABE ALGO, O SI SE CONOCE A ALGUIEN

Se pueden hacer preguntas referidas a una oración completa, para preguntar si se sabe algo o se conoce a alguien con estructuras como las siguientes. Fíjate en que con las dos primeras el objeto de la pregunta es toda la oración introducida por *que*, mientras que en la tercera estructura el objeto central de la pregunta es sólo una parte de la oración.

**1**. ¿Sabe/s + que / si + [oración]?
*¿Sabes **que** a José le encanta bailar?*
*¿Sabes **que** Juan ha venido?*
*¿Sabe usted **que** Juan ha llegado el lunes?*
*¿Sabes **si** a Pepe le gusta el cine?*
*¿Sabe usted **si** Juan está de vacaciones?*

**2**. ¿Te has
   ¿Se ha
   ¿Os habéis } enterado + **de que** + [oración]?
   ¿Se han
*¿Te has enterado **de que** a José le encanta bailar?*
*¿Te has enterado **de que** Juan ha venido?*

**3**. La pregunta se centra sobre un elemento (*dónde, cuándo, cómo, qué…*):
*¿Sabe usted **dónde** vive María?*
*¿(Tú) Sabes **cuándo** viene Juan?*
*¿(Él / ella / usted) Sabe **cómo** es el novio de Ángela?*
*¿Sabes **cuál** es el vestido de Andrea?*
*¿Saben **en qué** ciudad vive Santiago?*
*¿Sabéis **qué** libros lee Ana?*

**4**. Se puede producir intriga en el oyente antes de darle una información:

¿A que no +  { sabes
                sabe
                sabes
                saben }  +  { **quién** ha venido?
                              **con quién** sale Marta?
                              **dónde** ha estado Pedro?
                              **de quién** es el libro? }

### §47 EXPRESAR SI SE SABE ALGO, O SI SE CONOCE A ALGUIEN

También se puede expresar con una oración completa si se sabe algo o se conoce a alguien. Fíjate en que con la primera estructura se manifiesta sorpresa y con las dos siguientes certeza:

**1**. Yo creía que + [oración]
***Yo creía que** María no tenía novio.*

**2**. Estar seguro + de que + [oración]
***Estoy seguro de que** Juan trabaja en el campo.*

**3**. Seguro que + [oración]
***Seguro que** Pedro trabaja en la televisión.*

# Apéndice gramatical

## ■ ESTILO INDIRECTO (§48)

### §48 TRANSMITIR LAS PALABRAS DE OTROS

Cuando se quiere transmitir lo dicho por otros se pueden dar algunos de los siguientes casos:

**1.** Transmitir información que ha dicho otra persona.
Dice / Me ha dicho / Me explica + que + [indicativo]
*Dice que* espera un hijo.
Me *ha dicho que* llamará mañana.
Me *explica que* sale con una compañera del trabajo.

**2.** Transmitir una pregunta que ha dicho otra persona.
(Me) pregunta / Me ha preguntado + si / qué / cuándo / por qué + [indicativo]
Me *pregunta si* vas a venir a la fiesta.
Me *pregunta qué* quieres para cenar.
Me *pregunta cuándo* volverás.
Me *ha preguntado por qué* estás triste.
Me *ha preguntado dónde* vive el hermano de Luis.

**3.** Transmitir una orden, petición o encargo de otra persona.
Alguien + decir / pedir / mandar + que + [subjuntivo]
Begoña *dice que vayas* a cenar a su casa.
Julián *dice que bajéis* un poco el volumen de la tele.
Me *ha pedido que* te lo *diga* yo.

**4.** Indicar a alguien que transmita una petición a otra persona.
Dile que + [subjuntivo]
*Dile que llame* mañana.

Cuando se transmite información, una pregunta o una orden de otra persona, puede haber cambios en algunas formas verbales:

| La idea se dice por primera vez en... | La idea se puede transmitir en... |
|---|---|
| **Presente** *Tengo una duda.* | **Presente o Imperfecto** *Dice que tiene una duda.* *Dijo que tenía una duda.* |
| **Futuro** *Iré mañana.* | **Futuro o Condicional** *Dice que irá mañana.* *Dijo que iría mañana.* |
| **Pretérito indefinido** *Fue músico.* | **Pretérito indefinido o Pluscuamperfecto** *Dicen que fue músico.* *Dijeron que había sido músico.* |
| **Imperativo** *Deja de jugar.* | **Presente de subjuntivo** *Dice que dejes de jugar.* |

## ■ ORACIONES SUBORDINADAS ADVERBIALES (§49-§54)

### §49 ORACIONES TEMPORALES CON INDICATIVO Y SUBJUNTIVO

Una circunstancia temporal o el momento en que ocurre algo se puede expresar con una proposición en indicativo, si se refiere al pasado, o bien en subjuntivo, si se refiere al futuro, introduciendo la proposición circunstancial con las marcas que se destacan en los ejemplos:

**1.** [Indicativo = no futuro]
*En cuanto* llegué a casa, vi la ventana rota.
*Cuando* me lo explicó, no me lo creí.

**2.** [Subjuntivo = futuro]
*En cuanto* hable con ella, todo se arreglará.
*Cuando veas* a tu abuela, dale recuerdos.
Vete a casa *antes de que* se enfade.
Echa el azúcar *después de que* se caliente el agua.

### §50 EXPRESAR FINALIDAD

La finalidad o el propósito con que alguien realiza una acción se indica con las formas destacadas en los ejemplos:
💬 *¿Por qué / Para qué* estudias ruso?
💬 *Para* ir a estudiar a Moscú.

Siéntate y ponte cómodo *para* trabajar bien.

### §51 PREGUNTAR LA CAUSA

Para preguntar por la causa se usa *¿Por qué...?* como forma más general y neutra. También se puede usar *¿Cómo es qué...?* para mostrar sorpresa en la pregunta.
*¿Por qué* no vienes al cine?
*¿Cómo es que* no quieres salir?

### §52 EXPLICAR LA CAUSA

*Porque* es la forma más general y explícita para explicar una causa. Suele estar en medio de la frase. Cuando es una respuesta a una pregunta, va al principio de la frase. *Es que* presenta la causa como un pretexto o excusa. *Ya que* puede ir al principio o en medio de la frase. La estructura general es así:

**1**. [Consecuencia] + porque / es que / ya que + [causa]
*No voy a la fiesta **porque** estoy cansada.*
💬 *¿Por qué se lo dijiste?*
　　💬 ***Porque** creía que era lo mejor.*
*No me encuentro bien. **Es que** he comido demasiado.*
*Invítame al cine, **ya que** has cobrado.*

Otra estructura y formas para expresar la causa es la siguiente. *Como* suele estar al principio de la frase. *Debido a, a causa de, ya que* se usan en la lengua escrita o hablando de manera formal y pueden ir al principio o en medio de la frase:

**2**. Como / Debido a / A causa de / Ya que + [causa], [consecuencia]
***Como** me duele la cabeza, no voy a salir.*
***Debido al** mal tiempo, suspendieron la excursión.*
***A causa de** un apagón de luz, no pudieron ver la película.*
***Ya que** has cobrado, invítame a comer / Invítame a comer, **ya que** has cobrado.*

## §53 LA CONSECUENCIA

Se expresa con la estructura y las marcas siguientes. *Así que* es una de las formas más usadas para indicar consecuencia. *Por lo tanto* destaca más la relación entre la causa y la consecuencia. *De manera que* presenta la consecuencia de un relato o la conclusión de un razonamiento.

[**Causa**] + así que / por lo tanto / de manera que / por eso / que + [**consecuencia**]
*Ayer no me encontraba muy bien, **así que** me quedé en casa.*
*Tenía que levantarme temprano. **Por lo tanto**, me fui a dormir pronto.*
*Salí hasta muy tarde, **de manera que** no pude ir a clase al día siguiente.*
*Tenía dos invitaciones para la exposición; **por eso** invité a Pepe.*
*Hacía tanto frío **que** nos quedamos en casa.*

## §54 LA CONDICIÓN

La condición se manifiesta con la marca *si* y la estructura siguiente:
Si + [presente], + [presente] / [imperativo] / [futuro]
***Si** queréis, **reservo** mesa en un restaurante mexicano muy bueno.*
***Si** te gusta este plato, **toma** nota de los ingredientes.*
***Si** venís pronto, **prepararemos** algo para cenar.*

## ■ LOS SIGNOS DE PUNTUACIÓN (§55-§66)

Los signos de puntuación se utilizan para evitar la ambigüedad textual y para organizar el discurso e indicarnos cómo hay que oralizarlos. Algunos usos de los signos de puntuación son obligatorios; otros en cambio, son optativos e incluso puede haber más de una posibilidad.

Los signos de puntuación en español son:

| | |
|---|---|
| El punto | . |
| La coma | , |
| El punto y coma | ; |
| Los dos puntos | : |
| Los puntos suspensivos | ... |
| Los signos de interrogación | ¿ ? |
| Los signos de admiración | ¡ ! |
| Los paréntesis | ( ) |
| Los corchetes | [ ] |
| Las comillas | " " / « » |
| El guión | - |
| La raya | — |

## §55 EL PUNTO

El punto indica una pausa y se interpreta con una entonación descendente. Hay tres tipos de punto: el punto y seguido, el punto y aparte y el punto final. El punto seguido se utiliza para separar los distintos enunciados que forman un párrafo; el punto y aparte, para separar los distintos párrafos que forman un texto y el punto final es el que cierra el texto.

El punto también se utiliza después de las abreviaturas:
*Sra. (Señora)*
*Dto. (Descuento)*
*Ej. (Ejemplo)*

## §56 LA COMA

Indica una pausa más corta que la del punto dentro de un enunciado.

Se utiliza para separar los distintos miembros de las enumeraciones, excepto el último si va precedido de las conjunciones *y, e, ni, o, u.*
> *Begoña se ha comprado una blusa, un jersey, una camisa y unas gafas de sol.*

Delante de las conjunciones *y, e, ni, o, u* se usa una coma sólo si la secuencia que sigue a la conjunción no forma parte de una enumeración sino que aporta un valor distinto a la de la secuencia anterior a la conjunción.
> *Compraron arroz, marisco y carne, y la paella les quedó riquísima.*

Los nombres propios que dentro del enunciado funcionan como vocativos, van entre comas.
> *Lola, no llegues tarde.*
> *¿Sabes, Begoña, que Andrew ayer no durmió en casa?*

También se escriben entre comas los incisos en los que se añade o se explica algún tipo de información.
> *El nuevo alumno, que llegó ayer de Bruselas, es muy simpático.*

Los enlaces, complementos y marcadores discursivos que se sitúan al principio de una oración (*sin embargo, es decir, en primer lugar, generalmente...*) suelen llevar una coma pospuesta.
> *Es decir, Toni no vendrá a la fiesta.*

Cuando se omite el verbo, en su lugar se escribe una coma.
> *Julián es simpático; Andrew, divertido.*

En las cabeceras de las cartas, se escribe una coma entre el lugar y la fecha.
> *Tarragona, 13 de enero de 2001.*

No debe escribirse coma entre el sujeto y el predicado, a no ser que entre ellos haya un inciso.
> *Los alumnos de primero, son muy simpáticos.*
> *Los alumnos de primero, que trabajan mucho, son muy simpáticos.*

## §57 LOS DOS PUNTOS

Se usan al inicio de una enumeración.
> *Begoña ha estado en tres países americanos: Brasil, Costa Rica y Estados Unidos.*

Antes de introducir una referencia del lo escrito por otro.
> *Picasso dijo: "La inspiración existe, pero llega trabajando".*

En las cartas se escriben dos puntos después de las fórmulas de saludo.
> *Querida Begoña:*
> *Te escribo para decirte lo mucho que te quiero...*

## §58 EL PUNTO Y COMA

Indica una pausa menor a la del punto y mayor a la de la coma.

Se utiliza en las enumeraciones si en los diferentes términos enumerados ya se utilizan comas.
> *Julián es simpático; Andrew, divertido; Lola, trabajadora y Begoña, presumida.*

Se utiliza para separar las diferentes proposiciones (oraciones) que forman una oración compleja. Se recomienda especialmente si en las distintas partes de la oración compleja ya se han empleado comas. En estos casos también es posible poner punto y seguido.
> *Andrew, preocupado, escribió una carta a Begoña; ésta la leyó entusiasmada.*

Se suele colocar punto y coma delante de *pero, aunque, sin embargo, por tanto* y otros conectores similares.
> *Julián ama a Lola; pero no quiere reconocerlo.*

## §59 LOS PUNTOS SUSPENSIVOS

Se utilizan para indicar un final abierto o impreciso de la oración.
> *Ya sabía yo...*

También pueden aparecer en medio de la oración, creando expectativa o manifestando una duda sobre lo que viene a continuación.
> *Creo que... vendré.*
> *Yo que tú... no lo haría.*

En las enumeraciones pueden utilizarse en lugar de la palabra *etcétera.*
> *Begoña tiene todo tipo de ropa: camisetas, camisas, blusas, vestidos, faldas,...*

Cuando aparecen dentro de paréntesis (...) o corchetes [...] indican que se omite una parte del texto.

Detrás de los tres puntos, si fuera necesario pueden aparecer cualquier otro signo de puntuación excepto el punto y seguido.

## §60 SIGNOS DE INTERROGACIÓN Y ADMIRACIÓN

Los signos de interrogación y admiración se ponen al principio y al final de los enunciados que manifiestan estas modalidades enunciativas.

> *¿Qué hicieron los chicos ayer?*
> *¡Qué vestido más bonito llevas!*

Detrás de los signos de interrogación y admiración nunca se escribe un punto.

Es posible que todo el enunciado no forme parte de la interrogación o de la exclamación. En ese caso, sólo se escribe entre los signos de interrogación o admiración la parte del enunciado que se interrogue o exclame.

> *Si Chema viene, ¿qué harás?*
> *Ana ha vuelto, ¡qué alegría!*

## §61 LOS PARÉNTESIS

Los paréntesis se utilizan para intercalar elementos aclaratorios (fechas, lugares, autores citados, elementos que no guardan demasiada relación con el resto de la frase).

> *Los hechos sucedieron en Valencia (España).*
> *El tío de Antonio (que en su juventud había sido un actor famoso) dio una conferencia en la escuela.*

Los paréntesis también se utilizan para indicar alternancias o variantes en un texto.

> *La(s) autora(s) puede(n) enviar los textos a la redacción del periódico.*
> *Busca a un(a) buen(a) alumno(a).*

Tal como ya se ha comentado en el apartado de los puntos suspensivos, los paréntesis que encierran tres puntos (…) significan que se ha omitido parte del texto.

## §62 LOS CORCHETES

Los corchetes se utilizan para añadir información que complementa el resto del texto, igual que los paréntesis. Si se necesita introducir una aclaración dentro de otra

aclaración que ya va entre paréntesis, se deben usar obligatoriamente los corchetes.

> *El tío de Antonio (que actuó en el estreno en Madrid de La vida es tuya [1978]) dará una conferencia en la escuela.*

Al igual que los paréntesis que encierran tres puntos (…), los corchetes que encierran tres puntos […] se utilizan para señalar que se ha elidido una porción de texto.

## §63 LAS COMILLAS

A pesar de que hay varios tipos de comillas, los usos son indistintos entre ellas. Cuando en una porción de texto ya se han utilizado unas comillas; si se quiere entrecomillar algún elemento, se utiliza un tipo de comillas distintas.

Se utilizan las comillas para reproducir las palabras textuales de cualquier persona.

> *Las palabras de Lola fueron: "¿Es que nadie va a ordenar la casa?".*
> *Y Begoña dijo: "No, no me caso con Chema".*

También se utilizan las comillas para indicar que se está utilizando una palabra o expresión irónicamente, con un sentido desviado o refiriéndose a la propia lengua (metalingüísticamente); o que procede de otra lengua y no es de uso generalizado en la lengua.

> *Es que hemos pasado la noche en la "beach", ¡ay!, quiero decir en la playa.*
> *En nuestro viaje a California alquilamos un "car", perdón, quiero decir un coche.*

Se utilizan para citar los títulos de los libros y de los capítulos.

> *Begoña, a ti te ha tocado interpretar "La voz a ti debida" de Salinas.*
> *Julián, ¿has leído "La colmena" de Cela?*

Actualmente en los medios impresos para citar los títulos de los libros y para indicar el uso de una palabra con un sentido desviado o que procede de otra lengua, no se suelen utilizar las comillas sino la letra cursiva.

Si las comillas cierran el enunciado, el punto va detrás de las comillas. Asimismo, cualquier otro signo que abarque al texto en el que estén las comillas aparece detrás de ellas.

> *Julián declaró: "No he visto nada raro".*
> *Dime, Begoña, ¿qué significa "exterior"?*

# Apéndice gramatical

## §64 EL GUIÓN

Se utiliza para separar las sílabas de una palabra al final de la línea en la escritura.

*Lola fue a comprar al supermercado de la esquina; compró tanto que se olvidó una bolsa en la caja.*

Entre dos números (*12-19*) se utiliza para indicar que se abarca ese periodo.

*Lo puedes consultar en la enciclopedia (pp. 13-71).*

## §65 LA RAYA

Se utiliza para señalar cada intervención en un diálogo que no aparece en estilo directo y no se quiere identificar al interlocutor.

*—¿Quién ha llegado?*
*—No lo sé. Nadie ha contestado.*

Si aparece la voz del narrador, ésta va precedida de una raya y si después de la voz del narrador, sigue hablando el personaje, la voz del narrador va entre rayas.

*—¿Quién ha llegado?— preguntó Lola con voz cansada.*
*—No lo sé – contestó Begoña— Nadie ha contestado.*

Estas intervenciones en estilo directo si se quiere recoger quién habla, aparecerían de la siguiente manera:

LOLA: *¿Quién ha llegado?*
BEGOÑA: *No lo sé. Nadie ha contestado.*

Al igual que las comas o los paréntesis, las rayas se pueden utilizar para introducir aclaraciones o incisos.

*El tío de Antonio —que actuó en el estreno de Madrid de La vida es tuya (1978)— dará una conferencia en la escuela.*

Las distintas opciones dependen del grado de conexión que quiera manifestarse entre las distintas partes.

## §66 ENTONACIÓN DE LOS PRINCIPALES SIGNOS DE PUNTUACIÓN

En los cuadros siguientes se resume la inflexión melódica de las sílabas precedentes a los distintos usos de los signos de puntuación más empleados. En los ejercicios de pronunciación del libro, centrados en la entonación, se utilizan los mismos símbolos para representar la inflexión melódica y están grabados en los audios para hacer ejercicios de imitación. Te aconsejamos que leas en voz alta los ejemplos y que te fijes en la melodía.

| Signo | Punto . | |
|---|---|---|
| Significado | Fin enunciado | Entonación ⇓ |
| | Viven en una casita a las afueras del pueblo.⇓ | |

| Signo | Coma , | |
|---|---|---|
| Significado | Complemento antepuesto | Entonación ⇑ |
| | Los niños, cuando llegaron,⇑ se fueron a jugar al jardín. | |
| Significado | Complemento antepuesto | Entonación ↓ |
| | Los niños, cuando llegaron,↓ como era tarde,⇑ se fueron a la cama. | |
| Significado | Ante inciso o dislocación | Entonación → |
| | Los niños,→ cuando llegaron, se fueron a jugar al jardín. | |
| | Tengo 50 años,→ es decir, el doble que tú. | |
| Significado | De vocativo y yuxtaposición | Entonación ↓ |
| | Me molesta,↓ Juan,↓ que rompas el jarrón. | |
| | Así,↓ así se escribe la historia. | |
| Significado | De enumerativo | Entonación ↓ |
| | Hay calidad en Alfonso,↓ Kiko,↓ De la Peña,↓ Celades↑ y compañía. | |
| Significado | Ante *que* explicativo | Entonación ↓ |
| | Los jugadores del Barcelona,↓ que venían de Brasil,↓ llegaron tarde. | |
| Significado | Ante aposición | Entonación ↓ |
| | El presidente,↓ Felipe González,↓ viaja mañana a Roma. | |

| Signo | Punto y coma ; | |
|---|---|---|
| Significado | Fin de cláusula | Entonación ↓ |
| | Unos tienen que marcharse;↓ otros, están cansados. | |

| Signo | Dos puntos : | |
|---|---|---|
| Significado | Conjuntivo | Entonación ↓ |
| | He pasado toda la mañana en la piscina:↓# hacía muchísimo calor. | |
| Significado | De vocativo | Entonación ↓ |
| | Querido amigo:↓# Perdona. | |
| Significado | Ante enumeración | Entonación ↓ |
| | Los números⇑ son:↓# uno,↓ tres,↓ cinco,↑ y siete. | |
| Significado | Ante aclaración | Entonación → |
| | Como dicen los ingleses:→ muchos cocineros estropean el caldo. | |

| Signo | Paréntesis ( ) | | |
|---|---|---|---|
| Significado | Inciso marginal | Entonación | ↓ |
| | No le gusta ir sola↓ (ya lo ha dicho varias veces)↓ al parque. | | |

| Signo | Guiones — — | | |
|---|---|---|---|
| Significado | Inciso especificativo | Entonación | ↓ |
| | Los celtíberos⇑↓# —no siempre habían de ser juguetes de Roma—↓ ocasionaron la muerte de los dos Escipiones. | | |

| Signo | Interrogación ¿ ? | | |
|---|---|---|---|
| Significado | Pronominal | Entonación | ⇑ ... ⇓ |
| | ¿Por qué⇑ sales tarde?⇓ | | |
| Significado | Absoluta | Entonación | ⇑ ... ↓⇑ |
| | ¿Te veré⇑ maña↓na?⇑ | | |
| Significado | Relativa | Entonación | ↑ ... ↑↓ |
| | ¿Nos queda↑mos a ver↑lo?↓ | | |

| Signo | Admiración ¡ ! | | |
|---|---|---|---|
| Significado | Gozo y sorpresa | Entonación | ⇑ ... ⇓ |
| | ¡Qué⇑ maravilla!⇓ | | |
| Significado | Orden tajante | Entonación | ⇑ ... ⇓ |
| | ¡Már⇑chate de aquí!⇓ | | |
| Significado | Indignación | Entonación | ⇑ ... ⇓ |
| | ¡Qué⇑ vergüenza!⇓ | | |
| Significado | Contrariedad | Entonación | ↑ ... ↓ |
| | ¡Qué↑ le vamos a hacer!↓ | | |
| Significado | Sorpresa | Entonación | ↑ ... ⇑↓ |
| | ¡Pero si es↑ muy tar⇑de!↓ | | |
| Significado | Gran sorpresa | Entonación | ↑↓ ... ⇑↓ |
| | ¡Vir↑gen↓ santí⇑sima!↓ | | |

## ■ ABREVIATURAS

## §67 ABREVIATURAS

Para escribir más rápidamente o para ahorrar espacio, algunas palabras se pueden escribir abreviadas, es decir, se escriben varias letras que las representan. En muchas ocasiones hay más de una opción posible y, además, algunas letras se utilizan para abreviar más de una palabra.

Hay abreviaturas que llevan punto (.) y otras que no lo llevan, por lo tanto, fíjate bien. Además, pueden escribirse con mayúscula o minúscula según la palabra que representen.

| | |
|---|---|
| Atte. | Atentamente |
| Av.; avd.; avda. | Avenida |
| C/ | Cargo / Cuenta / calle |
| C.P. | Código postal |
| D., D.ª | Don, doña |
| DNI | Documento nacional de identidad |
| D. P. | Distrito postal |
| Dr., Dra.;Dr.ª | Doctor, doctora |
| Ej. | Ejemplo |
| Entlo. | Entresuelo |
| Etc. | Etcétera |
| IVA | Impuesto sobre el valor añadido |
| Izdo., izda; izq.; izqdo, izqda. | Izquierdo, izquierda |
| NIF | Número de identificación fiscal (España) |
| p. ej. | Por ejemplo |
| pl.; plza.; pza. | Plaza |
| Pta., pts. | Peseta, pesetas (moneda oficial en España hasta enero de 2002) |
| P.V.P. | Precio de venta al público |
| Rte. | Remitente |
| S.ª; Sra. | Señora |
| S.A. | Sociedad anónima |
| s.n.; s/n | Sin número |
| S.P. | Servicio público |
| Sr. | Señor |
| tel.; teléf.; Tfno | Teléfono |
| U.; Ud.;V.;Vd. | Usted |
| v. | véase |

# transcripciones de los audios

# Transcripciones de los audios

## leccíónuno1
### ¡CADA UNO ES COMO ES!

#### 1.4
BEGOÑA: Esta noche he quedado con Diego.
LOLA: ¿Y quién es Diego?
BEGOÑA: Es un chico que conocí el otro día.
LOLA: ¿Y cómo es?
BEGOÑA: Guapísimo.
LOLA: ¿Y de carácter?
BEGOÑA: Simpático, amable y muy cariñoso. ¡Un encanto!
LOLA: ¿De dónde es?
BEGOÑA: No sé de dónde es, no se lo he preguntado.
LOLA: ¿Y vas a salir con él?
BEGOÑA: Sí, no me parece importante saber de dónde es un chico para salir con él.
LOLA: ¿A qué se dedica?
BEGOÑA: No sé a qué se dedica, creo que trabaja en una oficina.
LOLA: ¿Cuántos años tiene?
BEGOÑA: No sé exactamente cuántos años tiene, unos veinticinco años.
LOLA: ¿Dónde vive?
BEGOÑA: Pues tampoco sé dónde vive.
LOLA: ¿Tiene aficiones?
BEGOÑA: No sé si tiene aficiones, supongo que alguna.
LOLA: Pero, Begoña, para salir con un chico necesitas saber cuáles son sus aficiones. ¿Sabes si le gusta bailar?
BEGOÑA: No sé si le gusta bailar, me parece que sí.
LOLA: Y leer, ¿le gusta?
BEGOÑA: Ni idea, no sé si le gusta leer.
LOLA: ¿Y tiene coche? Eso es importante.
BEGOÑA: No lo sé. No se lo he preguntado. No me parece importante saber si tiene coche o no.
LOLA: ¿Y…?
BEGOÑA: ¡Basta ya, Lola! Esto parece un interrogatorio.

#### 1.5
LOLA: ¿Sí?
(…)
Hola Chema, sí, soy Lola, me estaba…
(…)
No está.
(…)
No lo sé. No sé dónde está. Espera, sí, ya me acuerdo, está en clase. Tiene ensayo.
(…)
Ah, ¿sí? No lo sabía. Celebráis muy pronto las fiestas, ¿no?
(…)
Ah, bueno, pero si aún faltan dos meses. No te preocupes.
(…)
Mira, yo ahora tengo…
(…)
Tengo que salir, Chema, se me hace tarde.
(…)
Muy bien. Se lo diré. Se pondrá muy contenta.
(…)
Adiós Chema.

JULIÁN: Precioso. Muy bonito. Precioso.
LOLA: ¿Qué pasa?
JULIÁN: Hace un día precioso.
LOLA: ¿Sí? Qué bien. Tengo prisa. ¿Sabes si está Ana? ¿Podrías avisarla?
JULIÁN: No, señorita. No la he visto. Pero venía dispuesto a relajarme. Una bonita sesión de relajación. ¿Qué te parece?
LOLA: Perfecto. Sí.
JULIÁN: ¿Nos relajamos juntos?

LOLA: Me esperan en la tele. Tengo que ir a la tele. Me voy a la tele.
JULIÁN: ¿Estás segura?
LOLA: Segura.
JULIÁN: Simpática. Sí, muy simpática.

#### 1.12
LOLA: ¿Sabes si Juan siempre es tan tímido?
BEGOÑA: Ni idea, no lo conozco mucho, pero siempre está solo y muy serio; nunca se ríe.
LOLA: Estoy segura de que es un chico muy aburrido y triste, por eso no tiene amigos.
BEGOÑA: Sí, pero parece educado, porque siempre me saluda y me abre la puerta.
LOLA: ¿Sabes cuál es el chico más antipático que conozco?
BEGOÑA: ¿Cuál?
LOLA: Paco, el amigo de María, ese que nunca saluda.
BEGOÑA: ¿Ah sí?
LOLA: Es un imbécil; nunca entiende lo que le digo y protesta por todo. Además, siempre está de mal humor. ¿Sabes quién es muy simpático y amable?
BEGOÑA: ¿Quién?
LOLA: El chico que me presentaste ayer, tu amigo.
BEGOÑA: Te presenté a dos, ¿de cuál me hablas, de Manolo o de José?
LOLA: De José.
BEGOÑA: Sí, es un chico muy sociable y alegre, sobre todo me gusta porque es muy optimista y agradable.

## leccíóndos2
### ¡BUEN VIAJE!

#### 2.3
BEGOÑA: Chicos, ¿conocéis Portugal?
JULIÁN: Yo no lo conozco, pero dicen que es muy bonito.
ANDREW: Yo, de Portugal, sólo conozco el vino, ¡qué bueno es!
LOLA: Sí, lo más famoso son el vino y los fados, también en Oporto organizan muchas actividades culturales: ópera, danza, teatro,…
BEGOÑA: Sí. Y además es muy barato. Cuando eres joven y no tienes mucho dinero, es un buen lugar para ir de vacaciones.
LOLA: Es verdad. Y si uno quiere divertirse, en Oporto y Lisboa hay muchos bares y discotecas para disfrutar de las *noites longas*.
ANDREW: ¿Las qué?
BEGOÑA: Las *noites longas*, que en español significa las *noches largas*. No se sabe a qué hora va a acabar de bailar.
ANDREW: ¡Qué bien! Yo quiero ir de vacaciones a Portugal.
JULIÁN: ¿Y qué os parece si nos vamos de vacaciones en septiembre? Se pueden encontrar mejores ofertas porque la mayoría de la gente viaja en agosto. ¿Qué os parece? Podemos viajar más tranquilos, sin prisa.
LOLA: Yo, en septiembre, trabajo, no puedo viajar.
JULIÁN: Vaya. ¿Y tú, Begoña? ¿Puedes viajar en septiembre?
BEGOÑA: Sí, claro. En agosto voy a ver a mi familia, pero en septiembre ya estoy aquí.
JULIÁN: Andrew, ¿tú puedes venir o no?
ANDREW: Claro que puedo.
JULIÁN: Estupendo. Lola, ¿estás segura de que no puedes pedir una semana de vacaciones? Es sólo una semana.
LOLA: No lo sé, tengo que hablar con mi jefe. Pero últimamente no se puede hablar de este tema porque hay mucho trabajo.

#### 2.4
LÁZARO: Hay que tenerlo todo previsto. Si se despista uno, está perdido. Y bien, ¿qué habéis decidido?
ANDREW: Yo sigo pensando que antes de meternos en un lío hace falta avisar a la policía.
LÁZARO: Mira Andrew, no sé qué va a pasarnos, pero hay que arriesgarse. Me lo dice mi sexto sentido.

BEGOÑA: Yo estoy con Lázaro.

JULIÁN: Hay que ser valiente. Estamos preparados para lo que haga falta.

LOLA: Al menos deberíamos intentarlo.

LÁZARO: ¿Qué dices Andrew?

ANDREW: Está bien. Si en cuatro días no lo conseguimos, avisamos a la policía.

LÁZARO: Hecho. Yo llevo la dirección. Vosotros organizaos por parejas. Llamad a los hospitales y después acercaos a todas las estaciones y observad.

BEGOÑA: ¿A todas?

LÁZARO: A todas. Tren, metro, autobuses, aeropuerto,…

## 2.8

HIJA: ¿Diga?

MADRE: ¡Hola! Soy mamá. ¿Cómo va todo?

HIJA: Bien, preparando las vacaciones.

MADRE: ¿Y qué tal?

HIJA: Muy bien mamá. Estoy haciendo las maletas.

MADRE: No olvides llevar un bronceador, recuerda que allí el sol es muy fuerte.

HIJA: Sí, mamá... ya lo he metido. Me tratas como a una niña.

MADRE: Sólo me preocupo por ti, nada más. ¡Ah! No descuides la cartera, ni lleves mucho dinero en ella.

HIJA: Sí, mamá. Recuerda que ya he viajado antes y no olvides que tengo diecisiete años.

MADRE: Agradece que tienes una madre que se preocupa por ti. Vigila también lo que comes, porque te puedes poner enferma.

HIJA: ¡Ay, mamá! Me parece que estás exagerando.

MADRE: Bueno, bueno. Está bien. Ya no digo más. Sólo recuerda que tus padres te quieren, cuídate mucho, llama por teléfono de vez en cuando y diviértete con tus amigos.

HIJA: Muchas gracias mamá. Si puedo, llamo, pero no te aseguro nada. ¡Adiós!

MADRE: ¡Adiós, hija! ¡Buen viaje!

# leccióntres3
## APRENDER UNA LENGUA

### 3.3

JULIÁN: ¿Qué te pasa que estás tan nerviosa?

BEGOÑA: ¿Nerviosa, yo? ¡Qué va! Estoy muy contenta porque ya he solucionado mi problema con el inglés.

JULIÁN: ¿Ah, sí? Ahora es con el ruso, ¿no?

BEGOÑA: ¡Muy gracioso! He solucionado mi problema porque ahora tengo un profesor particular, que está a punto de llegar. Pero... en realidad no sé si es la solución. ¿Tú qué crees?

JULIÁN: Mira, para empezar intenta no obsesionarte, todo lleva su tiempo. No todo el mundo tiene la misma facilidad con las lenguas.

BEGOÑA: Pero... ¿tú qué me recomiendas?

JULIÁN: Procura divertirte, disfruta aprendiendo la lengua y, sobre todo ten paciencia. ¿Por qué no intentas ir a Gran Bretaña una temporada? Es muy práctico.

BEGOÑA: Sí, ya lo he pensado, pero no tengo tiempo ni dinero.

JULIÁN: ¿Y practicar por Internet? Ahora hay unos cursos fantásticos y van muy bien.

BEGOÑA: ¡Me parece una idea estupenda! Lo voy a hacer.

### 3.4

LÁZARO: ¿Qué pasa, colegas? ¿Se puede?

LOLA: Claro. ¿Qué sabes?

BEGOÑA: ¿Pasa algo malo?

LÁZARO: No nos pongamos nerviosos. No hace falta precipitarse. Os comunico la desaparición oficial de Ana.

ANDREW: ¿Oficial? ¿Lo has denunciado?

LÁZARO: De momento no conviene precipitarse.

ANDREW: Yo de ti lo denunciaba.

LÁZARO: Lo de Ana es cosa mía.

JULIÁN: Y, ¿qué piensas hacer?

LÁZARO: Vamos a buscarla, chavales. Todos. Lo tengo muy claro. Vamos a montar el mejor equipo de detectives del barrio. ¿Vale? No hace falta decirlo ahora, ¿eh? Pero pensadlo. Nos vemos.

LOLA: Lázaro, ¿tú qué crees que es mejor?

LÁZARO: Como dice Ana: no dejes para mañana lo que puedas hacer hoy. Cuando se tiene un problema, hay que actuar rápido. ¡Hasta luego, chavales!

### 3.10

BEGOÑA: Oye Andrew, ¿tú cómo aprendes español?

ANDREW: ¡Con mucha paciencia!

BEGOÑA: ¿Por qué? ¿Estudias mucho?

ANDREW: Sí, bastante. He empezado con un curso muy bueno de autoaprendizaje. Todos los días estudio un poco. Bueno, no siempre es así, algunas lecciones son más difíciles y ese día tengo que estudiar más.

BEGOÑA: Claro. O sea, que estás estudiando todos los días, de lunes a viernes.

ANDREW: ¡O más! A menudo, los sábados o los domingos escucho música española. Pero eso para mí no es estudiar, porque me gusta mucho.

BEGOÑA: ¿De verdad? Pues yo no oigo esa música en casa.

ANDREW: ¡Sí! Incluso a veces canto. ¡Me he comprado un *karaoke* con muchas canciones de Gloria Estefan, Julio Iglesias, Ricky Martin... !

BEGOÑA: ¡Pero qué dices! ¡Nunca lo he visto!

ANDREW: Bueno, nunca lo utilizo cuando estáis vosotros... Ya sabes que soy un poco vergonzoso.

BEGOÑA: ¿Y qué más haces para aprender español?

ANDREW: De vez en cuando voy al cine a ver una película española.

BEGOÑA: ¿Y para hablar?

ANDREW: Bueno, practico todos los días. Ayuda mucho estar en el propio país.

BEGOÑA: Pues yo no entiendo lo que me pasa. En la escuela de inglés casi siempre entiendo todo lo que dice el profesor, pero cuando tú hablas por teléfono con tus amigos americanos, ¡casi nunca entiendo nada de lo que dices!

ANDREW: ¡Ajá...! ¡Así que escuchas mis conversaciones telefónicas!

BEGOÑA: Ejem... ¡No! ¡Es sólo para practicar mi inglés!

# BLOQUEDOS2

# leccióncuatro4
## ¡YA LLEGA EL FIN DE SEMANA!

### 4.3

JULIÁN: El próximo fin de semana podríamos hacer una excursión en bicicleta, ¿no?

BEGOÑA: Sí, ¡qué buena idea!

JULIÁN: ¿Y tú? ¿Qué dices, Lola?

LOLA: Conmigo no contéis.

JULIÁN: ¿Cómo es que no quieres venir?

LOLA: Es que no me apetece.

BEGOÑA: ¡Venga, Lola! Dinos la verdad. ¿Por qué no vienes con nosotros?

LOLA: Es que no tengo bici, por eso no puedo ir.

JULIÁN: Eso no es problema. Yo conozco una tienda donde alquilan bicicletas, de manera que ya no tienes ningún motivo para no venir con nosotros.

LOLA: ¡Vale! Voy con vosotros.

JULIÁN: Tenemos que preparar todo lo que necesitamos.

BEGOÑA: Como en la montaña no podemos comprar nada, lo más importante son los bocadillos y las bebidas.

JULIÁN: Sí, y una tienda de campaña para acampar por la noche.

LOLA: También necesitamos sacos de dormir y una linterna, porque por la noche no se ve nada.

JULIÁN: Creo que ya no necesitamos nada más.

LOLA: No, creo que no.

# Transcripciones de los audios

BEGOÑA: Sí, necesitamos una cosa más. Una mochila para llevarlo todo.
LOLA: Sí, es verdad.
JULIÁN: Y mi cámara para hacer un gran reportaje. Lo titularé *Excursión a las montañas*.
BEGOÑA: También tenemos que invitar a Andrew.
LOLA: Claro que sí, seguro que se anima.

## 4.4
**1**
💬 ¡Mira cuántas personas!
💬 Sí, hay muchísima gente. ¿Qué pasará?
💬 Ya sé lo que pasa. Que hoy empiezan las rebajas.
💬 ¡Es verdad!

**2**
💬 Oye. ¡Fíjate en ese edificio! ¡Es precioso!
💬 Sí, es muy bonito. Es la casa Milá.
💬 ¿Sabes quién lo hizo?
💬 Sí, Gaudí.

**3**
💬 ¿Has visto qué cuadro tan raro?
💬 Sí, es rarísimo.
💬 A mí los cuadros así no me gustan.
💬 Ya. A mí tampoco, porque no los entiendo.

**4**
💬 ¡Fíjate en este libro! A ti no sé, pero a mí me encanta.
💬 Sí, yo lo encuentro fascinante.

## 4.7
BEGOÑA: A él le encanta la ópera.
ANDREW: Ah, ¿sí?
BEGOÑA: Le apasiona. Siempre que puede viaja a Milán.
ANDREW: Qué interesante…, o… ¿no?
BEGOÑA: Mira, cuando era pequeña cantaba en un coro. Mi padre me obligaba a cantar. Y yo iba, qué remedio. Y aprendí solfeo y canto. También tocaba el piano… ¿Y sabes una cosa? Lo aborrecí. Era un rollo. ¿Y la ópera? Uf, a mí la verdad, me aburre. Me pone nerviosa. A ti, ¿te gusta?
ANDREW: No. No me gusta nada. Nada.
BEGOÑA: Ah, ¿no?
ANDREW: A mí me gustan los musicales, el cine.
BEGOÑA: Como a mí. Del cine me gusta todo. El olor a palomitas, las butacas, las taquillas, sacar la entrada… ¿Te cuento un secreto?
ANDREW: ¡Claro!
BEGOÑA: Guardo todas las entradas de cine.
ANDREW: ¿En serio? ¿Todas?
BEGOÑA: Todas.
ANDREW: ¿Te cuento un secreto?
BEGOÑA: ¿Qué…?
ANDREW: Yo también.
BEGOÑA: ¿De verdad?
ANDREW: Y, ¿sabes para qué?
BEGOÑA: Para hacer cuadros llenos de entradas de cine.
ANDREW: Sí… y exponerlos. ¿Cómo lo sabes?
BEGOÑA: Es uno de mis sueños.

## leccióncinco5
### HISTORIAS DEL PASADO

## 5.3
LOLA: Oye, Begoña, ¿cómo eras tú de pequeña?
BEGOÑA: Pues…, no sé. Creo que era un poco traviesa.
LOLA: ¿De verdad?
BEGOÑA: Sí, ¿por qué te extraña? A menudo tenía problemas en la escuela porque a veces me portaba bastante mal.
LOLA: Pues yo pensaba que tú de pequeña eras una niña muy tranquila y muy buena.
BEGOÑA: ¿En serio? ¿Por qué? ¿Es que soy así ahora?
LOLA: No, pero tampoco te imagino haciendo locuras.
BEGOÑA: ¡Vaya! Pues no sé por qué no. Yo, cuando era una niña, a veces hacía cosas que no estaban bien.
LOLA: ¿Ah, sí? ¿Por ejemplo…?
BEGOÑA: ¿De verdad quieres que te explique cosas de mi infancia?
LOLA: Cuenta, cuenta.
BEGOÑA: Mira, una vez puse un cubo con pintura azul encima de la puerta de la cocina.
LOLA: ¿Y qué pasó?
BEGOÑA: Pues que cuando mi padre abrió la puerta, el cubo se le cayó encima y… bueno, imagínatelo, me castigaron durante una semana sin televisión.
LOLA: ¡Sólo una semana! A mí por una cosa parecida me castigaron un mes sin televisión y tres meses sin clases de baile! ¡Con lo que me gustaban las clases de baile! Si quieres, te explico lo que hice.
BEGOÑA: Sí, dime, dime.
LOLA: Pues, un día, cuando tenía doce años, una amiga y yo empezamos a tirar papeles encendidos por el balcón de mi casa.
BEGOÑA: ¿En serio?
LOLA: Sí. Pero lo peor fue que mi vecina pasaba por debajo del balcón justo en ese momento y uno de los papeles le cayó en la cabeza y se le quemó la peluca.
BEGOÑA: ¡No me digas!
LOLA: Sí, fue divertidísimo.
BEGOÑA: ¡Qué horror! Pobre mujer.

## 5.4
INÉS: Creo que Begoña se ha enfadado con su novio.
LAURA: ¿Cómo lo sabes?
INÉS: Porque estaba hablando por teléfono con él y no te puedes imaginar cómo gritaba.
LAURA: ¿Y qué hacías tú escuchando la conversación?
INÉS: Hombre… pues, pasaba por delante de la cabina y como gritaba tanto…
LAURA: Vamos, que pusiste la oreja para escuchar lo que decían.
INÉS: Bueno… sí, pero tú también lo haces, no me digas que no…
LAURA: Bueno, bueno, y de qué te enteraste.
INÉS: Creo que él quiere casarse y ella no quiere. Dice que es muy pronto y que ahora lo que más le preocupa es su carrera.
LAURA: O sea, seguro que está con otro. Lo está engañando.
INÉS: ¿Tú crees que lo está engañando?
LAURA: La verdad es que algunas personas me han dicho que la han visto con Andrew en diferentes sitios. Es decir, que es bastante probable.
INÉS: ¿De verdad? Pues ya se sabe, si lo dicen por ahí… Pero mejor no se lo explicamos a nadie, ¿vale? Ya sabes que la gente habla mucho. Imagínate que es mentira.
LAURA: O sea, que no se lo puedo explicar ni a mi madre.
INÉS: Exacto, a nadie.

## 5.6
BEGOÑA: Mira, cuando era pequeña cantaba en un coro. Mi padre me obligaba a cantar. Y yo iba, qué remedio. Y aprendí solfeo y canto. También tocaba el piano… ¿Y sabes una cosa? Lo aborrecí. Era un rollo. ¿Y la ópera? Uf, a mí la verdad, me aburre. Me pone nerviosa. A ti ¿te gusta?

LOLA: Necesito hablar con vosotros. Estoy muy asustada.
ANDREW: ¿Qué pasa?
LOLA: He pasado por los archivos de la tele, y luego he ido a la hemeroteca y he estado consultando informaciones tenebrosas sobre desapariciones y todo eso y… la verdad es que la mayoría de veces acaban muy mal.

BEGOÑA: Yo creo que es bueno que cosas tan importantes, y quizá nunca oídas ni vistas, sean escuchadas por muchos y no se olviden…

TONI: Pero ¿qué te pasa? Si ya habías conseguido el ritmo.

LOLA: Pues puede ser que alguno que las… las

TONI: Escuche.

LOLA: …escuche encuentre algo que le guste y a otros…

TONI: Quizá diviertan.

LOLA: …quizá diviertan…

TONI: ¡Lola, por favor! ¿Qué haces? Si casi te lo sabías, si ya lo habías casi memorizado.

JULIÁN: Por esa razón dice Platón que no hay libro, por malo que sea, que no tenga algo bueno…

TONI: No puedo creerlo. Julián, ¿no habíamos quedado ayer en otra cosa?

## lecciónseis6
### ¡CUÁNTO TIEMPO SIN VERTE!

#### 6.3
LOLA: ¡Hola Carmen! ¿Qué tal?

CARMEN: ¡Hola Lola! Bien, ¿y tú?

LOLA: Bien. ¡Cuánto tiempo sin verte!

CARMEN: Sí, es verdad, hace mucho que no nos vemos.

LOLA: Ven, vamos al comedor.

CARMEN: Vale. ¡Qué casa tan bonita tienes!

LOLA: ¿Sí? ¿Tú crees?

CARMEN: Sí.

TODAS: ¡Sorpresaaaaaa!

CARMEN: ¡Chicas! ¿Qué hacéis aquí? Pero, si estáis todas… ¡Qué sorpresa más grande! Gracias chicas.

LOLA: Claro, Carmen, todas queremos celebrar tu despedida de soltera.

MARÍA: Sí, Carmen. Muy pronto vas a ser una señora casada.

Juana: Dejad de hablar y vamos a brindar.

LOLA: Sí. Carmen, toma tu copa.

MARÍA: A tu salud, Carmen. ¡Que seas muy feliz!

TODAS: Chinchín.

CARMEN: Gracias, chicas. Muchas gracias por esta sorpresa.

LOLA: Y ahora mira qué te hemos traído.

CARMEN: ¡Qué amables sois! ¡No teníais que haberos molestado!

MARÍA: ¡Ábrelo ya! A ver si te gusta.

CARMEN: ¡Oh! ¡Qué bonito! ¡Es un camisón precioso! Gracias, chicas. Muchas gracias. Os lo agradezco mucho. De verdad, gracias. Sois…

LOLA: De nada, Carmen. No tiene importancia.

MARÍA: Y ahora, a bailar.

TODAS: ¡Sííí!

#### 6.4
LOLA: ¿Hola?

(…)

Hola Chema.

(…)

Ahora no está. Trabajando… en el teatro quiero decir. ¿Quieres que le deje algún recado?

(…)

Ah, vaya, lo siento.

(…)

Qué pena. Qué pena. Vaya

(…)

Se lo diré

(…)

Sí, ya se sabe, la Audiencia Nacional. En fin. Lo siento.

(…)

Sí, sí. No te preocupes.

(…)

No hay de qué.

(…)

Adiós. Que descanses.

#### 6.11

**1**

💬 ¿Cuándo vamos a comprar ropa para ti? ¿Esta tarde?

💬 A mí ahora no me apetece. Estoy muy cansado. Mejor otro día.

💬 ¿Qué tal mañana por la tarde?

💬 Bueno, vale. A las cinco. Quedamos delante de la puerta de las galerías *Mundo Moda*.

**2**

💬 ¿Por qué no venís a cenar a casa el sábado?

💬 Muchas gracias. Pero este sábado no podemos. Es que ya tenemos las entradas para ir al teatro. ¿Por qué no otro día?

💬 ¿El sábado de la semana que viene?

💬 Perfecto.

💬 ¿A las ocho os va bien?

💬 Perfecto. A las ocho en tu casa.

**3**

💬 Hemos quedado con Manolo para ir a hacer una barbacoa en su casa a las dos. ¿Quieres venir con nosotros?

💬 Vale, contad conmigo. ¿Cuándo es?

💬 El domingo.

💬 ¿Este domingo? ¡Qué pena! No puedo ir. Es el cumpleaños de mi hermana. Otra vez será.

**4**

💬 ¿Te apetece ir al cine este fin de semana?

💬 Perfecto. ¿Cómo quedamos?

💬 ¿Quedamos el domingo a las seis?

💬 ¿No puede ser un poco más tarde?

💬 ¿A las siete te va bien?

💬 Estupendo. A las siete en mi casa.

**5**

💬 Consulta del doctor Gómez. Buenas tardes.

💬 Buenas tardes. Llamaba para pedir hora para el miércoles.

💬 A ver un momento… Mire, el miércoles 18 está lleno. Tiene que ser el jueves.

💬 Bueno, vale, el jueves.

💬 Está libre a las cuatro y media.

💬 ¿No puede ser un poco más tarde? Es que a esa hora trabajo.

💬 ¿A las siete menos cuarto?

💬 Perfecto, a las siete menos cuarto.

💬 ¿Me dice su nombre, por favor?

## BLOQUETRES3

### lecciónsiete7
#### ¡VAYA FIESTA!

#### 7.3
LÁZARO: Ay, ¿Ana dónde estás? ¿Cuándo vendrás? ¿Vendré a verte yo a ti…?

ANDREW: Mira Julián, está delirando. Uy, me siento un poco raro, me siento extraño…

LÁZARO: Ana… Ana… vendré, vendrás, vendremos…

JULIÁN: Lázaro, Lázaro, escucha, voy a tocarte un bolero precioso. Musicoterapia para el alma.

LÁZARO: A lo mejor ha llegado Ana y yo aquí… quizá esté preocupada… quizá…

JULIÁN: Lo que faltaba, Andrew, Andrew…

ANDREW: *Do you speak English? Do you speak English?*

JULIÁN: No sé si voy a poder con tanto enfermo, Andrew, Andrew… creo que me estoy poniendo malo… ¡ay madrecita! Andrew, despierta.

ANDREW: Julián… tengo que ir al lavabo…

JULIÁN: El lavabo es por allí.

LÁZARO: ¿Ha llegado Ana? ¿Ya está aquí?

JULIÁN: Quizá nos hemos intoxicado. Ay, ay, ay. Será eso… seguramente será eso, ay… que nos quedamos solitos… sin chicas y enfermos.

## 7.4

LOLA: Hola, buenos días.

PITONISA: Hola, ¿qué tal?

LOLA: No muy bien. Verá, me gustaría saber cómo será mi futuro. Por favor, ¿me puede ayudar?

PITONISA: Vamos a ver tu mano… Bien… Aquí veo que harás un viaje hacia el sur de España, largo… y dentro de poco, en abril más o menos.

LOLA: Y ya de paso, ¿me podría mirar cómo está mi trabajo?

PITONISA: Aquí veo que cambiarás de trabajo dentro de poco.

LOLA: ¿Será mejor que el actual?

PITONISA: Al principio será un poco duro, pero después seguro que te alegrarás.

LOLA: Y ya que estamos, ¿qué hay de mi carrera?

PITONISA: ¿Eres actriz?

LOLA: Lo intento.

PITONISA: Tendrás suerte en el mundo del teatro, lo veo… Sigue estudiando porque al final lo conseguirás… Y no veo nada más.

LOLA: ¿Y del amor?

PITONISA: Conocerás a alguien muy especial.

LOLA: ¿Cuándo?

PITONISA: Pronto, no te preocupes. Todavía eres muy joven.

LOLA: Bueno, pues muchas gracias.

PITONISA: A ti.

LOLA: ¡Adiós!

PITONISA: ¡Que la suerte te acompañe!

## lecciónocho8
### PONTE EN FORMA

## 8.3

LOCUTORA: ¡Hola, buenos días, en qué puedo ayudarle?

OYENTE 1: Hola, mire, soy una persona un poco obesa. ¿Me podría decir qué tengo que hacer para solucionarlo?

LOCUTORA: Tiene que hacer deporte y sobre todo no comer grasas.

(...)

LOCUTORA: Hola, ¿qué tal?

OYENTE 2: No muy bien. Mire, resulta que tengo muchos problemas de asma. Cada día más.

LOCUTORA: ¿Usted fuma?

OYENTE 2: Bueno, sí... De vez en cuando.

LOCUTORA: Pues tiene que dejar de fumar. Para no empeorar su problema de asma, deje los cigarrillos. Verá cómo mejora.

(...)

LOCUTORA: ¿Cuál es su problema?

OYENTE 3: Pues mire, mi mujer dice que mi problema es el alcohol, pero yo no lo creo. Es que tengo una úlcera y cada día me duele más.

LOCUTORA: ¿Bebe usted mucho?

OYENTE 3: No, tres o cuatro cervezas al día y un par de copas de ginebra.

LOCUTORA: Es demasiado. Para curar esa úlcera, olvídese del alcohol para siempre.

(...)

LOCUTORA: Buenas tardes. ¿Dígame?

OYENTE 4: Hola. Yo llamo porque mi hija tiene muchas varices y sólo tiene 25 años.

LOCUTORA: ¿Es su hija deportista?

OYENTE 4: ¿Mi hija? ¡Qué va, está siempre estirada en el sofá viendo la tele! Y no camina nada, siempre va en coche.

LOCUTORA: Seguro que no tiene una buena circulación sanguínea. Para no tener más varices, su hija necesita hacer ejercicio.

(...)

LOCUTORA: Hola, ¿me explica su problema?

OYENTE 5: Sí, claro. Mire, mi hijo tiene anemia y no sé qué hacer para evitarlo.

LOCUTORA: ¿Lleva una dieta sana?

OYENTE 5: ¿Sana? No, come fatal, y sólo lo que le gusta.

LOCUTORA: Para no tener anemia, tiene que comer de todo y hacer una dieta lo más completa posible.

(...)

LOCUTORA: Buenas noches.

LOLA: Buenas noches. Llamo porque me encuentro fatal, creo que tengo la gripe.

LOCUTORA: Para poder ayudarla tengo que saber cuál es exactamente su problema. ¿Por qué no va al médico?

LOLA: Es que me dan miedo los médicos. Me horroriza el dolor. Me da miedo ir al médico porque creo que relaciono a los médicos con el dolor. Además, seguro que me receta inyecciones, ¡qué miedo me dan las inyecciones!

LOCUTORA: Pues me temo que yo no puedo hacer nada hasta que no sepa cuál es exactamente su problema. Lo siento.

## 8.4

BEGOÑA: ¿Qué pasa? Pero… ¿Qué pasa...?

JULIÁN: Estamos fatal, muy malitos.

BEGOÑA: ¡Qué raro! Los tres enfermos… ¡Qué extraño…! Tal vez esto sea una epidemia. Es probable que sea peligroso. ¿Habéis llamado al médico?

ANDREW: Agua…

LÁZARO: Ana…

JULIÁN: Me siento tan solo…

BEGOÑA: Primero agua. ¿Queréis agua? Después llamaré al médico…ay, ay, ¿dónde está la cocina? Todo me da vueltas… me… mareo.

JULIÁN Y ANDREW: ¡Begoña!

LÁZARO: ¿Ana?

## 8.7

**1**

🗨 ¡Uf! ¡Qué hambre tengo! ¡Oh, no!

**2**

🗨 ¿Qué te parece si le compramos éste?

🗨 No, éste no, porque tiene un par de discos de esta cantante, pero no sé cuáles son.

**3**

🗨 ¿Sí, diga? Hola. ¿Quién llama?

**4**

🗨 Ven, vamos a visitar a Toni.

🗨 Creo que no está.

🗨 ¡Qué raro que no esté! Me dijo que estaría en casa.

**5**

🗨 Oye, ¡mira eso!

🗨 ¿Qué es?

🗨 No lo sé. Es la primera vez que lo veo.

**6**

🗨 Perdona, ¿cómo se llama el profesor de arte dramático?

🗨 Sergio Pascual.

🗨 ¿Y la de danza?

🗨 Julia, Julia Morantes.

## lecciónnueve9
### ¿QUÉ ME CUENTAS?

## 9.3

BEGOÑA: ¿Diga?

MADRE DE LOLA: ¡Hola, Begoña! ¡Está Lola?

BEGOÑA: Hola, ¿cómo está? Lola no se puede poner, está en la ducha.

MADRE DE LOLA: Mejor, porque quiero hablar contigo. Estoy muy preocupada, ¿está Lola enfadada conmigo y con su padre? No sabemos nada de ella.

Begoña: Yo no sé, pero últimamente está muy ocupada. Nosotros tampoco la vemos mucho.

Madre de Lola: ¿Y con su hermana Laura?

Begoña: No sé, pero, de verdad, yo creo que es porque tiene mucho trabajo.

Madre de Lola: Gracias por tu información, Begoña. Ahora ya estoy más tranquila. Una cosa más, dile, por favor, que mañana es el cumpleaños de su padre y dile también que me llame hoy mismo. Gracias, Begoña. Adiós.

Begoña: Vale, ahora se lo diré. Adiós.

[…]

Begoña: Acaba de llamar tu madre.

Lola: ¿Y qué te ha dicho?

Begoña: Me ha dicho que está muy preocupada. Me ha preguntado si estás enfadada con ella y con tu padre. Me ha dicho que no saben nada de ti. También me ha preguntado si estás enfadada con Laura.

Lola: Mañana la llamaré.

Begoña: Me ha pedido que te diga que mañana es el cumpleaños de tu padre.

Lola: ¡Es verdad! ¿Te ha dicho alguna cosa más?

Begoña: Sí, me ha dicho que la llames hoy mismo.

## 9.4

Begoña: ¡Qué bien que cocines así! Cocinar es todo un arte.

Lola: Mi madre me enseñó. La verdad es que aprendí mirándola.

Begoña: Claro, yo nunca he visto a mi madre cocinar…

Lola: Bueno, no te preocupes, aprenderás. ¿Sabes? Estoy muy contenta: me han invitado a una grabación en el canal 27. ¿Qué te parece?

Begoña: ¿De verdad? Es fantástico que vayas. ¿Qué programa?

Lola: El de Pablo Ramírez. Me han dicho que les lleve unos vídeos míos para ver… ¿Qué te parece?

Begoña: ¡Guau! ¿En serio? ¡No me digas!

Lola: Pablo Ramírez es buenísimo, ¿te imaginas?

Begoña: Y guapísimo.

Julián: A la mínima ya estáis con los hombres. No podéis vivir sin nosotros.

Lola: Ja.

Andrew: Mmmm, ¡qué bien huele! ¿Qué has preparado?

Lola: Oh, lo siento…

Begoña: No queda nada.

Lola: Estamos en guerra…

Julián: No cantéis victoria, que sólo es la primera batalla…

## 9.5

Andrew: ¿Diga?

Chema: ¡Hola! ¿Está Begoña?

Andrew: No, no está. ¿Quién es?

Chema: Soy Chema, su novio. ¿Dónde está? ¿Cuándo va a volver?

Andrew: No sé. ¿Quieres dejarle algún recado?

Chema: Sí, por favor. El próximo sábado jugamos ahí, en vuestra ciudad. Me voy a quedar todo el fin de semana y así podremos vernos y salir. Díselo, por favor.

Andrew: Vale, ¿alguna cosa más?

Chema: Sí, por favor. Dile que me llame esta noche, que llame a casa de mi hermana porque voy a cenar allí. Gracias, Andrew. Adiós.

Andrew: Adiós.

## BLOQUECUATRO4

## leccióndiez10
## EN LA CIUDAD

## 10.3

Julián: Me encantan las margaritas. Cogeré unas cuantas para decorar el salón.

Begoña: Creo que no debes hacer eso. Si todos hacemos lo mismo, no quedarán flores en los parques.

Julián: ¡Qué más da! En esta ciudad hay centenares de parques y además tienen miles de flores.

Begoña: Pues yo opino que no hay tantos parques y algunos de ellos no tienen tantas flores. De todos modos, tienes que cuidarlos más, ¿no te parece?

Julián: ¡Es que odio los parques! Siempre están llenos de niños, de perros y de papeles.

Begoña: ¡Pero qué dices! ¡Sin parques la ciudad sería feísima!

Julián: Pues yo no lo veo así. Los parques están llenos de insectos, de gente chillando a todas horas y de césped lleno de restos de comida y de papeles.

Begoña: ¡Qué va! No tienes razón. ¿Y además crees que arrancando las flores contribuyes a mejorarlos? Es mejor que recojas alguno de esos papeles que ensucian el césped.

Julián: Puede que tengas razón, pero a mí me parece que los parques no son necesarios.

Begoña: No estoy de acuerdo. Pienso que es necesario que existan zonas verdes en la ciudad. En cualquier caso, deja de arrancar margaritas.

## 10.4

1

Begoña: Yo creo que, en fin, pienso que, vaya que, no… así no. Lola, he decidido volver a Bilbao con Chema.

Lola: Pero… es imposible que hagas eso.

2

Begoña: Pues yo creo que algo japonés sería muy original…

Lola: Es difícil que les guste algo así, son muy castizos.

3

Julián: Una mujer muy interesante. Yo creo que rondando los cuarenta. Pero guapa, muy guapa.

Lola: Ya.

Julián: Estoy seguro de que me hará desnudar.

## 10.6

Lola: ¿Qué os parece, chicos?

Begoña: Me da la impresión de que este escritor no ha alquilado nunca una bicicleta.

Julián: Sí, es verdad, pero pienso que, y hablando en serio, los coches no deben desaparecer.

Lola: ¿Por qué no? A mí no me gusta nada conducir. Y además, por la ciudad puedes desplazarte en metro o en autobús, o incluso puedes ir andando o en bicicleta.

Begoña: ¿Y fuera de la ciudad?

Lola: Pues en tren, en avión, en barco,…

Julián: Ya, pero hay millones de sitios adonde no llegan ni trenes, ni aviones, ni barcos.

Lola: Bueno, en ese caso, creo que tenéis razón. Si no puedes andar y necesitas llegar a un sitio al que sólo se puede llegar en coche… Ahora bien, en momentos así, a mí también me gusta pensar que se comercializarán esos coches con motores de agua o con placas solares. Así habrá menos contaminación y menos ruido, como dice la revista. Eso está bien, ¿no?

Julián: Sí, pero para eso pienso que es necesario que el petróleo se agote y que los fabricantes empiecen a fabricar coches de esas características.

Begoña: Sí, y que vengan los Reyes Magos y nos regalen un cochecito de ésos a cada uno por Navidad…

Lola: ¡Mujer!

Julián: Desgraciadamente, tiene razón. Creo que ese día tardará en llegar.

Lola: Total, que hasta entonces es mejor soñar, ¿no?

Julián: Sí, quizás sí.

## lecciónonce 11
### BUEN PROVECHO

### 11.3
CHEMA: Hola, Begoña. Soy yo, Chema.
BEGOÑA: Hola, Chema.
CHEMA: ¿Cómo va todo?
BEGOÑA: Bien. Como siempre. Y por Bilbao, ¿qué tal?
CHEMA: Bien, con mucho trabajo, pero ya falta poco para el fin de semana. Oye, ¿este fin de semana vamos a estar juntos? Vas a venir a Bilbao, ¿verdad?
BEGOÑA: No puedo, lo siento Chema, pero es que tengo que quedarme a preparar las pruebas para la obra de teatro. Ya sabes que para mí son muy importantes.
CHEMA: Sí, claro, pero es que te echo de menos y tengo muchas ganas de verte. Como hace tiempo que no nos vemos...
BEGOÑA: ¿Ah sí? Vaya. Me sabe mal no poder estar contigo, pero el curso ya se acaba y tengo que aprovechar los últimos días.
CHEMA: Es una lástima que no vengas. Había reservado mesa en un restaurante nuevo de la ciudad. Ya sabes, una cena romántica..., con buena comida..., vino..., velas...
BEGOÑA: ¡Qué lástima! Es una pena. Bueno, pues tenemos que hacer una cena los dos solos otra vez. Entiéndeme, Chema. Yo quiero subir. La culpa es de esas malditas pruebas.
CHEMA: Tranquila, Begoña. Ahora ya falta poco. Todos confiamos en ti. Seguro que lo haces muy bien.
BEGOÑA: No sé, tanto esfuerzo y si después no me seleccionan... ¡Qué decepción!
CHEMA: No, mujer. Ya verás cómo vas a tener suerte.
BEGOÑA: Gracias por animarme, Chema. Eres un sol.
CHEMA: Te mando un beso.

### 11.4
LOLA: Vaya, vaya... ¡Cómo se lo han pasado los enamorados!
BEGOÑA: El amor... no tiene edad.
LOLA: Vaya, mira, una carta para ti, y no es de Chema. Toma, me voy a dar una ducha.
BEGOÑA: ¿Andrew? No es posible que me escriba una...
ANDREW: "Querida Begoña, Begonia, mi flor española..."
BEGOÑA: ¡Ostras!
ANDREW: "...mi ángel de amor, ¿recuerdas?..."
BEGOÑA: Ay, ay, ay...
ANDREW: "...Si te vas, Begoña, dejarás a un americano enamorado y triste soñando con la flor más hermosa. Andrew. Mil besos."
BEGOÑA: ¡Ay! Qué bien escribe. Mi amor americano...

### 11.5
JULIÁN: Chicos, ¿os acordáis de que mañana por la noche es la cena sorpresa de Ana y Lázaro?
BEGOÑA: Sí, sí, pero es que con las pruebas para la obra de teatro de la semana que viene no hemos tenido tiempo para nada.
JULIÁN: Pues hoy por la tarde vamos a comprar.
LOLA: Un momento. Es mejor que nos organicemos por parejas. Dos compran y los otros dos se quedan en el piso para organizar y limpiar un poco. Está todo hecho un desastre y si cenan aquí, tiene que estar ordenado.
JULIÁN: Si queréis, encargo la cena en un restaurante mexicano muy bueno que conozco. Tienen servicio de comida a domicilio.
LOLA: ¡Ni hablar! Julián, ya decidimos que tú te encargabas de cocinar. No hay nada como un menú mexicano preparado por un cocinero mexicano.
JULIÁN: Está bien, pero ya sabéis que hay mucho trabajo por hacer.
LOLA: Yo sí puedo, te ayudaré. Dentro de una hora tengo que ir a la escuela a hablar con Antonio, pero si salgo pronto, vendré a ayudarte.
BEGOÑA: Pues si vosotros dos os encargáis de la cena, Andrew y yo iremos a comprar la comida, la bebida y el postre.
JULIÁN: Estupendo. Lola, por favor, si puedes, toma nota de los

ingredientes que necesitamos. Así Begoña y Andrew sabrán qué tienen que comprar.
LOLA: Vale. Ahora mismo, ya tengo papel y bolígrafo. Dime.
JULIÁN: Aguacates, chiles, limón, ajo y cebollas.
ANDREW: Y tequila, ¿no?
JULIÁN: Claro, me olvidaba. El tequila es la bebida perfecta para acompañar cualquier menú mexicano.
BEGOÑA: Si todos colaboramos y nos organizamos bien, será una cena fantástica.

## leccióndoce 12
### ¿BUSCAS TRABAJO?

### 12.3
**1**
LOLA: Para reducir el paro tenemos que reducir la jornada pero mantener el mismo salario.
BEGOÑA: ¿Quieres decir que debemos trabajar menos horas y ganar lo mismo?
LOLA: Claro que sí.
BEGOÑA: Pues yo no lo veo así, eso que dices no es posible.

**2**
JULIÁN: Opino que dos meses de vacaciones son necesarios, ¿no?
ANDREW: O sea que, aparte de las vacaciones que tenemos, añadirías un mes más.
JULIÁN: Exacto. ¿Qué opinas tú?
ANDREW: A mí me parece que es demasiado.

**3**
JULIÁN: Tengo la impresión de que se hacen muchos contratos basura y por eso hay tantos problemas sociales.
BEGOÑA: A ver si lo he entendido bien, dices que la inestabilidad laboral crea malestar social.
JULIÁN: Sin duda.

**4**
ANTONIO: Los jóvenes se quejan de los contratos basura, pero en realidad no están bien formados.
LOLA: A ver si lo he entendido bien, ¿no se pueden hacer mejores contratos a los jóvenes que empiezan su experiencia laboral?
ANTONIO: Sin ninguna duda.
LOLA: Yo no estoy en absoluto de acuerdo. ¡Esto es inadmisible!

**5**
LOLA: Gano mucho dinero pero trabajo tantas horas que no aguanto. Quiero cambiar de trabajo.
ANDREW: ¿Quieres decir que si encuentras un trabajo de menos horas en el que ganaras menos dinero lo cambiarías?
LOLA: De ninguna manera. Si cambio de trabajo, quiero ganar el mismo dinero.

**6**
BEGOÑA: El problema de la liberación de la mujer es que ahora tiene que trabajar el doble.
LOLA: Es decir, que tú crees que las mujeres no estamos mejor que antes.
BEGOÑA: Exacto.
LOLA: Pues yo no estoy en absoluto de acuerdo.

### 12.4
BEGOÑA: Lo hice fatal. Estoy convencida. Estoy segura. ¿A que sí?
ANDREW: No, no, no. No estoy de acuerdo.
BEGOÑA: Me temblaba la voz y las piernas, me temblaba todo. Es el peor día de mi vida. No soporto las pruebas.
LOLA: No te tortures...

BEGOÑA: Quieres decir que he fracasado, ¿verdad?
LOLA: No… quiero decir que… me preocupa verte así.
BEGOÑA: Déjalo. No tengo futuro aquí. Me voy a Bilbao.
LOLA: Begoña, espera, espera. Esta tarde sabremos los resultados.
BEGOÑA: No quiero oírlos.
LOLA: Además ¿qué voy a hacer si te vas? ¿Compartir piso con estos dos? Me alegraría oír que te quedas.

## 12.7

LOLA: ¿Qué piensas acerca de los sueldos españoles, Andrew?
ANDREW: En mi opinión están bien, no sé de qué se quejan los trabajadores.
LOLA: No sé si lo he entendido bien. ¿Quieres decir que los españoles ganan mucho dinero y no tiene derecho a quejarse?
ANDREW: No, yo no quería decir eso. Yo me refería a que los sueldos se ajustan al nivel de vida. Los salarios no son muy altos, pero el nivel de vida tampoco. A mí me empieza a gustar España. En mi opinión aquí se vive muy bien.
(…)
BEGOÑA: ¿Qué opinas sobre la dieta mediterránea, Julián?
JULIÁN: En mi opinión no es tan buena y sana como dicen.
BEGOÑA: No sé si lo he entendido bien, ¿piensas que la dieta mediterránea no es sana?
JULIÁN: No, yo no quería decir que la dieta mediterránea fuese mala sino que no es tan sana como dicen. Yo dejaré de comer ajos. Me sientan fatal.
(…)
JULIÁN: ¿Qué opinas acerca de los tópicos, Andrew?
ANDREW: En mi opinión los tópicos son ciertos y muestran la realidad del país.
JULIÁN: A ver si lo he entendido bien. En tu opinión una manera de conocer un país es a través de sus tópicos.
ANDREW: No, yo no quiero decir que puedas conocer un país por sus tópicos. Yo me refiero a que la mayoría de los tópicos tienen algo de cierto y yo pienso viajar mucho para descubrirlo.
(…)
BEGOÑA: A mi modo de ver los exámenes son una pérdida de tiempo, no sirven para nada.
LOLA: No sé si te he entendido bien. ¿Quieres decir que a los alumnos no se les tiene que evaluar?
BEGOÑA: No, no quiero decir que a los alumnos no se les tiene que evaluar. Yo me refiero a que los exámenes no reflejan realmente los conocimientos de un alumno. Los profesores tienen que valorar otros factores además de los exámenes, como la asistencia a clase, el esfuerzo,…

## 12.10

Comenzamos en la recta de los *estados de ánimo*:
**Casilla 1**: Cuando alguien está llorando está…
**Casilla 2**: Cuando alguien se ríe mucho está…
**Casilla 3**: Si tienes muchos nervios estás muy…

Atención, la curva de las *descripciones físicas*:
**Casilla 4**: ¿Cómo tiene el pelo el chico de la ilustración A?

Cuidado, manchas de aceite en *aficiones*:
**Casilla 5**: ¿Cuál es tu afición favorita?
**Casilla 6**: Alguien que lee libros constantemente le gusta la…

Zona tranquila, *vocabulario*:
**Casilla 7**: Las entradas del cine las compramos en la…
**Casilla 8**: Los cuadros de artistas famosos están en los…
**Casilla 9**: El femenino de actor es…

Zona de adelantamiento, *imperativos*. Escribe la segunda persona del singular en imperativo de los siguientes verbos:
**Casilla 10**: Comer…
**Casilla 11**: Saltar…
**Casilla 12**: Ir…

Llegamos a la recta de *los cuantificadores*. Escribe lo contrario de…
**Casilla 13**: Mucho…
**Casilla 14**: Todo…
**Casilla 15**: Alguien…
**Casilla 16**: Alguno…
**Casilla 17**: Muchísimo…

Atención curvas, *acentos*. Escribe las siguientes palabras sin olvidarte de sus acentos:
**Casilla 18**: Árbol.
**Casilla 19**: Canción.
**Casilla 20**: Gramática.

Cuidado, manchas de aceite: *edificios públicos*.
**Casilla 21**: Las bodas religiosas se celebran en la…
**Casilla 22**: Los presos están en la…
**Casilla 23**: Los enfermos están en el…

Peligro, la curva de *las abreviaturas*. Abrevia estas palabras:
**Casilla 24**: Kilogramo.
**Casilla 25**: Centímetro.
**Casilla 26**: Doña.
**Casilla 27**: Código Postal.
**Casilla 28**: Izquierda.

Zona tranquila, *vocabulario*:
**Casilla 29**: ¿Qué es una pera: una fruta o una verdura?

Atención, acelera: *Recta de llegada*. Escribe si las siguientes frases son correctas o incorrectas:
**Casilla 30**: ¿Irás el sábado pasado?
**Casilla 31**: ¿Se puede pasar?
**Casilla 32**: ¿Has ido el sábado que viene?
**Casilla 33**: ¿Vas a ir el sábado que viene?
**Casilla 34**: La gente comen a las dos…
**Casilla 35**: Vas a la fiesta el año pasado…
**Casilla 36**: Enhorabuena, has llegado a la…

Comprueba ahora las soluciones, suma los puntos y averigua tu clasificación.

soluciones

# Soluciones

## lecciónuno 1

**1**
1-c  2-e  3-b  4-a  5-d

**2**
1 chaqueta, camiseta, pantalón  3 camiseta, jersey, pantalón
2 jersey, falda, medias  4 camiseta  5 camisa

**3a**
1 treinta y cinco  2 medía  3 unos  4 canoso  5 afeitar  6 seguro
7 mejilla  8 finos  9 qué  10 cómo

**3b**
1 ¿Sabe cómo era el ladrón?
2 ¿Puede describirlo?
3 ¿Recuerda cómo era físicamente?
4 ¿Sabe si tenía alguna marca o cicatriz?
5 ¿Sabe cómo era su boca o su nariz?
6 ¿Sabe de qué color eran sus ojos?
7 ¿Sabe cómo iba vestido?
8 ¿Algún dato más?

**4a**
**Físico**: guapísimo.
**Edad**: unos 25 años.
**Carácter**: simpático, amable y muy cariñoso.
**Residencia**: no lo sabe.
**Procedencia**: no lo sabe.
**Aficiones**: a Begoña le parece que le gusta bailar, pero no sabe si le gusta leer.
**Profesión**: cree que trabaja en una oficina.
**Coche**: no lo sabe.

**4b**

| Begoña sabe | Begoña no está segura | Begoña no sabe |
|---|---|---|
| físico | profesión | procedencia |
| carácter | edad | residencia |
| | aficiones (bailar) | aficiones (leer) |
| | | si tiene coche |

**5a**
1 No lo sé. No sé dónde está.
2 Sí, ya me acuerdo, está en clase.
3 ¿Ah, sí? No lo sabía.
4 ¿Sabes si está Ana?
5 ¿Estás segura?
6 Segura.

**5b**
1 No lo sé. No sé dónde está.
2 ¿Ah, sí? No lo sabía.
3 Segura.

**5c**
Dice que es muy simpática.

**6a**
1 tuya  2 mía  3 mi  4 Míos  5 tuyos  6 mío  7 su
8 tuyas  9 mías  10 vuestras  11 nuestras  12 suyas

**6b**
1 camiseta  2 zapatos  3 vestido  4 sandalias  5 chaquetas

**7**
1 inteligente  2 constante  3 creativo  4 optimista  5 aventurero

**8**
1 ¿Cuándo?  2 ¿Dónde?  3 ¿Cómo?  4 ¿Para qué?  5 ¿Por qué?

**9**
1 buena  2 duelen  3 poco  4 mucha  5 todos  6 algunos  7 gusta
8 Lo  9 Algunas  10 todas  11 fuertes  12 gustan

**10a**
Venezuela 3  Nicaragua 2  Colombia 1  Perú 4

**10b**
1 señor  2 cara  3 nariz  4 patillas  5 barba / bigote
6 bigote / barba  7 pelo  8 orejas  9 bigote  10 nariz  11 boca
12 ojos  13 barba  14 pelo  15 bigote  16 patillas  17 cejas

**11**
Ejemplo de posible solución:

El ladrón tenía entre 20 y 30 años. Llevaba un jersey amarillo, unos pantalones rojos y unos zapatos negros. Pesaba unos 70 kilos y medía 1,60. Era bastante bajito y gordito. Era rubio y llevaba el pelo largo, liso, con bigote y barba. La cara era redonda y la piel pálida. Tenía pecas y una cicatriz bastante larga en la nariz. La boca era pequeña y la nariz chata. Los ojos eran azules y tenía las cejas muy gruesas.

**12a**

José  Juan  Paco

**12b**
Juan es tímido, serio, aburrido, triste y educado.
Paco es antipático, imbécil.
José es simpático, amable, sociable, alegre, optimista y agradable.

**13**
Estar desnudo: *estar en paños menores.*
Ir muy bien vestido: *ir de punta en blanco.*
Estar en el límite de la paciencia: *estar hasta el moño.*
Estar algo gordo: *estar de buen año.*

**14**
*Ser como dos gotas de agua* significa parecerse mucho o ser idénticos.
*Parecerse como un huevo a una castaña* significa no parecerse o ser diferentes.

**15**
1 Puedo  2 tristes  3 azules  4 brazos  5 besé  6 quería
7 Cómo  8 ojos  9 mirada  10 corazón  11 voz  12 oído
13 cuerpo  14 claro  15 quiero  16 corto

## evaluación

**1**
1 conoces  2 gusta  3 seguro  4 rojas  5 las joyas  6 agradezco  7 suya  8 enterado  9 simpática  10 Todos  11 quién  12 bonita
13 cómo  14 el tuyo  15 si  16 Me gusta

**2**
1 tiene  2 Empieza  3 cierra  4 todo  5 gusta  6 sociable  7 Su
8 tímido  9 encantan  10 construye  11 sus  12 atractivos

## lección**dos**2

### 1a
Están preparando un viaje.

### 1b
1 Lola   2 Julián   3 Andrew   4 Begoña

### 2a
Verdaderas (V): 1, 2 y 5
Falsas (F): 3, 4 y 6

### 2b
a:   1 cruceros   2 islas   3 turísticas   4 dinero   5 coger
b:   1 llena   2 turistas   3 paz   4 encontrar
c:   1 cantidad   2 pueden   3 enfermos
d:   1 algunos   2 griego

### 3a
1 dicen que   2 organizan muchas actividades   3 Cuando eres joven y no tienes   4 Y si uno quiere divertirse   5 Se pueden   6 no se puede hablar

### 3b
1 En septiembre. Porque la mayoría de la gente viaja en agosto.
2 Porque trabaja.
3 Sí, pueden contar con ella.
4 Sí, puede ir de vacaciones.
5 No lo sabe, tiene que hablar con su jefe.

### 4a
No, no han avisado a la policía.

### 4b
Da instrucciones para buscar a Ana.

### 5a
1 Hace falta llegar   2 No se puede hacer   3 No se puede salir
4 hace falta ir   5 No se puede conducir   6 Hace falta consultar

### 5b
Infinitivo (*cantar*)

### 6
1 reservar pronto los billetes   2 tener visado   3 es mejor el hotel *Caribean*   4 está todo incluido en el precio   5 hace mucho calor
6 llevar ropa muy fresca   7 el servicio de habitaciones es excelente.

### 7
a:   1 Viaje   2 Disfrute   3 Llame   4 se pierda
b:   1 Conoces   2 Báñate   3 esperes   4 ven
c:   1 vaya   2 Conozca   3 Viaje   4 Disfrute   5 coma   6 baile   7 Llame

### 8
1 No olvides   2 recuerda   3 No descuides   4 ni lleves   5 no olvides
6 Agradece   7 Vigila   8 recuerda   9 cuídate   10 llama   11 diviértete

### 9
1a Haz la maleta. / Haga la maleta.   1b Hazla. / Hágala.
2a Pide el taxi ya. / Pida el taxi ya.   2b Pídelo ya. / Pídalo ya.
3a Lleva el coche al taller. / Lleve el coche al taller.   3b Llévalo al taller. / Llévelo al taller.
4a Busca las direcciones. / Busque las direcciones.   4b Búscalas. / Búsquelas.
5a Compra la guía de Venezuela./ Compre la guía de Venezuela.
   5b Cómprala. / Cómprela.
6a Entrega los trabajos lo antes posible. / Entregue los trabajos lo antes posible.   6b Entrégalos lo antes posible. / Entréguelos lo antes posible.

### 10
1 llámalos   2 léenoslo   3 Estoy repasándolas/ Las estoy repasando
4 te la traigo   5 estoy revisándola / la estoy revisando
6 está contándoselo / se lo está contando   7 llamarlo   8 explícanosla
9 píntala   10 regarlas

### 11
1 aeropuerto   2 Este   3 tren   4 barco   5 acera   6 avión   7 coche
8 Norte

### 12
1 grande   2 primera   3 antiguos   4 pequeñas   5 magníficas   6 ideal
7 tranquilas   8 buena   9 amable

### 13
1 Francis Bacon
2 Miguel de Cervantes
3 René Descartes
4 George W. Curtis
5 Benjamín Disraeli

### 14a
**Medios de transporte:** coche, tren, autocar, avión, caravana, barco.
**Lugares donde alojarse:** paradores nacionales, hoteles, pensiones, campings, albergues, casas de turismo rural.

### 14b
1 coches   2 tren, autocar   3 avión   4 caravana   5 barco
6 paradores nacionales   7 hoteles   8 pensiones, campings
9 albergues   10 casas de turismo rural

## evaluación

### 1
1 ¡Cuidado con el tráfico!   2 No te olvides   3 se lo he contado
4 Hace falta llegar antes de las cinco.   5 puede   6 Suba / pregunte
7 Uno   8 podemos hacer   9 hazla

### 2
1 transporte   2 coches de alquiler   3 moneda   4 enfermedades
5 vacuna   6 visado   7 permisos   8 parques   9 exótico   10 información

## lección**tres**3

### 1a
Estudiar gramática.
Tener un profesor particular.
Tomar notas en una libreta.
Estudiar en casa.
Tener amigos que hablan el idioma que quieres aprender.
Hacer ejercicios.

### 1b
Solución libre.

### 2

| ¿Quién habla? | ¿De qué lengua habla? | Es fácil | Es difícil |
|---|---|---|---|
| Begoña | De la inglesa. | la gramática. | hablar |
| Andrew | De la española. | el vocabulario. | la pronunciación y los verbos. |
| Julián | De todas las lenguas en general. | hablar. | escribir. |
| Lola | De la alemana. | la pronunciación. | la gramática. |

# Soluciones

## 3a
Verdaderas (V): **2, 4 y 5**
Falsas (F): **1 y 3**

## 3b
1 No sé si es la solución.   2 ¿Tú qué crees?   3 Intenta no obsesionarte.
4 ¿Tú qué me recomiendas?   5 Procura divertirte.   6 Disfruta aprendiendo.
7 Ten paciencia.   8 ¿Por qué no intentas ir a Gran Bretaña?

## 3c

| Indica una duda | Pide consejo | Ofrece consejo |
|---|---|---|
| No sé si es la solución. | ¿Tú qué crees? | Intenta no obsesionarte. |
| | ¿Tú qué me recomiendas? | Procura divertirte. |
| | | Disfruta aprendiendo. |
| | | Ten paciencia. |
| | | ¿Por qué no intentas ir a Gran Bretaña? |

## 4a
No hace falta precipitarse.
No conviene precipitarse.
No hace falta decirlo ahora.
Cuando se tiene un problema hay que actuar rápido.

## 4b
¿Tú qué crees que es mejor?

## 5a
1 Porque necesita hablar en inglés.
2 Tres años.
3 Dos veces por semana.
4 Hablando con Andrew.
5 Es traductora.

## 5b
1 Intenta / Procura participar en *chats* en inglés.
2 Intenta / Procura leer libros adaptados a tu nivel de inglés.
3 Intenta / Procura ver películas en versión original.
4 Intenta / Procura hablar con gente de habla inglesa.
5 Intenta / Procura viajar a países de habla inglesa.
6 Intenta / Procura escribir correos en inglés.

## 6
1 Yo que tú / Yo en tu lugar escuchaba los consejos de los veteranos.
2 Yo que tú / Yo en tu lugar preguntaba todo lo que no sabes.
3 Yo que tú / Yo en tu lugar no tomaba café de la máquina, ¡está malísimo!
4 Yo que tú / Yo en tu lugar llegaba puntual.
5 Yo que tú / Yo en tu lugar apuntaba todo lo que no sabes.
6 Yo que tú / Yo en tu lugar no estaba nerviosa. Todos sabemos que eres nueva.

## 7a
Solución libre.

## 7b
Solución libre.

## 8
1-c   2-e   3-a   4-b   5-d

## 9
| | | | | | |
|---|---|---|---|---|---|
| 1 | **a** 2 puntos | **b** 0 puntos | **c** 1 punto |
| 2 | **a** 2 puntos | **b** 1 punto | **c** 0 puntos |
| 3 | **a** 2 puntos | **b** 1 punto | **c** 0 puntos |
| 4 | **a** 2 puntos | **b** 1 punto | **c** 0 puntos |
| 5 | **a** 2 puntos | **b** 1 punto | **c** 0 puntos |
| 6 | **a** 1 punto | **b** 0 puntos | **c** 2 puntos |
| 7 | **a** 2 puntos | **b** 1 punto | **c** 0 puntos |
| 8 | **a** 2 puntos | **b** 0 puntos | **c** 1 punto |

### De 16 a 11 puntos
Para ti aprender nuevas lenguas, especialmente la española, es un placer. Siempre te ha encantado cómo suena, su melodía. Dedicas mucho tiempo a esta actividad. Además, es un pequeño truco para impresionar a tus amigos y tener éxito personal.

### De 10 a 6 puntos
De pequeño ibas de vacaciones a las playas de países hispanoamericanos y al final pensaste "bueno, será cuestión de entender lo que la gente de aquí dice".
Pero aprendes español como una afición, no le dedicas mucho tiempo; sólo estudias un poquito de vez en cuando, pero es suficiente.

### De 5 a 0 puntos
Para ti estudiar cualquier cosa es un sacrificio, pero por cuestiones de trabajo necesitas hablar español (entre otras lenguas). En la empresa os pagan un cursillo todos los años, pero para ti es una tortura asistir a él.
Nunca haces los deberes, pero reconoces una cosa: te gusta mucho el cine español y a veces alquilas alguna película de vídeo de Almodóvar.

## 10
1 Todos los días.   2 A menudo.   3 a veces
4 De vez en cuando.   5 casi siempre

## 11
Horizontales: → aprendizaje   → estudiar   → profesor
Verticales: ↓ examen   ↓ gramática   ↓ diccionario   ↓ leer

## 12
1 leer   2 estudiar   3 escuchar   4 repetir   5 hablar   6 escribir
7 memorizar   8 practicar

## 13a
1-e   2-d   3-b   4-a   5-c

## 13b
Escuela y colegio.

## 13c
1 Por la multitud de información a la que tienen acceso los alumnos.
2 Depende de si se traslada la forma de enseñar y de si se ponen las nuevas tecnologías al servicio de una pedagogía adaptada a la nueva situación.
3 La información de Internet, la conexión entre aulas de diferentes escuelas en tiempo real y el uso de videoconferencias en las propias pantallas del ordenador.

## 13d
**Dar tiempo:** conceder a alguien el tiempo necesario para que haga algo.
**Llevar a cabo:** hacer, realizar, ejecutar.
**Impartir:** dar una clase.

## evaluación

## 1
1 aprende   2 toma   3 corras   4 Leer   5 Es   6 Nunca   7 tu
8 intenta   9 si   10 si

## 2
1 lenguas   2 explica   3 idioma   4 camarero   5 sabía   6 significa
7 significados   8 hablar   9 conocer   10 decir

## evaluaciónbloque1

**1**

1 recomienda   2 intenta   3 Cree   4 Dicen   5 procure   6 bueno
7 Puedo   8 innecesario   9 lugar   10 cuidado   11 recomendaciones

**2**

1 De qué   2 Casi nunca   3 se dice   4 iba   5 Tenga cuidado
6 Puedo ayudarte   7 recomiendas   8 duelen   9 debes comer
10 La bolsa roja grande.

**3**

1 No, no lo sabía. ¿Sabes si lo van a construir pronto?   2 No lo sé. Ni idea. ¿Con José Sacristán?   3 ¡Ah, sí? Yo creía que eran una especie de parques.   4 ¿Qué dices? Habla más alto, que no te oigo.   5 Estoy segura de que le gusta. Le encantan todos los deportes.   6 Después de comer, es mejor no bañarse.

## leccióncuatro4

**1a**

1 Ana   2 Andrew   3 Lola   4 Lázaro   5 Begoña

**1b**

1 Andrew   2 Lázaro   3 Ana   4 Lola   5 Begoña

**2a**

1 Julián y Begoña.
2 Julián piensa que la película es genial, fantástica.
3 Begoña piensa que es malísima, horrible.
4 Según Lola, todo el mundo dice que la película es muy buena.
5 Begoña piensa que Almodóvar siempre hace lo mismo. Lo encuentra aburrido.
6 Lola opina que los actores son maravillosos.

**2b**

1 A la película.   2 A la película.   3 A la película.   4 A la película.
5 A los actores.   6 A Almodóvar / A este director.

**3a**

1 ¿Cómo es que no quieres venir?
2 Es que no me apetece.
3 ¡Venga, Lola! Dinos la verdad. ¿Por qué no vienes con nosotros?
4 Es que no tengo bici, por eso no puedo ir.
5 Eso no es problema. Yo conozco una tienda donde alquilan bicicletas, de manera que ya no tienes ningún motivo para no venir con nosotros.
6 Como en la montaña no podemos comprar nada, lo más importante son los bocadillos y las bebidas.
7 También necesitamos sacos de dormir y una linterna, porque por la noche no se ve nada.

**3b**

Verdaderas (V): 1, 3 y 5
Falsas (F): 2, 4 y 6

**3c**

Para preguntar y hablar sobre la causa y la consecuencia de algo.

**4a**

3   4   1   2

**4b**

1 Mira cuántas personas.   3 El cuadro es raro.
2 El edificio es precioso.   4 El libro es fascinante.

**5**

Verdaderas (V): 1 y 4
Falsas (F): 2 y 3

**6a**

**Cine**: la pantalla, la película, los subtítulos, los musicales, las palomitas, la butaca, la taquilla, la entrada.
**Teatro**: el escenario, los musicales, la obra, la butaca, la taquilla, el decorado, la entrada.
**Concierto**: la actuación musical, los instrumentos, la orquesta, la butaca, la ópera, la taquilla, el coro, el piano, la entrada.
**Museo**: la exposición, el cuadro, la taquilla, la entrada.

**6b**

1 cine y concierto.
2 coro, piano, ópera, musicales, palomitas, butacas, taquillas, entradas, cuadros.

**7a**

**Opinión positiva**: extraordinaria, genial, maravillosa, estupendamente, buena, fabulosa
**Opinión negativa**: fatal, aburrida, una birria, horrorosa, porquería

**7b**

fabulosa, extraordinaria, aburrida, no es tan buena, una birria, una verdadera porquería, fatal, horrorosa, genial, maravillosa

**8a**

**Afirmativo:** Cómo no, Por supuesto, Desde luego, Claro que sí, Sin duda
**Negativo:** De ninguna manera

**8b**

1 Sí (*Cómo no*).
2 Sí (*Por supuesto*).
3 Sí (*Desde luego*).
4 No (*De ninguna manera*).
5 Sí (*Claro que sí. Sin duda*).

**9a**

1 pasea   2 queda   3 se levantan   4 tienen   5 va   6 trabajan
7 echan   8 va

**9b**

Mucha gente / Todo el mundo + verbo en singular.
Muchas personas + verbo en plural.

**10**

1 porque el autocar salía a las seis
2 y por eso salimos tan temprano
3 a causa de los nervios y las prisas
4 que hice muchas fotos
5 Como sabía que no tenía mucho tiempo

**11**

1 escenario   2 cine   3 protagonista   4 actor   5 actriz
6 director   7 taquilla

**12**

1 pintor   2 artista

**13**

1 Fernando Trueba   2 Pedro Almodóvar
3 Luis Buñuel   4 José Luis Garci

# Soluciones

## 14

1 Seis años.
2 Por el rugby.
3 En la Escuela de Artes y Oficios.
4 De dibujante publicitario.
5 Una productora.
6 Ha recibido el Fotogramas de plata en 1993 y 1995; el Goya en 1993 y 1995; la Concha de plata en 1994 y el premio del Círculo de Escritores Cinematográficos en 1995.
7 En *Antes que anochezca*.
8 Reinaldo Arenas.

## evaluación

### 1
1 porque   2 Como   3 así que   4 Mira   5 toma   6 supuesto
7 Como   8 encantado   9 va   10 visto

### 2
1 espectáculos   2 película   3 actores   4 teatro   5 obra   6 actrices
7 butaca   8 pantalla   9 escenario   10 excursión

## leccióncinco5

### 1a
1 Fotos.
2 Están mirando unas fotografías.
3 Contentos.

### 1b
1 De cuando eran pequeños.
2 Sorpresa.

### 2a
1 Lola está interesada en saberlo.
2 Lola se sorprende.
3 Lola quiere que le explique más cosas.
4 Lola quiere saber por qué.
5 Lola quiere saber más cosas.

### 2b
1 Sí, dime, dime.   2 ¡No me digas!   3 ¿Y qué pasó?
4 ¿Y eso?   5 ¡Sigue, sigue!

### 3a
1 ¿De verdad?   2 ¿En serio?   3 ¡Vaya!   4 ¿Ah, sí?   5 Cuenta, cuenta.
6 ¿Y qué pasó?   7 Sí, dime, dime.   8 ¿En serio?   9 ¡No me digas!

### 3b
1 Era un poco traviesa.
2 Lola pensaba que Begoña era una niña muy tranquila y muy buena.
3 El cubo de pintura azul se le cayó encima.
4 Un mes sin televisión y tres meses sin clases de baile.
5 Tiraron papeles encendidos por el balcón.
6 Se quemó.

### 4a
Verdaderas (V): 1, 2 y 3
Falsas (F): 4

### 4b
1-d   2-c   3-a   4-b

### 5
1 O sea, que no viene a la fiesta.
2 Es decir, que vas a llegar tarde al concierto.

3 Vamos, que si no estudias más, no vas a aprobar.
4 Vamos, que no me vas a decir nada.
5 O sea, que no me vas a devolver el dinero hasta el mes que viene.

### 6a

| ¿En qué diálogo... | Primer diálogo | Segundo diálogo | Tercer diálogo |
|---|---|---|---|
| ...el director está enfadado porque los chicos actúan muy mal? | | | ✓ |
| ...alguien habla de cosas que hacía cuando era pequeña? | ✓ | | |
| ...alguien ha buscado información? | | ✓ | |

### 6b
1: 1 era   2 pequeña   3 obligaba   4 iba   5 tocaba
2: 1 pasado   2 ido   3 consultando
3: 1 habías   2 habías   3 memorizado   4 habíamos

### 7a
1 salir   2 ver un sobre   3 coger   4 abrir   5 meter   6 entrar
7 detener   8 sacar   9 salir

### 7b
Posible solución:
1 Carolina salió de su casa. Estaba nevando y hacía frío.
2 Vio un sobre.
3 Lo cogió.
4 Lo abrió y vio que dentro había muchísimo dinero.
5 Metió el dinero en el bolso. No había nadie a su alrededor.
6 Entró en el metro. Estaba muy nerviosa.
7 En el metro unos policías la detuvieron.
8 Los policías sacaron el dinero de su bolso. Ella no sabía lo que estaba pasando.
9 Al día siguiente, salió de la comisaría. Estaba muy cansada.

### 8a, 8b

25 de enero de 1989

1 Elena era una de las mejores amigas de mi hermano mayor. Cuando venía a casa, siempre decía que tenía que estar con ellos.
2 Hablaba mucho conmigo. Yo estaba seguro de que se había enamorado locamente de mí, pero yo no estaba enamorado de ella. Se lo expliqué a Javier, mi mejor amigo, y él se rió de mí.
3 Sin embargo, yo estaba seguro de que ella me quería. Había decidido decirle a Elena una mentira: que se tenía que olvidar de mí porque yo había conocido a otra persona y me había enamorado.
4 Javier me dijo que no tenía que hacer eso porque iba a quedar en ridículo. Yo no le hice caso, porque ya lo había preparado todo. Era domingo. Fui a su casa y se lo expliqué.
5 Ese domingo fue el peor día de toda mi vida. Me dijo que ella no se había enamorado de mí y que lo sentía mucho, que yo era un niño para ella.
6 Lo peor fue saber que Javier había grabado la conversación en vídeo. Se la enseñó a todos nuestros amigos. Nunca he pasado tanta vergüenza. Fue horroroso.

### 8c
Verdaderas (V): 1 y 3
Falsas (F): 2 y 4

### 9
El orden de las oraciones es indiferente.
1 no había fregado los platos.
2 no había limpiado la mesa.
3 no había vaciado los ceniceros.
4 no había sacado las bolsas de basura.

**5** no había ordenado el salón / los discos.
**6** no había barrido el suelo.
**7** no había tendido la ropa.
**8** no había recogido los discos / el salón / la basura del suelo.

**10**
**1** época  **2** meses  **3** día  **4** ayer  **5** año  **6** hoy
**7** trimestre  **8** semana

**11a**
**1** hace varios meses  **2** al día siguiente  **3** desde que pasó eso
**4** El año pasado  **5** dos meses más tarde  **6** al cabo de dos días

**11b**
al cabo de un mes, un año después y a la mañana siguiente.

**12**
TONI
**1** Ha paseado por la playa de madrugada porque durante el día había demasiada gente y hacía un calor insoportable.
**2** Además ha estado dos semanas en un pueblo de montaña porque quería comer buen jamón y respirar un poco de aire puro.
JULIÁN
**1** Ha estado casi todo el tiempo en casa porque tenía que estudiar.
**2** Ha ido a los museos de la ciudad que todavía no conocía porque necesitaba descansar.
**3** Ha ido al cine y al teatro porque no le apetecía quedarse en casa por la noche.

**13a**
**1** Severo Ochoa  **2** Picasso  **3** A. Gaudí

**13b**
**1** Severo Ochoa  **2** recibió  **3** Picasso  **4** había pintado
**5** A. Gaudí  **6** había muerto

**13c**
**1** sabía  **2** necesité / he necesitado

**14**
**1** construyó  **2** descubrió  **3** ensayó  **4** inventó

**15**
**1** estudió  **2** estaba  **3** observó  **4** imaginó  **5** consiguió  **6** tenía
**7** movía  **8** prometió  **9** fue  **10** creó  **11** construyó  **12** fue

## evaluación

**1**
**1** o sea, que  **2** cuenta, cuenta  **3** se habían marchado  **4** hablaba / entró
**5** al día siguiente  **6** el otro  **7** ¿Y qué ha pasado?
**8** habían peleado / habían llevado  **9** el  **10** Es decir,

**2**
**1** iba, perdí  **2** ¿De verdad?  **3** había acabado  **4** era, sabía
**5** he ido / hemos encontrado  **6** Vamos, que  **7** El otro día
**8** al cabo de dos días  **9** había preparado  **10** cuenta, cuenta.

## lecciónseis6

**1a**
**1** Begoña.  **2** Andrew.  **3** Julián.  **4** Lola.

**1b**
**1** Andrew.  **2** Julián.  **3** Begoña.  **4** Lola.

**2a**
SRA. LÓPEZ: Dígame.
LOLA: Hola, ¿puedo hablar con María, por favor?
SRA. LÓPEZ: Sí, un momento, ¿de parte de quién?
LOLA: De Lola, una amiga.
SRA. LÓPEZ: Un momento, ahora se pone María.

**2b**
**1** Por favor, trátame de tú.
**2** ¿Te apetece venir a comer a casa un día?
**3** Vale, gracias.

**2c**
**Día:** el jueves.
**Hora:** a las seis.
**Lugar:** en la puerta de las galerías *La última moda*.

**3a**
**1** hace mucho que no nos vemos.
**2** ¿Sí? ¿Tú crees?
**3** ¡Que seas muy feliz!
**4** ahora mira qué te hemos traído.
**5** ¡Es un camisón precioso!
**6** Os lo agradezco mucho.
**7** No tiene importancia.

**3b**
Verdaderas (V): **1 y 3**
Falsas (F): **2 y 4**

**3c**
Chinchín

**4a**
**1** ¿Hola?  **2** Hola Chema.  **3** Ahora no está. Trabajando... en el teatro quiero decir. ¿Quieres que le deje algún recado?  **4** Ah, vaya, lo siento.
**5** Qué pena. Qué pena. Vaya.  **6** Se lo diré.  **7** Sí, ya se sabe, la Audiencia Nacional. En fin. Lo siento.  **8** Sí, sí. No te preocupes.  **9** No hay de qué.
**10** Adiós. Que descanses.

**4b**
Que descanses.

**5**
**1** Silvia y Fernando.   **3** A las 11 horas.
**2** El próximo 25 de mayo.   **4** En la Catedral de Sevilla.

**6a**
**1** novios  **2** se casan  **3** bodas civiles  **4** lista de boda
**5** banquete  **6** invitados

**6b**
Posible solución:
Querida Silvia:

Muchas gracias por tu invitación, pero lamento decirte que no puedo asistir a tu boda porque precisamente la semana siguiente tengo un examen muy importante en la escuela. La verdad es que me encantaría estar allí y acompañarte en esos momentos, pero ya sabes que para mí, ahora son muy importantes mis estudios y no puedo hacer un viaje tan largo a Sevilla.

Espero que pases un día maravilloso y que seas muy feliz.

Un beso muy fuerte,

Lola

**7**

**1** que te mejores.  **2** que vaya bien.  **3** que descanses.  **4** que aproveche.
**5** que seas muy feliz.  **6** que tengas suerte  **7** que os guste.

**8**

**1** El conde Salazar y doña Elena Martínez de Villalba.
**2** Religiosa.
**3** Los invitados.
**4** El intercambio de anillos.
**5** Marisco, cochinillo y tarta nupcial.

**9**

**El que llama:**
Ya volveré a llamar.
¿A qué hora llegará?
¿Le puede decir que me llame?
¿Está Juan?

**El que contesta:**
¿De parte de quién?
Espere un momento.
Un momento, ahora se pone.
Ahora no está.
Volverá más tarde.
Me parece que se equivoca.

**10**

**1** Que te salga bien / Que te vaya bien  **2** Que te vaya bien  **3** Que tengas
suerte / Que te vaya bien  **4** que tenga buen viaje  **5** que te mejores.

**11a**

| Diálogo | Para qué actividad | ¿Pueden quedar? |
|---|---|---|
| 1 | Comprar ropa. | Sí. |
| 2 | Cenar en casa. | Sí. |
| 3 | Ir a hacer una barbacoa. | No. |
| 4 | Ir al cine. | Sí. |
| 5 | Ir a la consulta del doctor. | Sí. |

**11b**

| Diálogo | Día de cita | Hora de la cita | Lugar de la cita |
|---|---|---|---|
| 1 | Mañana. | A las cinco. | Delante de la puerta de las galerías *Mundo Moda*. |
| 2 | El sábado de la semana que viene. | A las ocho. | En tu casa. |
| 3 | El domingo. | A las dos. | En casa de Manolo. |
| 4 | El domingo. | A las siete. | En mi casa. |
| 5 | El jueves. | A las siete menos cuarto. | En la consulta del doctor. |

**12**

**1** casarse  **2** banquete  **3** padrino  **4** testigo  **5** madrina
**6** matrimonio  **7** novio  **8** invitado  **9** novia

**13**

**1** Que se enamoraron locamente.
**2** En Teruel.
**3** Porque Diego no tenía bienes.
**4** Que Isabel era la esposa de otro hombre, el señor de Albarracín.
**5** De dolor.
**6** Al día siguiente, en los funerales de Diego.
**7** En la iglesia de San Cosme y San Damián.

## evaluación

**1**

**1** tenías  **2** llueva  **3** pases  **4** mucho  **5** de qué  **6** seas
**7** de  **8** dejar  **9** apetece  **10** crees  **11** descanses  **12** va

**2**

**1** boda civil  **2** ceremonia  **3** invitados  **4** novios  **5** banquete
**6** tarta nupcial  **7** recién casados  **8** viaje de novios

## evaluaciónbloque2

**1**

**1** Se fueron tan pronto a causa del mal tiempo que hacía.
**2** ¿Ah, sí? Pues no hace tanto tiempo de eso como yo creía.
**3** Pues fíjate en ese otro grupo. Creo que van disfrazados.
**4** Bueno, no era tan interesante como pensaba.
**5** Dale recuerdos de mi parte.
**6** ¿Gustarme? ¡La encontré genial!
**7** Vamos, que es más peligroso viajar en coche que en avión.
**8** Lo siento mucho, pero es que tengo algo de prisa. Tal vez otro día.
**9** ¡No me digas! ¿Y cómo está?
**10** ¿Puede ser un poco más tarde?

**2**

**1** nos  **2** pareció  **3** cómo  **4** teníamos  **5** Después  **6** comprar
**7** Así que  **8** Qué  **9** hace  **10** eso  **11** Contad

**3**

**1** fue  **2** haberte  **3** has cambiado  **4** Hace  **5** mejores
**6** llamaste / había acabado  **7** el otro día  **8** No hay de qué  **9** tengas

## lecciónsiete7

**1a**
**1** Celebran una fiesta.
**2** Elegantes.
**3** Una copa de cava.

**1b**
**1**-c  **2**-d  **3**-b  **4**-a

**2a**
Sobre los planes que tienen para Semana Santa.

**2b**
Verdaderas (V): **1, 5, 6 y 7**
Falsas (F): **2, 3 y 4**

**3a**
**1** Lázaro  **2** Andrew  **3** Julián

**3b**
Que está preocupado por Ana y se pregunta qué le puede pasar.

**3c**
**1** A lo mejor  **2** Quizá  **3** Quizá  **4** Seguramente

**4a**
Solución libre.

**4b**
1, 3, 5, 7

## 5a

1 llegarás  2 habrá  3 estaré  4 cogeremos  5 querrás
6 estarás  7 te encantará

## 5b

1 querer  2 haber

## 5c

Querido Antonio:

¿Cómo van los preparativos del viaje? Supongo que ya lo tienes todo preparado, porque pronto llegarás a España.

Te escribo para avisarte de que no es necesario que busques alojamiento. Mis compañeros de piso van a estar fuera durante las vacaciones de Semana Santa, o sea que en el piso habrá sitio de sobra para los dos.

El domingo, tal y como quedamos, estaré en el aeropuerto sobre las seis de la tarde, un poco antes de que llegue tu vuelo. Desde allí cogeremos el tren hasta el centro, donde tenemos el piso.

Seguramente el lunes querrás descansar. Te entiendo, después de un viaje tan largo es normal, pero me imagino que el martes o el miércoles ya estarás preparado para empezar a conocer este país.

Tengo muchos planes para ti. Durante las vacaciones de Semana Santa y en todas las ciudades se celebran actos muy interesantes: procesiones, misas, representaciones teatrales sobre la vida de Jesús, etc.

¡Hay tantos sitios por visitar y tantas cosas por conocer! Estoy seguro de que esto te encantará.

¡Hasta pronto!

Julián

## 6a

1 coger, nosotros/as  2 querer, tú  3 practicar, yo  4 vivir, vosotros/as
5 conocer, él/ella/usted  6 quedarse, nosotros/as  7 ir, ellos/ellas/ustedes
8 llegar, tú  9 estar, vosotros/as  10 casarse, ellos/ellas/ustedes

## 6b

**Llegar:** llegaré, llegarás, llegará, llegaremos, llegaréis, llegarán
**Coger:** cogeré, cogerás, cogerá, cogeremos, cogeréis, cogerán
**Vivir:** viviré, vivirás, vivirá, viviremos, viviréis, vivirán

## 6c

Las terminaciones de *futuro* son las mismas para los tres grupos de verbos: *llegar, coger* y *vivir*.

## 7

1 Hay vasos dentro del microondas. / Dentro del microondas hay vasos.
2 Los discos están debajo del sofá. / Debajo del sofá están los discos.
3 Las botellas están encima de las estanterías. / Encima de las estanterías están las botellas.
4 Hay un trozo de pizza detrás de la puerta. / Detrás de la puerta hay un trozo de pizza.
5 Dentro de la nevera sólo hay una botella de agua. / Sólo hay una botella de agua dentro de la nevera.
6 Dentro de la nevera no hay comida. / No hay comida dentro de la nevera.
7 Los vasos de plástico están encima del sofá. / Encima del sofá están los vasos de plástico.

## 8

1 En medio de  2 Encima de  3 Alrededor de  4 Delante de
5 Detrás de  6 debajo de  7 enfrente del

## 9a

1a primer  1b primero  2a tercero  2b tercer  3a algún  3b alguno
4a Ningún  4b ninguno  5a malo  5b mal  6a bueno  6b buen
7a grande  7b gran

## 9b

pierden la –o final.

## 10a

1-c  2-d  3-a  4-b

## 10b

De la distancia que hay entre las personas que hablan respecto a un mismo objeto.

## 11

1 La Feria de Abril  2 San Fermín  3 La verbena de San Juan
4 Semana Santa  5 San Isidro

## 12

1 El 1 de noviembre.
2 Se visita y se adorna el cementerio. / Se visitan y se adornan los cementerios.
3 La Corrida de Caballos y el vuelo de los Barriletes Gigantes.
4 En las montañas de los Cuchumatanes.
5 Está situado a 30 km de la ciudad de Antigua Guatemala.
6 Un tipo de cometas que miden alrededor de 2 m de diámetro.
7 Sirven para hacer saber a sus difuntos cómo están y para enviar peticiones especiales a Dios.
8 Que las dos fiestas terminan con una comida tradicional.

## evaluación

### 1

1 Dentro del  2 En medio del  3 tercer  4 primer  5 eso
6 aquello / dentro  7 debajo de  8 Algún  9 buen  10 harás
11 construiré  12 vendrán

### 2

1 tendré  2 es  3 Van a venir  4 podrá  5 llamo

## lección**ocho**8

## 1a

1 Andrew.  2 Antonio y Julián.  3 Lola y Begoña.

## 1b

**Para tener una buena salud:** Hacer natación, llevar una dieta equilibrada, montar en bici, beber mucha agua, andar mucho.
**Para tener una mala salud:** Fumar, comer muchos dulces, beber alcohol, tomar mucho café, comer poca fibra.

## 2a

1 Está enferma.
2 No, está peor.
3 Le duele la cabeza y el estómago.
4 Sí, le duele la cabeza.
5 Porque a Begoña no le duele tanto como a ella.

## 2b

| Para preguntar por el estado de salud | Para responder |
|---|---|
| ¿Qué tal te encuentras? | Me duele la cabeza. |
| ¿Qué te pasa? | Estoy peor. |
| ¿Sigues igual que esta mañana? | Me siento débil. |
|  | Estoy fatal. |
|  | Tengo dolor de cabeza. |

# Soluciones

**3a**

Sobre cómo mejorar la salud.

**3b**

1 me dan miedo los médicos   2 Me horroriza el dolor
3 Me da miedo ir al médico   4 ¡qué miedo me dan las inyecciones!

**3c**

1-e   2-a   3-b   4-c   5-d

**4a**

Le preocupa la situación.

**4b**

1 Están enfermos.
2 Sí, a Begoña le preocupa que los tres estén enfermos.
3 Sí, está preocupada porque tal vez sea una epidemia.
4 Sí, está preocupada porque es probable que sea peligroso.
5 No, todavía no ha llamado al médico.

**5**

1 Cuando llegue el cartero, abridle la puerta.
2 En cuanto llegue la factura del gas, id al banco a pagar.
3 Antes de que se rompa la persiana del salón, intentad arreglarla.
4 Cuando llaméis al extranjero, apuntadlo en la libreta.
5 Antes de que se queje la vecina de la música, ponedla baja.

**6**

1 quedaste   2 me recupere, estés   3 pediste   4 salga   5 termines
6 vi   7 te duela   8 termines   9 llegué   10 te fuiste

**7a**

a Alguien   b algo   c nada   d ningún   e nadie   f alguno

**7b**

Diálogo 1: frase c          Diálogo 4: frase e
Diálogo 2: frase f          Diálogo 5: frase b
Diálogo 3: frase a          Diálogo 6: frase d

**7c**

1 nada   2 nadie   3 ninguno

**8**

1 mucho   2 demasiado   3 todo   4 bastante   5 pocos   6 varios

**9**

1 Le duele el oído.
2 Le duele la cabeza.
3 Tiene dolor de estómago.
4 Tiene fiebre.
5 Tiene dolor de muelas.
6 Está resfriada.
7 Tiene tos.
8 Se ha roto un brazo.
9 Se ha quemado.

**10**

Verdaderas (V): 1, 5 y 6
Falsas (F): 2, 3, 4 y 7

**11**

Carta ejemplo

¡Hola Julián!

¿Cómo estás? Espero que ya estés bien. El mes pasado yo también estuve enferma, tuve anginas. Me dolía mucho la garganta, tenía fiebre, tos y no podía tragar. A mí tampoco me gustan los médicos, pero tuve que ir. ¡Y me recetó antibióticos! Ya sabes que no me gustan los antibióticos, pero tuve que tomármelos. Y además, tuve que estar seis días en cama, no pude ir al colegio. Mis amigos vinieron a visitarme a casa. Ahora, ya me he recuperado, ya estoy muy bien.

Bueno, Julián, espero que tú también estés totalmente recuperado.

Hasta pronto.

Un beso,

Marta

**12**

1 jarabe   2 venda   3 calmante   4 alcohol   5 tirita   6 pomada

**13**

1 médico   2 paciente

**14**

1 Por la falta de respuestas adecuadas de los gobiernos y de la sociedad.
2 Cuatrocientos millones de personas en todo el mundo.
3 Un millón de suicidios todos los años.
4 Porque a veces las enfermedades reales no están reconocidas como enfermedades reales.
5 Se dedica un uno por ciento del dinero dedicado a los gastos médicos.
6 Para poder prevenir los suicidios.

**15a**

1 mano   2 mano   3 cabeza   4 pie   5 brazos
6 cabeza   7 pies   8 codos   9 pies

**15b**

a-1   b-9   c-8   d-6   e-3   f-7   g-4   h-2   i-5

## evaluación

**1**

1 fui   2 vuelva   3 vio   4 termines   5 nadie   6 esté   7 para
8 los brazos   9 igual   10 bastante   11 llegue   12 me dan miedo

**2**

1 leí   2 me da miedo   3 te preocupa   4 esté   5 enfermedades
6 no sé   7 algo   8 nada   9 mucho   10 dolor

## lecciónnueve9

**1a**

1 Begoña, Julián y Andrew.   2 Sí, a todos.

**1b**

Andrew prefiere Internet.          Julián, la televisión.
Begoña, el periódico.              Y Lola, la radio.

**1c**

1-d   2-a   3-b   4-c

**2a**

1 dile que baje   2 Begoña dice que bajes   3 dice que le
4 me ha preguntado   5 si te toca   6 Julián dice que
7 pregunta si puede   8 Andrew dice

**2b**

Transmite ordenes, información y preguntas de sus compañeros.

## 3a

1 ha dicho que   2 si   3 Me ha dicho   4 ha pedido   5 que la llames

## 3b

dile que...

## 3c

1 me ha dicho que...   2 me ha preguntado si...   3 me ha pedido que...

## 4a

1 Qué bien   2 ¿De verdad?   3 Es fantástico   4 ¿En serio?
5 ¡No me digas!   6 lo siento

## 4b

| Expresar alegría | Expresar sorpresa | Expresar pena |
|---|---|---|
| Qué bien | ¿De verdad? | Lo siento |
| Es fantástico | ¿En serio? | |
| ¡No me digas! | | |

## 5a

1 Soy   2 está   3 va a volver   4 jugamos   5 Me voy a quedar
6 podremos vernos   7 llame   8 voy a cenar

## 5b

1 era   2 estabas   3 ibas a volver   4 juegan   5 se va a quedar
6 podréis veros   7 llames   8 cena

## 6

1 Sócrates dijo que sólo sabía que no sabía nada.
2 Mae West dijo que las chicas buenas iban al cielo y las chicas malas iban a todas partes.
3 Hamlet dijo que ser o no ser, ésa era la cuestión.
4 Descartes dijo que pensaba, luego existía.
5 Copérnico dijo que no era el Sol el que giraba alrededor de la Tierra, sino la Tierra alrededor del Sol.

## 7

1 era   2 había estudiado   3 había trabajado hasta ahora   4 quería cambiar de trabajo   5 tenía experiencia en ese sector   6 me gustaba

## 8

1 Lo   2 lo   3 lo   4 lo   5 lo   6 lo

## 9a

Verdaderas (V): 2, 4 y 6
Falsas (F): 1, 3 y 5

## 9b

Posible solución:

Begoña, ha llamado Rodrigo. Dice que el martes tenéis el examen de expresión corporal y que tiene muchas dudas. Pregunta si le puedes llamar luego. Dice que va a estar en su casa estudiando. Pregunta qué temas entran en el examen. Ah, también dice que llames a Nuria porque está un poco triste por lo que le ha hecho Manuel, y que no te olvides de llevarle los *compacts* que te dejó.

## 10a

1 emisora, programa, tertulia
2 telediario, serie, programa, anuncios
3 ordenadores, *chats*, servidor, correo electrónico
4 noticias, titulares, sección, suplemento, cartelera

## 10b

**Televisión**: tertulia, serie, programa, anuncios, noticias, telediario
**Internet**: servidor, ordenadores, anuncios, noticias, *chats*, correo electrónico

**Radio**: emisora, tertulia, programa, anuncios, noticias, serie
**Periódico**: titulares, anuncios, sección, noticias, suplemento, cartelera

## 10c

Las palabras comunes son: anuncios y noticias.

## 10d

**Televisión**: ver.
**Internet**: navegar, escribir, leer, escuchar, conectarse, bajar una página.
**Radio**: escuchar.
**Periódico**: hojear, leer.

## 11

Internet, televisión, noticia, anuncio, radio, periódico, titular, publicidad, cartelera, emisora, espectáculo.

## 12

1 lectura   2 Internet   3 televisión   4 radio
5 revistas   6 correos electrónicos

## 13

1 En Barcelona (España).
2 Periodistas de once países, amenazados por realizar su trabajo.
3 Para reflexionar sobre las dificultades para ejercer la profesión de periodista en varias zonas del mundo.
4 Los temas fueron la situación de la libertad de prensa en todo el mundo, las dificultades para el ejercicio de esta libertad que hay en varios países y el hecho de que muchos periodistas tengan que abandonar su país por razones políticas.
5 No, sólo el 7% de las opiniones que se dan a conocer en los medios de comunicación son de mujeres.
6 Sobre ocho periodistas que no pudieron asistir a los debates por estar encarcelados.

## evaluación

## 1

1 fueron   2 estuvieron   3 piensa   4 volveremos   5 van / irán   6 llame
7 vendrá / viene   8 felicite   9 comemos / comeremos   10 traiga

## 2

1 Me alegro mucho de   2 Qué raro   3 cuánto me alegro   4 Qué pena
5 ¡Por fin!   6 lamento mucho   7 Siento que   8 ¿En serio?

## evaluación bloque 3

## 1

1 ¿Quién será?
2 Tal vez tengas razón; no hay mucha información sobre el tema.
3 Sigo igual que antes. No mejoro.
4 Sí, pero me dan más miedo las operaciones.
5 Para fortalecer los huesos.
6 ¡Qué va! Al contrario, si yo también la encuentro muy alta.
7 Por supuesto, aquí tienes.
8 Así que dice que vaya a su casa el sábado. Perfecto.
9 ¿Dices que fuiste a los sanfermines el año pasado?

## 2

1 encuentras   2 ningún   3 Seguramente   4 encontrarás   5 mejor
6 tengas   7 tendrás   8 algún   9 tal vez   10 poco   11 arrepentirás

## 3

| | |
|---|---|
| 1 creer | 6 el libro |
| 2 alegro | 7 Cuando |
| 3 alguien | 8 alegro |
| 4 primer | 9 sorprende |
| 5 lo | 10 demás |

## lección diez 10

### 1a
1 Encima de la mesa.
2 Encima de la mesa.
3 No, no me parece correcto. / Sí, me parece correcto.
4 No, no les parece correcto.

### 1b
1 Julián
2 Lola
3 No la dice nadie.
4 Begoña
5 Andrew
6 No la dice nadie.

### 2a
Verdaderas (V): 2, 3 y 6
Falsas (F): 1, 4, y 5

### 2b
Desacuerdo
En eso no estoy de acuerdo.
¡No hombre, no!
No creo.
¡Qué va!

### 3a
1 Creo que no...
2 Pues yo opino que...
3 ... pero a mí parece...
4 Pienso que...

### 3b
1 Creo que no debes hacer eso.
2 Pues yo opino que no hay tantos parques.
3 Puede que tengas razón, pero a mí me parece que los parques no son importantes.
4 Pienso que es necesario que existan zonas verdes en la ciudad.

### 4a
1 BEGOÑA: Yo creo que, en fin, pienso que, vaya que, no… así no.
  LOLA: Pero… es imposible que hagas eso.

2 BEGOÑA: Pues yo creo que algo japonés sería muy original…
  LOLA: Es difícil que les guste algo así, son muy castizos.

3 JULIÁN: Una mujer muy interesante. Yo creo que rondando los 40.
  LOLA: Ya.
  JULIÁN: Estoy seguro de que me hará desnudar.

### 4b
Es necesario que y me da la impresión de que

### 4c
1 Diálogo 2
2 Diálogo 3

### 5
1 sueñe   2 sueñan   3 llegará   4 veamos   5 existirá   6 exista

### 6a
1 ha alquilado   2 deben   3 regalen   4 tenéis   5 tardará
6 Ahora bien   7 agote   8 Y además

### 6b
Y además y ahora bien.

### 6c
1 Begoña tiene la impresión de que el escritor no ha alquilado nunca una bicicleta.
2 No, porque hay millones de sitios adonde no llegan ni trenes, ni aviones, ni barcos.
3 En metro o en autobús, o incluso andando o en bicicleta.
4 Piensa que es necesario que el petróleo se agote y que empiecen a fabricar coches de estas características.

### 7a
1 O sea que / Total, que / Así que   2 es más / además
3 Total, que / Así que / O sea que   4 Así que / O sea que/ Total, que
5 además / es más   6 Primero   7 Después

### 7b
1 o sea que; total, que y así que
2 es más y además
3 primero y después

### 8a
El orden correcto es: a, e, h, d, g, c, b, f

### 8b
1 Por una parte
2 por otra
3 por eso
4 En cuanto a

### 8c
1 por una parte y por otra
2 por eso
3 en cuanto a

### 9
1 Un 20 % de la población vive en el campo.
2 Un 60 % utiliza el transporte público.
3 Un 15 % viaja en coche.
4 Un 5 % se desplaza en bicicleta.
5 Miles de personas invadirán el campo.
6 El presupuesto anual ha aumentado un 10 %.

### 10
1-c   2-a   3-b

### 11a
"Sólo nos queda La Habana. Los latinoamericanos hemos visto la pérdida de nuestras ciudades capitales. Caracas ha desaparecido, al igual que Ciudad de México, Bogotá y Río. Quito y Lima ya no son reconocibles. Incluso las más presumidas, Buenos Aires y Santiago de Chile, están siendo sometidas a un asalto que las destruirá."

### 11b
1 La Habana            6 Quito
2 Caracas              7 Lima
3 Ciudad de México     8 Buenos Aires
4 Bogotá               9 Santiago de Chile
5 Río

### 11c
Le produce tristeza.

### 12
| HORIZONTALES | VERTICALES |
| --- | --- |
| 2 contaminación | 3 motor |
| 5 urbano | 7 mejorar |
| 7 río | 10 fábrica |
| 8 papelera | 13 población |

## 13a
Diferentes espacios urbanos de la ciudad.

## 13b
1 centro urbano
2 suburbios
3 centro comercial y cultural
4 zona residencial

## 13c
1 clases medias
2 clases bajas

## 13d
1 Hay un centro comercial y cultural que da paso en sucesivos círculos concéntricos a una zona residencial.
2 Los ciudadanos menos favorecidos económicamente.
3 Por una parte, ha podido observarse un progresivo traslado de las clases bajas hacia zonas más cercanas al centro urbano y por otra, las clases medias se han trasladado hacia los suburbios.
4 Se los llama nuevas ciudades-estado porque poseen todo lo necesario para su existencia.
5 La antigua ciudad queda fragmentada y los espacios comunitarios de integración social desaparecen paulatinamente.

## evaluación

### 1
1 Yo creo que
2 Es necesario que
3 Es fantástico que
4 después
5 Es más
6 Estoy a favor
7 por ejemplo
8 Es decir
9 Estoy segura de que
10 Total, que
11 Puede que tengas razón
12 Un tercio

### 2
1 opinión  2 razón  3 parece  4 seguro  5 cree  6 Es más
7 continuación  8 En cuanto  9 Total

## lecciónonce11

### 1a
1 A Lola
2 A Julián
3 Andrew
4 A Begoña

### 1b
1 Lola.
2 Lola.
3 Vino.
4 Sí. / No.

### 2a
1-c  2-a  3-d  4-b  5-d

### 2b
1-d  2-a  3-c  4-b

### 2c
Para pedir disculpas.

### 2d
1 Perdona  2 sabe  3 poder  4 Disculpe  5 siento  6 Siento

### 3a
1 Lo siento Chema, pero es que tengo que quedarme.
2 Me sabe mal no poder estar contigo.
3 Es una lástima que no vengas.
4 ¡Qué lastima!
5 Si después no me seleccionan... ¡Qué decepción!

### 3b
Es una lástima que..., ¡Qué lástima!, ¡Qué decepción!

### 4a
1 Para Begoña.
2 De otra persona.
3 Querida...
4 Enamorado.
5 Mil besos.
6 Personal.
7 Los sentimientos.
8 Le gusta la carta.

### 4b
Querida Begoña:
Begonia, mi flor española, mi ángel de amor, ¿recuerdas? Si te vas, Begoña, dejarás a un americano enamorado y triste soñando con la flor más hermosa.
Andrew.
Mil besos.

### 5a
1 tiene  2 encargo  3 ayudaré  4 vendré  5 iremos
6 toma  7 será

### 5b

Si + [verbo en *presente*] +
| | |
|---|---|
| [verbo en *presente*] | 1, 2 |
| [verbo en *imperativo*] | 6 |
| [verbo en *futuro*] | 3, 4, 5, 7 |

### 5c
1 mañana por la noche
2 la semana que viene
3 Dentro de una hora

### 5d
Verdaderos (V): **2, 3, 5 y 6**
Falsos (F): **1 y 4**

### 6
**Orden correcto**: 1, 6, 3, 7, 5, 8, 4, 2

### 7a
**Para empezar**: Querida..., Distinguidos señores:, ¡Hola...!
**Para terminar**: Un fuerte abrazo, Atentamente, se despide de ustedes, Besos,

### 7b
1 Lola.
2 Begoña.
3 Julián.
4 Begoña.
5 Lola.

# Soluciones

## 8a

1-A  2-C  3-Dirección sin carta  4-B

## 8b

1 plaza = pza.
2 calle = c/
3 avenida = av.
4 Distrito Federal = D. F.
5 señores = Sres.
6 código postal = C. P.

## 9

**Posible solución:**

Queridos mamá y papá:

¿Cómo está la familia? Ahora hace tiempo que no tengo noticias vuestras. Y los abuelos, ¿están bien de salud?

Aunque aquí tengo muy buenos amigos y la gente es fantástica, os echo mucho de menos. El tiempo pasa muy deprisa y pronto nos volveremos a ver. A finales de septiembre espero poder visitaros.

Un abrazo a todos. Muchos besos para ti mamá y también para ti, papá.

Vuestro hijo,

Julián

## 10

Acabar de
Seguir sin
Volver a          +     INFINITIVO
Hay que

Seguir          +     GERUNDIO

## 11a

1-e  2-c  3-b  4-d  5-a

## 11b

C R A F G U O J U A P R A W F I
E B H U L I M O N Z Ñ D R L K S
B I F T Y N A O L U H O I U G Y
O U A Ñ V P N R G C Y J T E E O
L Q T P X A Z E I A E U H P A N
L E C H U G A A N R T D Z A U V
A Z U R D I N Q E S N I X E R M
D V I N O W A P N E N A M I E L

## 11c

1 perejil  2 limón  3 judía

## 11d

**Posible solución:**

P→ plátano, pera, piña, patata, paella, pimiento, pizza, pollo, paté, pastel, pepino, pasta, postre, pulpo,...
E→ espinacas, estofado, espárrago, empanada, ensalada, especia,...
R→ rape, rebozar, ron, riñones, recalentar, rodillo,...
E→ envase, empanadilla, escarola, endivias,..

J→ jamón, judía, jugo, jengibre, jabalí,...
I→ ingrediente, integral, ingerir, indigestión, instantánea,...
L→ lechuga, limón, leche, lasaña, lentejas, levadura, lomo,...

## 12

| Platos típicos | Ingredientes | Región |
|---|---|---|
| pulpo a la gallega | pulpo, pimentón, sal y aceite. | La Pampa |
| pizza bonaerense | maíz, ternera, tomate, queso y pimientos. | Buenos Aires |
| tarta de frutas | harina, uvas, nueces, naranja y azúcar negro. | La región atlántica |
| charqui | carne de cerdo, pimientos y maíz. | La región de las altas cumbres |
| centollo | centollo. | La región helada |
| sopa paraguaya | pan de harina de maíz blanco con queso paraguayo, cebolla y especias. | La región de los grandes ríos |

## evaluación

### 1

1 Querido David  2 Siento no haberte escrito antes
3 por la mañana / por la noche  4 por la noche / por la mañana
5 en ese momento  6 lo siento mucho  7 aquel día  8 Ahora mismo
9 Dentro de una semana  10 Un beso muy fuerte

### 2

1-d  2-b  3-f  4-g  5-a  6-e  7-h  8-c

## leccióndoce 12

### 1a

1 Antonio es el director de la escuela *Talía* y el profesor de Julián, Begoña, Andrew y Lola.
2 Ana es la portera del piso donde viven nuestros amigos y también la señora de la limpieza del edificio.
3 Lázaro hace de todo un poco, es fontanero, electricista, albañil, mecánico y carpintero.

### 1b

1-c  2-a  3-b

### 1c

**Antonio:** creativo, comunicativo, paciente.
**Ana:** organizada, agradable con la gente, observadora.
**Lázaro:** hábil con las manos, con experiencia, dinámico.

### 2a

1-d  2-e  3-a  4-b  5-f  6-c

### 2b

Verdaderas (V): 1, 2 y 5
Falsas (F): 3 y 4

### 2c

**Expresar opinión:** En mi opinión, para mí, estoy convencido de que, desde mi punto de vista, considero
**Corregir o aclarar:** En otras palabras, no quería decir eso, lo que quiero decir es que, mejor dicho, yo me refería a

### 3

4 Sobre los jóvenes y los contratos basura.
2 Sobre las vacaciones.

5 Sobre cambiar de trabajo.
3 Sobre los contratos basura y los problemas sociales.
6 Sobre la liberación de la mujer.
1 Sobre cómo reducir el paro.

## 4a
1 fatal   2 no está de acuerdo   3 el peor día de su vida
4 no le gustan nada   5 los resultados de las pruebas

## 4b
1 Estoy convencida   2 No estoy de acuerdo   3 Es el peor día
4 No soporto las pruebas   5 Quieres decir que   6 No quiero oírlos

## 5
1-c   2-f   3-g   4-b   5-h   6-a   7-d   8-e

## 6a
1 Sí, para Begoña hoy ha sido el mejor día de su vida.
2 Piensa que es el mejor profesor del mundo.

## 6b
Verdaderas (V): **1, 4 y 5**
Falsas (F): **2 y 3**

## 7a
1 ¿Qué piensas acerca de los sueldos españoles, Andrew?
2 En mi opinión están bien, no sé de qué se quejan los trabajadores.
3 No sé si lo he entendido bien.
4 ¿Qué opinas sobre la dieta mediterránea, Julián?
5 En mi opinión no es tan buena y sana como dicen.
6 ¿Qué opinas acerca de los tópicos, Andrew?
7 Yo me refiero a que la mayoría de los tópicos tienen algo de cierto.
8 A mi modo de ver los exámenes son una pérdida de tiempo, no sirven para nada.
9 ¿Quieres decir que a los alumnos no se les tiene que evaluar?

## 7b
1 A mí me empieza a gustar España. En mi opinión aquí se vive muy bien.
2 Yo dejaré de comer ajos. Me sientan fatal.
3 Yo pienso viajar mucho para descubrir si los tópicos son verdad.
4 Los profesores tienen que valorar otros factores además de los exámenes, como la asistencia a clase, el esfuerzo, etc.

## 8a
CURRICULUM VITAE

Datos personales:
 Jaime Águilas Estrella.
 35 años.
 Nacido en Águilas, Murcia, el 1 de enero de 1970.
 D.N.I. 56 743 678
 Dirección: c/ Flora Tristán, n.º 12
 Teléfono móvil: 678 903 456

Estudios:
 Primarios (1984)

Idiomas:
 Español, catalán, alemán y francés.

Experiencia laboral:
 1986: repartidor
 1987: redactor de notas de amor.
 1988: funda la primera floristería *Flores Extrarrosas*
 1991: funda la cadena de floristerías *Flores Extrarrosas*. Director

## 8b
1 Terminó los estudios primarios en 1984.
2 Dejó de estudiar en 1986.
3 Tenía que trabajar.
4 Empezó a repartir flores.
5 Tenía que escribirlas de nuevo.
6 Empezaron a pedir más y más flores.
7 Tuvo que dejar de repartir para ser redactor.
8 Desde 1991.

## 8c

| Dejar de<br>Tener que<br>Empezar a | + | *infinitivo* |

## 9a
1 En el bar de una escuela de idiomas.
2 En una oficina.
3 En una estación de autobuses.
4 En el salón de una casa.
5 En un taller mecánico.
6 En una consulta médica.

## 9b
1 lleva viviendo en España un año.
2 lleva trabajando tres tardes.
3 lleva esperando el autobús desde las tres.
4 lleva hablando más de media hora.
5 lleva arreglándolo toda la mañana.
6 lleva esperando al doctor desde las cinco.

## 9c
1 empecé a estudiar
2 tiene que estar
3 pienso viajar
4 deja de hablar
5 tenía que estar
6 empezará a visitar

## 10
 1 triste
 2 alegre
 3 nervioso
 4 rubio
 5 libre
 6 lectura / literatura
 7 taquilla
 8 museos
 9 actriz
10 come
11 salta
12 ve
13 poco
14 nada
15 nadie
16 ninguno
17 poquísimo / nada
18 árbol
19 canción
20 gramática
21 iglesia
22 cárcel
23 hospital
24 Kg.
25 cm.
26 Dña.

# Soluciones

27 C.P.
28 izqda. / izq. / izda.
29 fruta
30 incorrecta
31 correcta
32 incorrecta
33 correcta
34 incorrecta
35 incorrecta
36 meta

## 11a
1.° Hay que registrarse como usuario.
2.° Completar una solicitud de empleo.

## 11b
1 agencias de empleo virtuales
2 red
3 búsqueda
4 tecnología
5 base de datos
6 ciberagencias
7 usuario
8 dirección de correo electrónico
9 cargado
10 sitio

## 11c
1 compañía
2 márketing
3 contratantes
4 registrarse

## evaluación

### 1
1 de
2 deja
3 llevas
4 pienso
5 Hace
6 viviendo
7 Tienes
8 desde hace
9 empiezas
10 En cuanto a

### 2
1 en cuanto a
2 Cómo que
3 a mí me preocupa
4 hace
5 Lo que quiero decir es que
6 ¿me entiendes?
7 empezamos
8 tengo la impresión
9 tenemos que
10 Estoy totalmente de acuerdo contigo

## evaluaciónbloque4

### 1
1 Yo creo que sí. Hago mucho deporte.
2 Distinguidos señores:
3 A mí me parece que es muy sana.
4 A mí me ha dicho que si puede, vendrá.
5 Perdonadme. No ha sido culpa mía. El bus tardó mucho en llegar.
6 Creo que unos 3.000 japoneses al año.
7 El hotel donde dormí la última vez estaba muy bien.
8 ¡Qué decepción! ¡Que nos devuelvan el dinero!
9 Estoy en contra, porque creo que es insuficiente.

### 2
1 Llevo
2 creo
3 hablando
4 tarde
5 culpa
6 Después
7 incluso
8 parecen
9 opinión
10 segura
11 parece
12 así que

### 3
1 más
2 miles
3 más me gusta
4 donde
5 60 %
6 quien
7 lloviendo
8 pero
9 mañana
10 nos

es**español**2
**nivel**intermedio